Tobias Faix, Thomas Kröck, Dietmar Roller (Hg.)
EIN SCHREI NACH GERECHTIGKEIT

Tobias Faix, Thomas Kröck, Dietmar Roller (Hg.)

Ein Schrei nach Gerechtigkeit

Ein Buch über Glauben, Menschenrechte und den Auftrag der Christen

Bibliografische Information Der Deutschen Bibliothek
Die Deutsche Bibliothek verzeichnet diese Publikation in der
Deutschen Nationalbibliografie; detaillierte bibliografische Daten
sind im Internet über http://dnb.ddb.de abrufbar.

ISBN 978-3-86827-578-0
Alle Rechte vorbehalten
© 2016 by Verlag der Francke-Buchhandlung GmbH
35037 Marburg an der Lahn
Umschlaggestaltung: Verlag der Francke-Buchhandlung GmbH /
Sven Gerhardt
Satz: Verlag der Francke-Buchhandlung GmbH
Printed in Czech Republic

www.francke-buch.de

Inhalt

Vorwort 9

KAPITEL 1: Globale Herausforderungen und der biblische
Auftrag 19

Tobias Faix
Gottes globale Idee vom würdigen Leben. Christliche Hoffnung im Angesicht von Ungerechtigkeit und Globalisierung 21

Daniel Rentschler
Biblische Gerechtigkeit 32

Dietmar Roller
Der Mensch braucht mehr als Wasser und Brot. Warum eine ganzheitliche Armutsbekämpfung die Menschenrechte braucht 45

Johannes Reimer
Der politische Auftrag der Kirche. Christsein und Politik – was zählt? 58

Frank Heinrich
Politisches Engagement von Christen. Wie wir uns als Bürger für Gerechtigkeit und Menschenrechte einsetzen können 70

KAPITEL 2: Aus der Geschichte lernen 77

Dietmar Roller
Die Sklavenbefreiungsbewegung um William Wilberforce. Über die Wurzeln der modernen NGOs 79

Klaus Meiß
Von Vorbildern lernen: Albert Schweitzer 90

Uwe Heimowski
„The Maiden Tribute of Modern Babylon". 1885: Die
Heilsarmee im Kampf gegen Kinderprostitution 98

Judith Kühl
Aufwachsen am gefährlichsten Ort der Welt für Kinder.
Griseldas langer Weg zum Recht 105

KAPITEL 3: Der Einsatz für globale Gerechtigkeit 111

Dietmar Roller
Gewalt – das Krebsgeschwür der Armen 113

Judith Kühl
Vom Barkeeper zum Top-Anwalt in Kambodscha. Wie
Rechtssysteme verändert werden können, um Arme zu
schützen 122

Thomas Kröck
Klimawandel – Eine Frage der (Un-)Gerechtigkeit 129

Judith Kühl
Staatenlos in Thailand. Menschen ohne Rechte, Ansprüche,
Existenz 139

Judith Kühl
Wenn Land gleich Leben ist. Eine Witwe kämpft für ihr
Recht 145

KAPITEL 4: Im Einsatz gegen Menschenhandel und
Zwangsprostitution 153

Dietmar Roller
Moderne Sklaverei und Menschenhandel 155

Lea Ackermann
Der Handel mit der Ware Frau. Das Verbrechen mitten
unter uns: Die Käuflichkeit des weiblichen Geschlechts ... 167

Judith Kühl
In der Falle des Menschenhandels auf den Philippinen.
Erwachen in der Dunkelheit 178

Stefanie Enriquez-Geppert und Mareike Wendling
Freiheit und Gesundheit. Worauf es bei der psychosozialen Versorgung von Betroffenen schwerster Menschenrechtsverletzungen ankommt 185

KAPITEL 5: Migration und Asyl als Chance 197

Reinhard Schott
Flüchtlinge auf der Suche nach Heimat – theologische Herausforderungen und rechtlicher Rahmen 199

Yassir Eric
Flüchtlinge verstehen und aufnehmen 211

Bianca Dümling
Bereicherung für die Gemeinde. Was wir von Flüchtlingen und Migranten lernen können 218

Birgit Neufert
„Zuflucht ist ein menschliches Wesen."
Warum Kirchenasyl recht hat 225

Matthias Ehmann
„Reverse Mission": Deutschland als Missionsland........... 232

KAPITEL 6: Entwicklung als Menschenrecht 245

Thomas Kröck
Entwicklungszusammenarbeit: Macht ausüben oder Selbstbestimmung ermöglichen? 247

Beate Jakob
„Gesundheit für alle" – oder nur für wenige? Wege zu Gerechtigkeit in der weltweiten Gesundheitsversorgung 258

Karl Pfahler
Selbsthilfegruppen als Chance, Rechte und
Verantwortung wahrzunehmen 268

Gerhard Wiebe
Auch Kinder haben Rechte. Weltweite Rechte für
Kinder seit über 25 Jahren 279

Steve Volke
... damit die Welt morgen anders ist! 293

KAPITEL 7: Verantwortungsvoll leben in einer
globalen Welt 301

Markus Raschke
Fairer Handel. Einsatz für Gerechtigkeit in der
Weltwirtschaft 303

Tobias Faix
Gerecht konsumieren? „Marburg FAIRbinden"
macht es möglich 311

Natalie Schaller
GLIMPSE Clothing. Gekleidet in Gerechtigkeit 314

Guy Rodriguez und Daniel Rentschler
Arme helfen Armen. Gott baut sein Reich in einem
Slum in Indien 320

Katja Hofmeister
„Wissen und tun, was gut ist". Die Micha-Initiative
in Deutschland 327

Nachwort der Herausgeber. Wir können handeln.
Unsere Stimmen machen den Unterschied. Wie Sie sich
gegen Unrecht einsetzen können. 334

Literaturverzeichnis 341

Autorenverzeichnis 360

Vorwort

Wie die Globalisierung unser Leben verändert

Es vergeht kaum ein Tag, an dem die globalen Geschehnisse dieser Welt nicht in unser Leben treffen. Sei es durch die Produkte, die wir möglichst günstig von allen Enden der Erde zu uns in die Wohnung schaffen, durch Internet und Fernsehen oder durch die neuen *Nachbarn*, die als Flüchtlinge aus Syrien gerade versuchen, sich ein neues Leben aufzubauen. Keine Frage, die Welt hat sich verändert und „das globale Dorf", von dem Marshall McLuhan 1962 in seinem Buch „Die Gutenberg-Galaxis" schrieb, ist tatsächlich wahr geworden. Erst hielten wir es nicht für möglich, dann haben wir es nicht geglaubt und jetzt leben wir mittendrin. Die globalen Verschiebungen bringen eine Menge Chancen, Möglichkeiten, Herausforderungen und Ungerechtigkeiten mit sich. Und darum soll es in diesem Buch gehen. Wir wollen die globale Welt mitten unter uns wahrnehmen und fragen, was dies für uns bedeuten kann. Denn auch für Christen und Gemeinden hat sich viel verändert. Der gesellschaftliche Wandel hat längst große Auswirkungen und das einst so gelobte „christliche Abendland" ist bereits Vergangenheit.

Postsäkularisierung und Respiritualisierung sind die neuen Zauberwörter der Gegenwart. Sie beschreiben, dass sich das institutionell verfasste Christentum in Deutschland in einer Krise befindet – obwohl immer mehr Menschen irgendwie an irgendetwas glauben. Nur oftmals nicht mehr an den Gott der Bibel. Andere haben das längst erkannt und schicken Missionare nach Deutschland. Sie kommen aus Brasilien, Tansania oder Indien, um den Deutschen die gute Nachricht von Christus zu bringen. „Reverse mission" – umgekehrte Mission – nennt man das. Und dieser Prozess ist erst der Anfang einer Entwicklung, die sich schon heute in einer neuen Weltkarte des Christentums zeigt, auf der Europa künftig kaum noch eine Rolle spielen wird. Manche dieser neuen Missionare werden von ihren Heimatgemeinden ausgesandt und finanziell unterstützt. Aber Gott sendet auch Flüchtlinge und Asylsuchende zu den Menschen, die es nötig haben; das hat er schon immer getan.

Flucht und Asyl als biblisches Handeln Gottes?
So war es schon oft in der Bibel und in der Kirchengeschichte. Deshalb sollte es uns nicht überraschen, dass Gott heute immer noch so handelt. Ja, eigentlich müsste man sagen, dass die ganze Bibel ein Buch von Flüchtlingen und ihrer Flucht und Vertreibung ist. Schon der Verlust des Paradieses kann als Migration bezeichnet werden und gibt eine Art Motto vor: „*Unstet und flüchtig sollst du sein auf Erden!*" (1. Mo 4,12), lautet Gottes Ankündigung für das Leben von Kain, der seinen Bruder Abel umbrachte. Abraham, der Stammvater des Volkes Israel (1. Mo 12), zog als Nomade ein Leben lang umher. Mose war auf der Flucht, weil er wegen Mordes gesucht wurde, bevor er später das ganze Volk als Flüchtlinge aus Ägypten herausführte, woran sich das Volk Israel bis heute mit dem Laubhüttenfest erinnert. Nach dieser Flucht irrte das Volk 40 Jahre in der Wüste umher, bis es endlich Heimat fand (Jos 11). Aber auch danach war die Geschichte Israels geprägt von Flucht, Vertreibung und Exil sowie von Sehnsucht nach Identität und Heimat. Vielleicht weil das Volk Israel das selbst so erlebt hat, hat Gott ihnen aufs Herz gelegt und in Gebote geschrieben, dass Fremde und Migranten unter einem besonderen Schutz stehen (2. Mo 23,1-9; Jes 58,1-12; Sach 7,1-14; Mal 3,1-5).

Das Thema prägt auch Jesu Leben. Er immigrierte in diese Welt hinein und lebte mit seinen Eltern eine gewisse Zeit als Migrant in Ägypten, bevor die Familie ins von den Römern besetzte Heimatland zurückkehren konnte. Später zog er in guter jüdischer Tradition drei Jahre ohne festen Wohnsitz umher, lebte und lehrte die gute Nachricht vom Reich Gottes und teilte sein Leben mit seinen Nachfolgerinnen und Nachfolgern (Mt 16,24-28). Diese trugen das Evangelium dann weit in die damalige Welt hinaus, teils freiwillig, teils weil sie in der Heimat verfolgt wurden. Der Lohn dieser Nachfolge geht über das Irdische hinaus und spiegelt, dass Christen wissen, dass alles Leben auf der Erde nur das Vorletzte ist (Mt 19,27-30). Auch bei den ersten christlichen Gemeindegründungen war dies nicht anders. Die ersten christlichen Missionare wurden verfolgt und mussten fliehen (Apg 8,1-4). Aus der Gruppe von Flüchtlingen wurde die Keimzelle einer weltweiten Ausbreitung des Evangeliums. Später wurden diese Migrationsgemeinden im römischen Reich von Paulus besucht und betreut.

Was aus diesen wenigen Zeilen schon deutlich wird, ist das universale Handeln Gottes in dieser Welt. Gott hat von Anfang an alle Menschen und alle Völker im Blick seines Handelns. Besonders im Alten Testament wird dies exemplarisch deutlich an der Erwählung des Volkes Israel. Gott nimmt sich dieses Volkes an, weil es das kleinste unter den Völkern ist, und geht mit ihm durch alle nur vorstellbaren Krisen dieser Welt. Das Verhältnis zwischen Israel und Gott wird nicht umsonst als Beispiel und Liebesbeziehung (Hosea) in der Bibel bezeichnet, denn so wie Gott an Israel handelt, so will er an allen Menschen handeln.

Gottes Wesen ist Gerechtigkeit
In dieser Geschichte Gottes mit den Menschen spielt der Begriff Gerechtigkeit eine zentrale Rolle, sowohl im Alten als auch im Neuen Testament. Gerechtigkeit ist im biblischen Sinne immer untrennbar mit Gott selbst verknüpft (Ps 7,1: *„Gottes Wesen ist Gerechtigkeit"*). Es geht also nicht um eine Randerscheinung,

sondern um eine zentrale Aussage der Bibel – im Kern um ein Wesensmerkmal Gottes. Gott steht dabei für die Notleidenden ein und identifiziert sich mit ihnen (Ps 103,6, Amos 5,11f). Das Alte Testament geht sehr realistisch mit der Situation von Ungerechtigkeit um (5. Mo 15,11). Soziale Gerechtigkeit wurde im Alten Testament mit einem Ausgleich über den Zehnten von allem Geernteten (5. Mo 26,12) eingeführt. Die Armenpflege wurde, weil schon im Gesetz vorgeschrieben, zum Alltagsgeschehen der Israeliten (5. Mo 15,7; 5. Mo 24,14).

Aber nicht nur die Sorge um die Armen war im Gesetz festgelegt, auch Ausländer wurden mit Gastfreundschaft bedacht: *„Der Fremdling soll bei euch wohnen wie ein Einheimischer"* (3. Mo 19,34). Fremdheit sollte überwunden und Ausländer sollten in die Mitte des Volkes aufgenommen werden. Die Gerechtigkeit Gottes zieht sich wie ein roter Faden durch das Heilshandeln Gottes an den Menschen und wird an den universalen Bünden deutlich (etwa dem Bund Gottes mit Noah oder dem mit Abraham). Gottes Gerechtigkeit begründet sich in seiner Treue und seiner Verpflichtung gegenüber seinen Bundesversprechen. Gott befreit (2. Mo 20), verurteilt (Amos 2) und vergibt (Jes 46). Dabei ist er nicht parteilos, sondern setzt sich für seinen Bundespartner ein. In diesem Sinne bedeutet Gerechtigkeit immer auch Solidarität Gottes, er hält zu seinem Volk und steht ihm zur Seite, Gott selbst hält sich zu den Unterdrückten und Entrechteten und will ihnen zu ihrem Recht verhelfen. Das Ziel des Handelns Gottes ist immer, das Heil und die Gerechtigkeit des Bundesvolkes zu erlangen. Ganz praktisch wird dies immer wieder dadurch deutlich, wie Gott die Schreie der ungerecht Behandelten hört und erhört.

Gott hört den Schrei der Entrechteten
Und Gott reagiert dabei oftmals auf das Schreien und die Not der Menschen. Er rettet die Ägypterin Hagar, die vor ihrer Her-

rin Sara in die Wüste flieht (1. Mo 16,1ff) und heilt den Syrer Naaman, der an Aussatz leidet (2. Kön 5). So führt Gott, ähnlich wie Israel aus Ägypten, die Philister aus Kuta oder Syrer aus Kir (Amos 9). Gott errettet die Völker Lo-Ruhama und Lo-Ammi und spricht ihnen zu, dass sie sein Volk werden (Hos 2,25). Er errettet die heidnische Stadt Ninive (Jona) und spricht Gericht und Heil an alle Nationen dieser Erde (Jesaja, Joel, Micha). So ist es nicht verwunderlich, dass Gott seine Nachfolger in seinen Auftrag, das Schreien der Menschen zu hören, mit einbezieht. Israel soll ein „Licht für die Völker sein" und durch sein Vorbild die anderen Völker auf Gott hinweisen.

Auch im Neuen Testament wird diese Linie des gerechten Gottes konsequent weitergezogen. Jesus identifiziert sich in seiner großen Rede vom Weltgericht ganz praktisch mit den Ausgegrenzten und Entrechteten, wenn er sagt: *„Ich bin ein Fremder gewesen und ihr habt mich nicht aufgenommen. Ich bin nackt gewesen und ihr habt mich nicht gekleidet. Ich bin krank und im Gefängnis gewesen und ihr habt mich nicht besucht"* (Mt 25,42). Das fordert uns heraus und stellt unser Leben, unser Handeln und unsere Gottesbeziehung infrage. Hören wir die Schreie der Unterdrückten noch? Oder sind wir zu sehr mit den Stimmen der Konsumgesellschaft beschäftigt? Es geht also bei der Frage nach Gerechtigkeit bzw. Ungerechtigkeit immer auch um uns, und nicht nur um die Notleidenden. An ihnen können wir erkennen, wie es um unsere eigene Gottesbeziehung bestellt ist.

Menschenrecht und Ermächtigung

Deshalb geht es in diesem Buch nicht um Aktionismus aufgrund von Notsituationen. Wir wollen vielmehr eine Haltung vermitteln, die allen Menschen gilt, unabhängig von ihrem Status, ihrer Herkunft oder ihrem Handeln. Eine Haltung, die die Botschaft des Evangeliums widerspiegelt und uns selbst gilt, die uns verändert und durch uns sichtbar wird für die Menschen um uns herum. Es geschieht, wie so oft in der Bibel, eine Ermächtigung der Machtlosen, bekannter ist in diesem Zusammenhang der englische Ausdruck: *empowerment of the poor*.

Gott hat sein Reich immer schon durch die Außenseiter, Unterdrückten und am Rande Stehenden gebaut. In den Schwachen wird Gott mächtig und verherrlicht. So leben wir als Christinnen und Christen heute nicht aus unserer Kraft, unserer Vision und unserem Engagement, sondern aus der Auferstehungskraft Christi, die die Hoffnung Gottes hier auf Erden aufleben lässt. Das bedeutet für Menschen einzustehen und mit ihnen aufzustehen, weil Gott sie liebt und weil er Hoffnung für sie hat. Papst Franziskus hat in seiner historischen Rede im Washingtoner Kapitol die amerikanischen Politikerinnen und Politiker ermahnt, in den Flüchtlingen nicht nur eine wirtschaftliche oder kulturelle Herausforderung zu sehen, sondern in jedem einzelnen einen Menschen, ja eine Schwester oder einen Bruder zu erkennen. Dabei greift er auf das Gleichnis vom Weltengericht zurück. Dort wird deutlich, dass wir in den Hungernden, Dürstenden, Fremden, Nackten, Kranken und Gefangenen Jesus selbst begegnen (Mt 25,31-46). Die Gottesebenbildlichkeit, die uns von der Schöpfung her zuerkannt ist, gilt allen Menschen – nicht nur den Gesunden, sondern auch denen, die hungrig, durstig, nackt, fremd, krank oder gefangen sind.

Gott stellt sich vor allem an die Seite der Notleidenden, und wenn wir ihm begegnen und an seiner Seite leben wollen, dürfen wir sie nicht übersehen. Dies sprengt unsere menschlichen Kategorien. Durch Gott bekommt der Arme eine neue Würde und hat denselben Wert und Stellenwert wie wir selbst. Deshalb ist „Almosen geben" keine Tat des herablassenden Mitleids, sondern ein wesentlicher Teil des Reiches Gottes. In jedem Bereich des Lebens ist der „Schalom" der Zustand, der dem Reich Gottes entspricht. Im Bild des Leibes Christi (1. Kor 12) sind wir beides, Empfänger und Täter von guten Taten. Wie ernst es Gott mit dem richtigen Umgang mit Armen und Notleidenden ist, wird daran deutlich, dass Jesus diese Frage im Kontext des Weltengerichtes verhandelt. Es ist nicht in unser Belieben gestellt, ob wir hier und da etwas Gutes tun wollen. Es ist vielmehr das entscheidende Kriterium, nach dem Gott das menschliche Handeln beurteilt (Mt 25,31-46; Lk 16,19-30). Gott offenbart sich auf ganz unterschiedliche Weise in dieser Welt, auch durch unser Handeln. Sein Wirken gilt der ganzen Welt, die er als Schöpfer erschaffen hat, in allen Beziehungsebenen und bis in die letzten Systeme hinein. Christi Tod ist deshalb nicht nur ein Akt der individuellen Seelenrettung, sondern bringt Heil für die gesamte Welt (Kol 1,15-21; Gal 3,28).

Die Chancen und Grenzen dieses Buches

Die Autorinnen und Autoren dieses Buches wissen, dass sie weder die Welt noch die Menschen in Not retten können. Sie verstehen sich eher als Helfer und Helfershelfer in einem größeren Ensemble, welches seit Anbeginn der Zeit hier auf Erden spielt. Der Dirigent ist Gott selbst, der seine missio Dei mitten in all den Unruhen und Veränderungsprozessen der Jahrhunderte spielt. Gott möchte die Welt verändern und tut dies auch. Nicht durch Gewalt und Macht, sondern durch das Wirken des Heiligen Geistes und die Ausbreitung des Reiches Gottes.

Dieses Reich, welches durch Christus begonnen hat und sich seitdem durch die Gemeinschaft von Christen mitten in der Welt ausbreitet, ist das sichtbare Zeichen Gottes auf Erden. Es zeichnet sich durch die „bessere Gerechtigkeit" aus, die Jesus seinen Nachfolgern gelehrt und vorgelebt hat, indem er die Maßstäbe der damaligen Welt auf den „Kopf" gestellt hat. Er kümmerte sich um die Armen und sozial Ausgegrenzten, legte sich mit den Theologen und Gelehrten an und mischte sich in die öffentlichen Diskussionen ein. Dabei war Jesus nicht der klassische „Revolutionär", sondern hatte immer das „Heil" von Land und Leuten im Blick. Ihm ging es darum, dass Menschen ganzheitlich gesund wurden, an Leib, Seele und Geist, dass sie am öffentlichen Leben teilnehmen konnten und ein respektierter und anerkannter Teil der Gesellschaft waren.

Leben bedeutet bei Jesus immer menschenwürdiges Leben. Dabei war Jesus und meist auch seinen Nachfolgern klar, dass es dabei nicht um das „Paradies auf Erden" geht, nicht um den frommen Wunsch, dass endlich alles gut wird, sondern um das Ringen um Gerechtigkeit mitten in einer gefallenen Welt. In einer Welt, in der Liebe und Hass, Schönheit und Krieg, Kreativität und Egoismus, Entdeckungen und Machtmissbrauch eng miteinander verknüpft sind. Dies zeigt sich auch in den großen Veränderungsprozessen, in denen wir aktuell stehen, seien es globale Transformationen im ökonomischen Bereich (Klimawandel, Wirtschaftskrise), im gesellschaftlichen Bereich (Individualisierung, Pluralisierung), im Bildungsbereich (Ökonomisierung der Bildung) und im religiösen Bereich (Postsäkularisierung) oder in lokalen Prozessen wie der Heimat- und Identitätssuche (Entwurzelung), Kirchen- und Gemeindekrise (stagnierende oder rückläufige Mitgliederzahlen), der größer werdenden Kluft zwischen Reichen und Armen (insbesondere Kinderarmut) und einer zunehmenden Verunsicherung im alltäglichen Lebensvollzug (Optionsgesellschaft). Gott baut sein Reich mitten in dieser Welt, heute genauso wie in der Vergangenheit, und wir wollen unseren Teil dazu beitragen, so wie es viele Mütter und Väter des Glaubens in den letzten 2000 Jahren vor uns getan haben.

Worum es in diesem Buch geht und wie es aufgebaut ist
Die eben genannten Veränderungsprozesse machen die Breite der Herausforderungen deutlich, mit denen wir uns heute bei der Frage nach Gerechtigkeit beschäftigen müssen. Die Autorinnen und Autoren dieses Buches wollen Denkanstöße geben und Wege zum Handeln zeigen.

Nach grundsätzlichen Überlegungen zum biblischen Verständnis von Gerechtigkeit, Menschenrechten und dem Auftrag von Christen im ersten Kapitel, werden im zweiten Kapitel beispielhaft Initiativen von Christen vorgestellt, die sich in der Vergangenheit für Gerechtigkeit eingesetzt haben. Es wird deutlich, dass der Einsatz für die Menschenrechte kein neues Thema ist, sondern eines, das Christen bereits in den vergangenen Jahrhunderten bewegt hat.

Die folgenden Kapitel geben Einblicke in Bereiche, in denen die Menschenrechte heute eklatant verletzt werden. Dabei werden auch konkrete Initiativen vorgestellt, die als Beispiele dafür stehen, wie sich einzelne Christen oder ganze Gemeinden für mehr Gerechtigkeit einsetzen können. Es geht dabei um Gewalt gegen Arme, deren Rechte beschnitten oder missachtet werden. Dies ist besonders extrem in den Ländern des globalen Südens zu beobachten, hat durch die globalen Wirtschaftsverflechtungen aber auch mit uns zu tun. Als Bürger haben wir Möglichkeiten, uns für die Achtung ihrer Rechte einzusetzen.

Eine besondere Form des Unrechts ist die Sklaverei. Im vierten Kapitel wird gezeigt, dass dies kein Phänomen vergangener Jahrhunderte ist. Es gibt heute mehr Sklaven als jemals zuvor in der Geschichte der Menschheit. Sklaverei hat heute verschiedene Gesichter, dazu zählen Arbeitsbedingungen, die die Grundrechte der Arbeiterinnen und Arbeiter verletzten, indem sie als Eigentum wie ein Investment behandelt werden. Sie müssen unter Bedingungen produzieren, die ihre Gesundheit und ihr Leben gefährden – damit Konzerne Profit machen und wir günstig einkaufen können.

Auch die oben beschriebene Flüchtlingsproblematik ist Ausdruck ungerechter Verhältnisse. Neben Unterdrückung und Bürgerkriegen in den Herkunftsländern ist auch der große Unterschied im Wohlstand zwischen dem globalen Süden und den Industrieländern des Nordens dafür verantwortlich. Der durch die Industrialisierung verursachte Klimawandel erschwert die Lebensbedingungen in vielen Ländern zusätzlich. Im fünften Kapitel geht es deshalb darum, wie wir mit Flüchtlingen und Migranten umgehen, sie als Menschen würdigen und ihre Rechte achten.

Die globale Ungleichheit und Ungerechtigkeit, eine der Ursachen der Flüchtlingsströme, wird in Kapitel sechs thematisiert. Seit mehr als einem halben Jahrhundert gibt es Entwicklungszusammenarbeit. Aber lassen wir uns dabei wirklich auf die Menschen ein, denen wir angeblich helfen wollen, oder ist diese Beziehung von Überheblichkeit und Eigeninteressen geprägt? Das Kapitel beschreibt diese Problematik, zeigt aber auch, wie Eigeninitiative und Selbstverantwortung gestärkt und schon im Kindesalter die Grundlagen für eine ganzheitliche Entwicklung gelegt werden können.

Auf die Frage, wie Gerechtigkeit in unserem persönlichen Alltag und Konsumverhalten zum Zug kommt, geht das siebte Kapitel ein. Nach einem Einblick in das System des fairen Handels wird an konkreten Beispielen gezeigt, wie wir verantwortungsvoll leben und konsumieren können. Es wird deutlich, dass Gerechtigkeit auch mit ganz alltäglichen Entscheidungen zu tun hat. Zum verantwortungsvollen Handeln soll auch der Anhang mit Anregungen und Ressourcen ermutigen.

Die Beiträge der verschiedenen Autorinnen und Autoren verdeutlichen die Breite und Vielfalt sowie die Aktualität der Frage nach Gerechtigkeit. Obwohl die Menschenrechte heute auf vielfältige Weise missachtet werden, können Christen voller Hoffnung handeln, denn Gerechtigkeit ist Gottes ureigenes Anliegen.

Die Herausgeber danken den Autorinnen und Autoren für ihre engagierten und ermutigenden Beiträge, der Lektorin Rabea Rentschler, die diese Beiträge in eine einheitliche und gut lesbare Form gebracht hat, und dem Verlag der Francke-Buchhandlung, der sich mit diesem Buch für die Verwirklichung von Gerechtigkeit einsetzt.

Tobias Faix, Thomas Kröck, Dietmar Roller im Herbst 2015

Kapitel 1

„Die dringendste Aufgabe ist es, den Mythos zu zerstören, dass die Anhäufung von Reichtum und die Schaffung von Komfort die vordringlichste Beschäftigung des Menschen sein müssten."
Abraham Heschel, Theologe

„‚Macht euch die Erde untertan' heißt nicht, ruiniert sie im Namen eines gottlosen Egoismus."
Dr. Michael Staikos, Theologe

Globale Herausforderungen und der biblische Auftrag

Wir leben in einer Konsumgesellschaft, das ist kein Geheimnis. Sämtliche Umfragen werden das bestätigen. Das Lebensmotto heute heißt oft: Ich kaufe, also bin ich. Und auch, wenn wir uns immer wieder dagegen sträuben, prägt das „Habenwollen" auch immer wieder unsere Gedanken, das Streben nach Materiellem prägt unser Tun. Wir glauben falschen Ratgebern, die uns sagen, dass unser Wohlstand nur durch Fortschritt und schnelles Wachstum gesichert sei, dass unsere Gelassenheit durch Besitz und Konsum steige und dass stabile Preise allein durch Wettbewerb garantiert seien. Und ja, dabei gibt es Gewinner, aber es sind wenige. Und es gibt Verlierer, und zwar viele. Und wer schreit auf? Wer wehrt sich gegen Ungerechtigkeit und Ausbeutung?

Christinnen und Christen wie Dorothy Day, Mutter Teresa, August Hermann Francke oder William Wilberforce standen immer wieder auf und setzten sich für die Armen und Entrechteten ein. Die Bibel war dabei leitend für sie. Wir wollen ihnen nacheifern und fragen zu Beginn dieses Buches, wie der biblische Auftrag lautet und was er in einer globalisierten Welt bedeutet. Den Anfang macht Tobias Faix und stellt in seinem ersten Beitrag die Frage, was sich Gott unter einem würdigen Leben vorgestellt hat und was es bedeutet, dass alle Menschen in seinem Ebenbild geschaffen wurden. Daniel Rentschler führt diese Gedanken fort und beschreibt, wie Gottes Gerechtigkeit auf dieser Erde aussehen kann. Dietmar Roller schließt sich an und erläutert, wie eine ganzheitliche Armutsbekämpfung in einer aus den Fugen geratenen Welt aussehen kann. Abgeschlossen wird das erste Kapitel von Johannes Reimer und Frank Heinrich, die aufzeigen, wie der öffentliche und politische Auftrag Gottes in Kirchen und Gemeinden sowie als Privatperson gelebt werden kann.

Tobias Faix

Gottes globale Idee vom würdigen Leben

Christliche Hoffnung im Angesicht von Ungerechtigkeit und Globalisierung

Klar, es wurde in den letzten Jahrzehnten viel über Globalisierung gesprochen. Und ich nehme die globale Welt auch wahr. Als ich letztens meinen Computer aufgeklappt habe, bestellte ich mir in wenigen Sekunden ein englischsprachiges Buch, vereinbarte mit meinem Kollegen in Südafrika einen Prüfungstermin und sprach mit Freunden in Argentinien via Skype. Die Welt als globales Dorf im Internet. Aber das ist nur eine Seite der Globalisierung, vielleicht die Angenehmste, denn die Globalisierung bestimmt längst unseren Alltag, vom privaten Einkauf bis zur Gestaltung des Arbeitsplatzes. Die Auswirkungen des globalen Umbruchs, nicht nur auf wirtschaftlicher Ebene, sondern ebenso in der Politik und schließlich auch im Privatleben und in den Gemeinden, sind kaum abzusehen.

Das Leben birgt mehr Risiken – und zwar nicht nur in der Arbeitswelt, sondern auch im Familienleben. So ist uns der amerikanische Präsident schon näher als mancher unserer Nachbarn. Doch 975 Millionen hungernde Menschen bleiben uns fern, trotz Globalisierung. Wir können in Ländern Urlaub machen, über deren Geschichte und Kultur wir so gut wie nichts wissen, essen dort aber bei McDonald und trinken deutsches Bier. Alles scheint erreichbar zu sein, nur einen Steinwurf entfernt. Diese grenzenlosen Möglichkeiten entgrenzen uns.

Wo alles möglich wird, geht die Sicherheit verloren und die eigenen Grenzen verlieren sich zunehmend. Die Folge ist Unsicherheit. Woran soll ich mich orientieren? Was gibt mir Halt? Was Sicherheit? Die Konsequenzen sind erstaunlich und fatal. Oftmals kommt es zu einer Rückbesinnung auf kleine Einheiten, was beispielsweise die zunehmende Zersplitterung der Staaten zeigt. Menschen suchen nach Wurzeln und so verwundert es nicht, dass Folklore und Tradition ausgerechnet in einer Zeit der Globalisierung auf dem Vormarsch sind.

Die großen Parteien und Institutionen verlieren beständig an Mitgliedern und ein Ende scheint nicht abzusehen. Ein Paradox, selbst gemacht und zunehmend gefährlich für die Demokratie, da gerade dadurch Splittergruppen mit radikalem und fundamentalistischem Gedankengut gestärkt und gefördert werden. Der globale Mensch entdeckt seine Sehnsucht nach Nationalität und Normalität. Der flexible Mensch seine Sehnsucht nach Sicherheit und Bindung. Die Herausforderung, sein Leben in dieser Spannung zu gestalten, ist groß und dies macht immer mehr Menschen Angst vor der Zukunft.

Herausforderung Globalisierung: Miteinander leben lernen

Eine überwiegende Zeit der Menschheitsgeschichte war es vollkommen normal, dass Menschen in ihrem Leben improvisieren und flexibel leben mussten. Kriege, Hungersnöte und Katastrophen prägten weite Teile der Geschichte (und tun es in großen Teilen der Welt immer noch). In der westlichen Welt haben uns die letzten 50 Jahre geprägt, eine Zeit des Friedens und des Wohlstandes, der uns gutgetan, aber auch etwas verwöhnt hat. Jetzt stehen wir inmitten großer Herausforderungen und fragen uns, wie wir darin leben können. Die Antwort hört sich im ersten Moment banal an: Nur miteinander können wir leben und Halt finden. Das hört sich einfacher an, als es im Alltagstrott zu praktizieren ist.

Der Glaube als identitätsstiftendes Moment ist in den letzten Jahren immer mehr zur Privatsache geworden und die Begegnungen in Gottesdiensten ähneln mehr dem Teamwork einer Firma als vertrauter Gemeinschaft. So verkommt der Gottesdienst zu einem Ort des geistlichen Tourismus, in dem jeder nur kommt und konsumiert. Miteinander leben lernen heißt aber, nicht nur auf die eigenen Bedürfnisse zu achten, sondern Gott zu vertrauen, dass ich selbst nicht zu kurz komme, wenn ich mich um den anderen kümmere. Dietrich Bonhoeffer spitzt es sogar zu und sagt: „Jede christliche Gemeinschaft muss wissen, dass nicht nur die Schwachen die Starken brauchen, sondern dass auch die Starken nicht ohne die Schwachen sein können. Die Ausschaltung der Schwachen ist der Tod der Gemeinschaft" (Bonhoeffer, Gemeinsames Leben).

Die Globalisierung nimmt den „Tod der Schwachen" in Kauf, und solange die „Verlierer der Globalisierung" im Wohnzimmer abschaltbar waren, schien alles in Ordnung zu sein. Aber allmählich merken wir, dass die Globalisierung auch unseren Alltag spürbar beeinflusst. Das zwingt uns zu überlegen, wie wir damit umgehen können und wollen. Spätestens seit Hunderttausende Flüchtlinge in unsere Dörfer und Städte gekommen sind, hat die Globalisierung ein reales Gesicht bekommen. Und in diese Lebenssituation hinein ruft uns Jesus zu, dass wir auf unsere Gemeinschaft achten sollen. Es geht um das Kernstück des Evangeliums: Die Gemeinschaft zu Gott, zu mir selbst und zu meinem Nächsten (Mt 22,37-40).

Darauf zu achten, bedeutet, leben zu lernen. Teilen, was wir sind und haben, ist das Antiprogramm inmitten einer kapitalistischen Globalisierung und trifft die Sehnsucht der Menschen um uns herum. Gemeinschaft kann genau die Grenzen ziehen, die manchem zu der Sicherheit verhelfen, die man braucht, um Unsicherheit auszuhalten, die man nicht beeinflussen kann.

Die Globalisierung ist nicht aufzuhalten, aber sie lässt sich im kleinen Rahmen gestalten. Dazu braucht man den Mut, die durch die eigene westliche Prägung gesetzten Grenzen im Kopf zu erweitern.

Leben in menschenwürdigen Strukturen

Wenn wir das Bisherige ernst nehmen, dann müssen wir die Frage stellen, was dies konkret bedeutet. Und wenn wir von Teilen und Gemeinschaft reden, dann müssen wir auch auf Ungerechtigkeit und Egoismus zu sprechen kommen. Die theologische Begründung dafür liegt im Begriff der Sünde. Sünde durchzieht unser ganzes Leben und unsere Gesellschaft, sowohl individuell/persönlich in meinen Beziehungen, als auch strukturell/kollektiv in unserem gesellschaftlichen System. Sünde bedeutet, dass die Beziehungssysteme unseres Lebens in allen Bereichen (Gott – Mensch – Schöpfung) entfremdet und gestört sind. Dies hat sowohl auf die persönlichen als auch auf die strukturellen Ebenen Auswirkungen. Beide hängen unmittelbar miteinander zusammen und dabei sind die gesellschaftlichen Strukturen nicht per se sündig, aber sehr wohl die Menschen, die durch ihr Handeln Strukturen aufbauen, die diese Unmoral weiterfördern.

Sünde stellt in der Bibel ein Ordnungsproblem dar, weil Sünde die Beziehungsebenen stört und zerstört, sowohl im individuellen, als auch im sozialen Bereich. Gesellschaftliches Unrecht ist deshalb in beiden Abhängigkeiten zu suchen, der persönlichen und der gesellschaftlichen. Jeder Einkauf beispielsweise durchzieht ein gesellschaftliches Geflecht an Erntehelfern, Zulieferern, Zwischenhändlern, Arbeitern und Verkäufern. Globalisiert und durch den Markt der großen Rendite und kleinen Preise getrieben, kaufen wir oft doch nur „billig" ein und stehen mit unserer Tat am Ende einer Kette des gesellschaftlichen Unrechts, in dem andere das bezahlen, was wir einsparen. Wir sind Gefangene in unserem selbst erschaffenen System und leben auf Kosten von anderen.

Millionen von Menschen arbeiten für unter 1,25 Dollar am Tag, darunter viele Glaubensgeschwister, auch, damit wir gut leben können. Diese tiefen strukturellen Probleme ziehen sich durch unser Leben und unsere Gesellschaft und wir haben uns daran gewöhnt. Dies ist ein schleichender Prozess, der sich wie Gift durch das Christentum der westlichen Welt zieht. Nichtbeachtung der Menschenrechte (Ungeborene, Behinderte, Ausländer); Rassismus; ausbeuterische Arbeitsbeziehungen (Kinderarbeit, Lohndumping); unsymmetrische internationale Handelsbedingungen; gesellschaftlich akzeptierte Korruption, Vetternwirtschaft und Kriminalität, Waffenhandel etc. An der kurzen Aufzählung wird deutlich: Hier wird eine Dimension gesellschaftlichen Unrechts angesprochen, die sich nicht auf ein individuelles Fehlverhalten reduzieren lässt. Und mitten in diese Ungerechtigkeit zielt Gottes Liebe und Gerechtigkeit. Er ist der Handelnde, der uns Hoffnung gibt. Er ist mit uns in dieser Welt. Ihm ist jeder einzelne Mensch wertvoll. Er leidet mit uns unter den gesellschaftlichen Strukturen. Deshalb ist die Rede von den Menschenrechten in einer globalen Welt wichtig und wesentlich.

Die Menschenrechte als Grundlage der Globalisierung

„Die Würde des Menschen ist unantastbar", so steht es in unserem Grundgesetz (Artikel 1). Ähnlich wird es festgehalten in allen großen Gesellschaftsordnungen von der Charta der Vereinten Nationen (1948) bis zur Grundrechtscharta der Europäischen Union (2000). Die Geschichte der Menschenwürde an sich ist älter und reicht bis in die Antike zurück. Die erste nachweislich formulierte Theorie der Menschenwürde stammte vom Philosophen und Politiker Marcus Tullius Cicero im ersten Jahrhundert vor Christus und betonte zweierlei: zum einen die allgemeine Bedeutung der Menschenwürde, die jedem Menschen unabhängig von seinem Stand und seiner Herkunft zusteht, und zum anderen den Gestaltungsauftrag, diese auch frei auszuleben und Gestalt werden zu lassen.

Die Würde des Menschen ist die Grundlage für die gleichen Rechte, die allen Menschen zustehen. Heute gilt deshalb das internationale bzw. universale Menschenrecht. Sowohl Menschenwürde als auch Menschenrechte stellen somit eine zentrale Grundlage allen Zusammenlebens der Menschen dar und bilden für jegliche Entwicklungszusammenarbeit die rechtliche und ethische Basis. Gerade, wenn einem bewusst ist, dass beide Begriffspaare nicht überall umgesetzt werden. In der Praxis drängt diese Grundlage der Menschenwürde auf die Überwindung von Unrecht und Ungerechtigkeit. Dabei sind die Menschenrechte nicht unumstritten, wie der Soziologe Hans Joas anmerkt: „Viele wollen die Rede von ‚den Menschenrechten' nicht mehr hören. Sie halten sie entweder für eine Leerformel oder einen machtpolitischen Trick, um ihre eigenen Interessen durchzusetzen" (Joas 2011:27).

Der „Westen" untergräbt die Menschenrechte gerne aus ökonomischen Gründen, um größere und schnellere Profite zu erwirtschaften. Der „Süden" erkennt die Menschenrechte in Teilen nicht an, weil er sie für eine „westliche Erfindung" hält und somit für kulturell und gesellschaftlich nicht relevant. Aber gerade als Christinnen und Christen sollten wir uns für universale Menschenrechte einsetzen, da sie zentrale biblische Aussagen enthalten.

Die Ebenbildlichkeit des Menschen als theologische Grundlage der Menschenwürde
Die inhaltliche Begründung der Menschenwürde und der Menschenrechte geht auf das alttestamentliche Verständnis der „Imago Dei" zurück, der Ebenbildlichkeit des Menschen

gegenüber Gott in der Schöpfung (Gen 1,26-27). Gott schafft den Menschen nach seinem Bilde und verschafft ihm dadurch, unabhängig von seinem Tun, einen absoluten und universalen Wert sowie eine Teilhabe an Vernunft und Macht, die der Mensch als Gestaltungsauftrag auf der Erde nutzen soll. Diese Ebenbildlichkeit ist die Grundlage allen menschlichen Seins und macht den Menschen nicht nur zum Repräsentanten Gottes auf Erden, sondern spiegelt auch den Abglanz von Gottes Herrlichkeit wider.

Zur Geschichte des Menschen gehört aber auch der Sündenfall (Gen 3), durch den der Mensch, wie zu Beginn beschrieben, in all seinen Beziehungsebenen gestört und entfremdet wurde. Trotzdem nennt der Psalmschreiber David den Menschen „mit Herrlichkeit gekrönt" und „ein wenig niedriger gemacht als Gott selbst" (Ps 8). Diese Sichtweise zieht sich durch das ganze Alte und Neue Testament (Ps 106,20; Röm 1,23; Eph 4,24; Kol 3,10). Der Mensch steht trotz seiner Gefallenheit in einer unauflöslichen Beziehung zu seinem Schöpfer und in einer großen Geschichte der Wiederherstellung dieser Beziehung.

Im Neuen Testament wird die Ebenbildlichkeit Gottes besonders in der Ebenbildlichkeit Christi (Imago Christi) deutlich. In Christus können wir Menschen Gott wieder neu erkennen und uns selbst widerspiegeln in seiner Herrlichkeit. Dies hat aber nicht nur Auswirkungen für die eigene Wahrnehmung, sondern kommt auch allen anderen Menschen zugute (Röm 9,28; 2. Kor 4,4; Kol 1,15). Durch die Rechtfertigung des Sünders entfaltet sich die Menschenwürde unabhängig von seiner Beschaffenheit, Leistung und Herkunft. Es gibt also nach dem Sündenfall eine Kontinuität der Ebenbildlichkeit Gottes in der ungebrochenen Würde und im Gestaltungsauftrag. Zugleich besteht eine Diskontinuität in der Gebrochenheit der Beziehungsebenen. So wird nirgends in der Bibel die Ebenbildlichkeit Gottes im Menschen aufgelöst. Im Gegenteil, die Geschichte Gottes mit dem Menschen ist eine Geschichte der Wiederherstellung der unterschiedlichen Beziehungsebenen des Menschen im Kreuz und in der Auferstehung Christi.

Die eschatologische Hoffnung (dass Christus am Ende wiederkommt und Gerechtigkeit bringt) besteht in diesem Zusammenhang darin, dass die Ebenbildlichkeit des Menschen durch die Gnade Christi wieder ganz hergestellt wird. Auch wenn wir heute in der Spannung leben, Gottes Ebenbild zu sein und doch in sündhaften Strukturen verhaftet zu sein, können wir erahnen, dass diese eschatologische Hoffnung unser Handeln und Denken schon heute verändert. Bonhoeffer beschreibt dies mit der Bestimmung des Menschen, im „Vorletzten" zu leben, das vom „Letzten" bestimmt wird. Das „Letzte" ist die endgültige Erfüllung durch die Wiederkunft Christi, das „Vorletzte" die Ambivalenz zwischen gefallen und erlöst sein (Bonhoeffer 1992:137ff).

Menschenwürde ist demnach ein relationaler Begriff, der die unterschiedlichen Beziehungsebenen zwischen Gott und Menschen beschreibt. Dieses Verständnis der Ebenbildlichkeit des Menschen bildet die theologische Grundvoraussetzung für seine Würde und die sich daraus ergebenden Menschenrechte. Rainer Anselm entwickelt daraus drei grundlegende Aspekte von Menschenwürde: (in Geisthardt 2010:11)

1. Menschliches Leben ist immer fragiles, bedrohtes und fehlerhaftes Leben.
2. Die Würde des Menschen basiert nicht auf bestimmten Eigenschaften oder Leistungen, sondern ist ihm unabhängig von seinen Wesenseigenschaften zuerkannt.
3. Die ein für alle Mal zugesprochene Würde ist nicht wieder entziehbar, sondern unbegrenzt gültig. Sie kann durch den Träger der Würde weder veräußert noch verwirkt werden.

Dieses Wissen hat die Kraft, bestehende Unterschiede zu überwinden und heilend in die Beziehungsebenen einzugreifen, in denen Menschenwürde und Menschenrechte nicht gewahrt werden. Die Würde des Menschen und seine Rechte beinhalten stets auch einen Auftrag. Der Mensch steht immer in unterschiedlichen Beziehungsebenen zu anderen Menschen und zur Schöpfung. Er hat die Aufgabe, diese Teilhabe an Vernunft und Macht gestaltend auszuüben. Deshalb stehen gerade Christinnen und Christen für Menschenrechte ein, sie stellen sich auf die Seite von Minderheiten und Entrechteten. Doch weil sie mitten in den verletzlichen Beziehungen dieser Welt leben, brauchen sie die Kraft der Versöhnung, die durch die Imago Christi in ihnen deutlich wird. Christus hat sich mitten in die Unversöhnlichkeit dieser Welt gestellt. Durch seinen gewaltsamen Tod hat er die Macht der Gewalt in dieser Welt gebrochen.

Das Kreuz als Botschaft des Friedens, der Gerechtigkeit und der Versöhnung

Der Mensch ist verwoben in der Struktur der Sünde und in einem ewigen Kreislauf der Gewalt und des Todes. Das zeigt sich in vielen kriegerischen Konflikten ebenso wie in zwischenmenschlichen Problemen. Dies bedeutet aber auch, dass jeder Konzern, jeder Staat oder jede Partei in diesen globalen Kampf der Mächte einbezogen ist. Vereinfacht könnte man sagen, dass jede Macht sowohl gut als auch böse ist. Genau in diesen ausweglosen Kreislauf stellt Gott das Kreuz als Friedenszeichen der Erlösung. Es soll diesen ewigen Kampf stoppen.

Das Kreuz spielt in der Geschichte Gottes mit den Menschen eine zentrale Rolle, wenn es um Versöhnung und Gerechtigkeit geht. Es spiegelt die Würde des Menschen wider, die in der Existenz des Menschen und seiner Ebenbildlichkeit angelegt ist. Ein Zeichen und Fest dieser Versöhnungstat ist das Abendmahl. Menschen, die nach den Grundsätzen der Ebenbildlichkeit leben, streben nach der Gerechtigkeit Gottes. Sie leben mitten in dieser Welt, heben dabei die gesellschaftliche Diskrepanz zwischen Arm und Reich auf und schaffen so einen neuen Raum für Versöhnung (2. Kor 5,18-19) – und somit auch für die Anbetung Gottes.

Daraus folgt eine neue Form von Gemeinschaft, die von der Kraft der erfahrenen Versöhnung lebt und diese wieder weitergeben kann. Diese Gemeinschaft hat das Potenzial, die großen Diskriminierungen dieser Welt zu überwinden, wie Paulus an die Gemeinden in Galatien (Gal 3,28) und uns heute schreibt: In Christus gibt es nicht mehr Griechen und Juden (kulturelle Differenzen), nicht mehr Männer und Frauen (geschlechtliche Unterdrückung) und nicht mehr Freie und Sklaven (Ausbeutung durch Ungleichheit). In ihm sind sie allesamt eins. In dieser neuen Gemeinschaft können die großen Ausgrenzungen überwunden werden. Konkret zeigt sich das, indem wir lernen:

a) Menschen wahrzunehmen; hinzuschauen, wo andere wegschauen;
b) unseren Verstand zu nutzen; zu analysieren und nach den Ursachen zu fragen;
c) auf unser Herz zu hören: Mitgefühl zuzulassen;
d) unsere Hände einzusetzen, um Nächstenliebe in konkrete Taten umzusetzen.

Wir westlichen Christen können dabei von den südlichen Geschwistern lernen. Sie sind uns in vielen biblischen Tugenden – Gemeinschaft leben, Gaben teilen oder um Christi willen leiden – ein Vorbild. Hier haben gerade die scheinbar Armen viel zu geben und die scheinbar Reichen zu empfangen.

Im Abendmahl wird die Würde aller Menschen sichtbar und gemeinsam gefeiert. In Christus gibt es keine Unterschiede mehr, sondern sein Brot und Wein verbinden und versöhnen Menschen aller Kulturen und ermöglichen so einen eschatologischen Ausblick auf die kommende Herrschaft Christi.

Einheit statt Trennung ist die Botschaft Christi und stellt die Botschaft der Welt auf den Kopf. Abendmahl bedeutet so auch Weltverwandlung und verbindet Menschen global miteinander im neuen Stand Christi. Im Abendmahl werden die herrschenden Kräfte dieser Welt außer Kraft gesetzt und durch die Macht Christi ersetzt. Durch den Tod und die Auferstehung Christi sind alle Menschen mit Christus verbunden und vor und in ihm gleichgestellt – wohlwissend, dass dies in einer eschatologischen Spannung geschieht.

Die theologische Bedeutung des Abendmahls gibt einen Ausblick auf das, was im Himmel sein wird. Hier wird aber auch ein Auftrag von Gott an uns formuliert, der sich mitten unter uns erfüllen soll und einen Teil des Reiches Gottes sichtbar abbildet. Dieses Reich Gottes ist umkämpft. Wir brauchen mehr als menschlichen Idealismus. Gottes Geist ist es, der das neue Leben in uns, um uns und durch uns schafft (Röm 7,6; 8,2-17). Und Gott selbst ist es, der versprochen hat, dieses Reich einmal zu vollenden. Das gibt in diesem Kampf gegen Armut und Ungerechtigkeit die Kraft, weiterzumachen, durchzuhalten und im Vertrauen auf ihn immer wieder auch das Unmögliche zu wagen. Denn er hat uns versprochen: „Siehe, ich komme bald!" (Offb 3,6).

Daniel Rentschler

Biblische Gerechtigkeit

Hoch erhobenen Hauptes steht sie da. Eine Tunika um die Schulter gelegt. Die Augen verbunden. In der einen Hand eine Waage. In der anderen ein Schwert.

Justitia. Die Personifikation der Gerechtigkeit. Als Statue oder Bild ist sie an fast jedem Gericht in unserem Land zu finden. Sie verleiht der europäischen Vorstellung von Gerechtigkeit Ausdruck. Ihre Waage verspricht ein sorgfältiges Abwägen aller Indizien und Beweise, das Richtschwert die Durchsetzung des Gesetzes und ihre Augenbinde steht für absolute Unvoreingenommenheit. Die drei Attribute sollen garantieren, dass Gerichte tatsächlich Recht sprechen können.

So sehr hier unsere europäische Gerechtigkeitsvorstellung zum Ausdruck kommt, so sehr stehen wir in der Gefahr, unsere Gerechtigkeitsvorstellung mit der biblischen gleichzusetzen.

Interessanterweise scheint das biblische Verständnis von Gerechtigkeit häufig ohne eines der drei Attribute auszukommen: die Augenbinde. Immer wieder wird Gott als Richter in den biblischen Schriften dargestellt. Überaschenderweise zeichnet er sich häufig gerade nicht durch gelassene Neutralität aus, sondern eher durch eine besondere Solidarität. Gott als Richter ist durchaus voreingenommen. Er steht auf der Seite der Armen und Unterdrückten. Befreiungstheologen sprechen von Gott als der „vorrangingen Option für die Armen".

Gott der Befreier

Schon das erste Gebot im Dekalog lässt keinen Zweifel daran, wie Gott verstanden werden will und wie Gott wahrgenommen werden möchte. *Ich bin der Herr dein Gott, der dich aus Ägyptenland befreit hat. Du sollst keine anderen Götter neben mir haben (2. Mose 20,1-2).*

Gott stellt sich hier selbst vor. Er warnt davor, sich mit anderen Göttern einzulassen – und seine Abgrenzung zu diesen anderen Göttern ist revolutionär. Er grenzt sich von ihnen nicht durch beliebige Parameter ab, sondern sein einziges Kriterium ist sein Befreiungshandeln an Israel. Das ist revolutionär. Schon in diesem ersten grundlegenden Gebot wird deutlich: Gott ist ein Retter, ein Befreier. Und zwar aus konkreter Not. Dieses erste Gebot verweist auf *das zentrale Ereignis*, welches das jüdische Selbstverständnis wie kein zweites geprägt hat: Den Exodus aus der ägyptischen Gefangenschaft. Dort hat das Volk Israel Gott als Befreier erlebt. Als einen, der die Not und Unterdrückung ernst nimmt. Als einen, der nicht nur mitfühlt, sondern wirklich aktiv wird.

Besonders eindrücklich ist die Szene, in der Mose am brennenden Dornbusch den Auftrag erhält, das Volk Israel aus Ägypten herauszuführen.

Und der HERR sprach: Ich habe das Elend meines Volks in Ägypten gesehen und ihr Geschrei über ihre Bedränger gehört; ich habe ihre Leiden erkannt.
Und ich bin herniedergefahren, dass ich sie errette aus der Ägypter Hand und sie herausführe aus diesem Lande in ein gutes und weites Land, in ein Land, darin Milch und Honig fließt (2. Mose 3,7-8).

Gott sieht das Elend. Er hört das Geschrei der Unterdrückten. Er weiß um die Leiden der Ausgebeuteten. Und wird aktiv. Gegen Unrecht. Für Gerechtigkeit. Weil Gott nicht gleichgültig ist. Damals wie heute.

Das Unrecht unter den Menschen ist im Verlauf der Geschichte nicht weniger geworden. Im Gegenteil – eher mehr. Wo man auch hinschaut, es scheint überhandzunehmen. Mehr Menschen sind auf der Flucht als jemals zuvor. Laut der UNO-Flüchtlingshilfe befinden sich derzeit 60 Millionen Menschen auf der Flucht. Ohne Heimat, ohne Hab und Gut – oft nur mit dem nackten Leben davongekommen, hoffen sie, an einem anderen Teil der Welt ein (besseres) Leben führen zu können. Was für unsägliche Geschichten sie durchlebt und durchlitten haben, kann man sich kaum vorstellen – und ihnen oft nicht ansehen – auch wenn diese Menschen mit ihren Geschichten nun als unsere Nachbarn leben.

Ein anderes, diabolisches Unrecht, dem wir als International Justice Mission den Kampf angesagt haben, ist das Übel der Sklaverei (siehe Kapitel 4). Offiziell ist Sklaverei schon längst abgeschafft, sie wurde in allen Ländern dieser Welt als illegal erklärt (als letztes Land schloss sich Mauretanien 1981 diesem Verständnis an) – und doch gibt es heute mehr Sklaven als jemals zuvor in der Geschichte der Menschheit. Laut dem Global Slavery Index sind es derzeit 35,8 Millionen Menschen, die von Sklavenhaltern dazu gezwungen werden, Arbeiten zu verrichten und Dinge zu tun, die sie freiwillig niemals tun würden. Sie werden erniedrigt, verkauft, ausgebeutet und vergewaltigt.

Das Schlimmste ist: Es scheint so, als ob die Welt wegsähe, und Gott seine Geschöpfe längst vergessen hätte.

Wie kann es angesichts solch erschütternder Zustände in dieser Welt sein, dass wir Christen nicht aufschreien und unsere Stimmen für die Unterdrückten erheben? Wie kann es sein, dass es in unseren Gemeinden häufig wichtiger erscheint, Stille Zeit zu machen als unsere Zeit den zum Schweigen Gebrachten zu widmen? Warum ist der Einsatz für Gerechtigkeit scheinbar so nebensächlich?

Vermutlich weil unser Verständnis von Gerechtigkeit unklar ist. Gerechtigkeit ist in unserer Zeit zu einem fast schon beliebigen Wort geworden. Jeder hat sein eigenes Verständnis davon, was er als gerecht empfindet. Gerechtigkeit wird in der Bibel sehr konkret und präzise definiert. Bei uns ist sie zu einem vagen, unbestimmten Begriff geworden. Deswegen müssen wir neu hinschauen.

Soziale Gerechtigkeit und die Gerechtigkeit Gottes
Im deutschen Kontext wird beim Thema Gerechtigkeit häufig zwischen zwei Bereichen unterschieden: Gerechtigkeit als soziale Gerechtigkeit versus der Gerechtigkeit Gottes.

Mit sozialer Gerechtigkeit ist die Gerechtigkeit des Menschen gemeint – die sich um den Nächsten kümmert, die versucht, Not zu lindern und Menschen ganz allgemein zu helfen. Je nach christlicher Sozialisation wird der Bereich der sozialen Gerechtigkeit als optionales Extra angesehen, das nicht direkt mit dem Kern des christlichen Glaubens verbunden ist. Soziale Belange, so wird dann argumentiert, sind zwar nicht unwichtig, aber letztlich keine vorrangigen Themen für Christen, weil es dabei nur um das Diesseits geht. Die wirklich wichtigen Dinge hingegen beträfen das Geistliche, die Dinge, die direkt mit Gott zu tun und Einfluss auf die Ewigkeit haben. So wird soziale Gerechtigkeit zum Stiefkind der Christen. Wenn man noch Zeit und Energie übrig hat, sollten man sich dieser guten Sache auch noch widmen. Doch wann hat man das schon? Dass dieses Verständnis eine völlige Fehlinterpretation der Bibel ist, wird im Verlauf dieses Artikels und Buches insgesamt sichtbar werden. Der Alttestamentler Frank Crüsemann schrieb: Der Einsatz für Gerechtigkeit und Recht ist „ein Kernelement des christlichen Gottesglaubens … und kann nicht als sekundäre Frage angesehen werden."

Dann gibt es den anderen Aspekt der Gerechtigkeit: Gottes Gerechtigkeit. Hier sind wir oft zwiegespalten. Die Vorstellung eines gerechten Gottes finden wir dann sehr attraktiv, wenn wir selbst von Unrecht betroffen sind. Wenn Menschen uns schlecht behandeln, wir betrogen werden – und manchmal auch, wenn sich jemand an der Kasse vordrängelt. Dann schlägt unser Gerechtigkeitssinn Alarm – und wir beten mit Inbrunst die Rachepsalmen Davids und hoffen darauf, dass Gott eingreift, uns zu unserem Recht verhilft und die Übeltäter bestraft. (Okay, vielleicht nicht an der Kasse, aber bei größeren Sachen schon.)

So beruhigend wir die Vorstellung eines gerechten Gottes finden, so sehr beunruhigt sie uns auch. Denn wenn Gott wirklich alle Menschen gerecht richtet, also auch uns, dann haben wir kaum eine Chance, ohne Strafe davonzukommen. Und weil uns das ängstigt, schieben wir, wenn wir von Gottes Gerechtigkeit sprechen, sofort seine Liebe hinterher. Ja, Gott ist gerecht – aber er ist ja auch voller Liebe. Auch wenn das ein verständlicher Impuls ist, führt er uns doch weit weg von dem, was die Schreiber des Alten Testaments im Sinn hatten, als sie von der Gerechtigkeit Gottes schrieben.

Sedaqah – die göttliche Gerechtigkeit

Im Alten Testament steht für die göttliche Gerechtigkeit das hebräische Wort *sedaqah*. Ist hiervon die Rede, dann geht es nicht um ein theoretisches Gerechtigkeitsverständnis, sondern um konkrete Beziehungen. Sei es das Verhältnis von Gott und Mensch, Gott und Welt oder zwischen Mensch und Mensch, und Mensch und Welt. Gerechtigkeit ist ein Relationsbegriff, der aber nicht der Ergänzung der Liebe bedarf. *Sedaqah* wird in der Bibel nie mit negativen Gefühlen oder gar Angst vor göttlicher Strafe in Verbindung gebracht, sondern ist ausschließlich positiv. *Sedaqah* ist gerade der Ausdruck der Liebe Gottes zu den Armen und Ausgestoßenen, ja zur ganzen Menschheit. Das wird auch daran ersichtlich, dass in der Septuaginta (der griechischen Übersetzung des Alten Testamentes) *sedaqah* an manchen Stellen mit „Barmherzigkeit" oder „Erbarmen" wiedergegeben wird. „Gottes heilsames und rettendes Eingreifen steht nicht im Gegensatz zu seiner Gerechtigkeit, sondern ist genau Ausdruck dafür. Eine strafende göttliche Gerechtigkeit kann höchstens als ein Sekundäreffekt auftreten, der denjenigen trifft, der Gottes rettendes Eingreifen zu verhindern versucht" (Johnson: 904).

Sedaqah wird in einem bekannten biblischen Sprichwort als Grundpfeiler menschlichen Zusammenseins verstanden: *Gerechtigkeit erhöht ein Volk, aber Sünde bringt Nationen Schande* (Sprüche 14,34). An die Verwirklichung von Gerechtigkeit wird Ansehen und Gedeihen von Nationen geknüpft. Dies ist keine singuläre Auffassung innerhalb der Bibel, sondern eine Grundüberzeugung der Heiligen Schrift. Der Theologe Walter Dietrich sprach nicht zu Unrecht von Gerechtigkeit als *dem* roten Faden des Alten Testaments (Dietrich 1989:17). *Sedaqah* ist das Ideal, nach dem sowohl Individuen als auch ganze Völker sich ausrichten sollen.

Dabei geht die alttestamentliche Vorstellung von göttlicher Gerechtigkeit über unsere römisch geprägte Vorstellung (jedem das Gleiche – ohne Ansehen der Person) hinaus. Gottes Gerechtigkeit – und das ist das Besondere, zeigt sich gerade im Ansehen der Person. Der Alttestamentler Willy Schottroff drückt das folgendermaßen aus: „*Es ist kein gleicher Anteil, der dem Einzelnen an den gesellschaftlichen Pflichten, Gütern und Ehren zusteht, vielmehr wird jedem abgestuft nach seinem Rang das ihm Gebührende zuteil. Da dieses den an der Basis der sozialen Pyramide angesiedelten aber leicht streitig gemacht werden kann, gilt die Fürsorge [...] im besonderen Maße den sozial schwachen unteren Schichten der Bevölkerung und innerhalb dieser wiederum vor allem den personae miserae par excellence: nämlich den Witwen und Waisen sowie ganz allgemein den Armen und Geringen*" (Schottroff 1999:7-8).

Ob eine Gesellschaft gerecht ist, zeigt sich also daran, wie tatsächlich mit den Ärmsten der Armen umgegangen wird. Ob sie das bekommen, was sie brauchen, um leben zu können. Ob ihnen die Bedingungen ermöglicht werden, damit sie das Potenzial, das Gott in ihr Leben gelegt hat, zur Entfaltung bringen können. Ob sie ihre göttliche Berufung und Bestimmung, die sie als Ebenbilder Gottes haben, ausleben können.

Vergleicht man antike Rechtsauffassungen mit der Thora, so fällt auf, „dass in der Thora jene Gesetze fehlen, die die Mächtigen und Starken in ihrem Besitzstand sichern." (Heinrich Bedford-Strohm 2010:4). Die Thora, so führt der Kirchengeschichtler und Ratsvorsitzende der EKD weiter aus, steht einseitig und ganz bewusst auf der Seite der Schwachen der Gesellschaft. Das bedeutet nicht, dass alle anderen ausgegrenzt sind, sondern dass die Schwachen so lange besondere Aufmerksamkeit bekommen, bis sie am allgemeinen Wohlstand teilhaben.

Die biblische Gottesvorstellung ist ohne Gerechtigkeit nicht denkbar, ja sie ist direkt mit ihr verwoben – wobei hinzugefügt werden muss, dass Gerechtigkeit keine „Erfindung" des biblischen Monotheismus ist. Auch in umliegenden altorientalischen Kulturen gab es die Vorstellung, dass Gerechtigkeit wichtig für das friedliche Zusammenleben der Menschen ist. In manchen Nachbarkulturen galten die Götter sogar als Helfer der Armen. Aber wie der Ägyptologe Jan Assmann sehr eindrücklich darstellt, hat der biblische Monotheismus der Gerechtigkeitsidee „einen anderen Stellenwert verschafft, indem er sie zur Sache Gottes gemacht, das heißt theologisiert hat!" (Assmann 2003:87). Die Ausübung von Gerechtigkeit und Barmherzigkeit ist also kein weltlich Ding, sondern „per se eine Form religiösen Handelns [...] analog zum Opferkult und diesem an Verdienst und Wirkung sogar noch überlegen" (Assmann 2003:82).

Gerechtigkeit bei den Propheten
Im jüdischen Verständnis war Gott nicht nur ein theoretischer Befürworter von Gerechtigkeit, sondern er griff ein, sandte Propheten, die soziale Missstände beklagten und Veränderung einforderten. Beispielhaft soll das am Propheten Amos aufgezeigt werden.

Mit der Einführung des Königtums ergaben sich in Israel tief greifende soziale Veränderungen. Wurde das Königtum ursprünglich eingesetzt, um für Recht und Gerechtigkeit zu sorgen, so entwickelte es sich tragischerweise ins Gegenteil. Aufwändige Bauten erforderten die Dienste von Fronarbeitern, denen oft ihr Lohn vorenthalten wurde (vgl. Jeremia 22,13-17). Mit wachsendem Hofstaat entwickelte sich eine zunehmend wohlhabendere Oberschicht, die ihren Wohlstand allerdings nicht dem allgemeinen wirtschaftlichen Aufschwung verdankte, sondern die auf Kosten der Armen reich wurde. Die soziale Schere begann auseinanderzuklaffen. Besonders eindrücklich kann man das an archäologischen Funden der alttestamentlichen Stadt Thirza sehen, die zeitweise die Hauptstadt des Nordreiches Israel war. Im 10. Jahrhundert v. Chr. waren die Häuser und die Einrichtungsgegenstände in der ganzen Stadt noch relativ gleich. Nur zwei Jahrhunderte später, zu der Zeit, in der der Prophet Amos auftrat, gibt es einen deutlichen Unterschied zwischen den Vierteln, in denen die Oberschicht zu Hause war, und den Vierteln der Unterschicht. Waren sich die Häuser im 10. Jahrhundert v. Chr. recht ähnlich, so finden sich im 8. Jahrhundert Viertel mit großzügigen Häusern und mit Elfenbein verzierten Betten. Die Stadtteile der ärmeren Bevölkerung prägten kleine dicht gedrängte Häuser. Als Schlafplätze dienten schlichte Bodenmatten. Die einen aßen Fleisch bei jeder Mahlzeit, die anderen litten regelmäßig Hunger.

Erlangt wurde dieser Reichtum vorwiegend durch eine perfide Methode: die Darlehensgabe, oder wie es in der heutigen Entwicklungszusammenarbeit genannt wird, der Schuldknechtschaft. Arme Teile der Bevölkerung mussten sich bei Missernten oder sonstigen Notlagen Geld oder Saatgut bei der wohlhabenden Oberschicht leihen. Diese nutzten die Situation aus, indem sie Wucherzinsen forderten und die Schuldner faktisch zu Leibeigenen machten. Die Schuldknechte arbeiteten fortan nur noch für ihren Gläubiger und hatten keine Chance, aus diesem System wieder auszubrechen. Sie und ihre Familie „gehörten" fortan einem neuen Besitzer. Dass die neuen Herren die Frauen dann zu ihren Sexobjekten machten, wurde zunehmend die Regel (vgl. Amos 2,7).

Das Problem der Schuldknechtschaft ist heute aktueller denn je. Allein in Indien gibt es geschätzte 15 Millionen Menschen, die in Schuldknechtschaft über Generationen hinweg leben, oft nur aufgrund von Darlehen von umgerechnet 20 bis 30 Euro.

Für die wohlhabenden Juden der damaligen Zeit schien das nicht im Geringsten im Widerspruch zu ihrem Jahwe-Glauben zu stehen. Wie sehr dieses Unrecht Gott zuwiderläuft, bringt Amos in Kapitel 5 auf den Punkt:

Ich hasse und verachte eure religiösen Feste und kann eure feierlichen Zusammenkünfte nicht riechen. Ich will eure Brand- und Speiseopfer nicht haben; die Friedensopfer eurer Mastkälber will ich nicht sehen! Hört auf mit dem Lärm eures Lobpreises! Eure Anbetungsmusik werde ich mir nicht anhören.
Stattdessen will ich Recht fließen sehen wie Wasser und Gerechtigkeit wie einen Fluss, der niemals austrocknet (Amos 5,21-24).

Ein Gott, der Gottesdienste, Opfer und Lobpreis hasst? Die Gottesdienste an sich waren nicht das Problem, der Gesang war nicht schief oder schlecht – das Problem war die alltägliche Ungerechtigkeit. Laut Amos ist es Gott zuwider, wenn er in Gottesdiensten angebetet, aber im Alltag in seinen Ebenbildern ausgebeutet wird. Sein Wunsch ist Recht (*mishpat*) und Gerechtigkeit (*sedaqah*), die unaufhörlich fließen, wie ein Fluss.

Shalom

Die Propheten prangerten jedoch nicht nur die sozialen Missstände ihrer Zeit an, sondern entwickelten auch „die Utopie eines Reiches der Gerechtigkeit und des Friedens" (Schottroff 1999:17). Sie sprachen von der Hoffnung, dass *sedaqah*-Beziehungen vorherrschend werden – hier in unserer Welt. Wovon die Propheten träumten und sprachen, kann man in einem Wort zusammenfassen: *shalom*. Friede. Wobei *shalom* mehr meint als die bloße Abwesenheit von Krieg oder Streit. *Shalom* meint ein Leben in geregelten und gerechten Beziehungen. Ein Leben in der richtigen Beziehung zu Gott, der richtigen Beziehung zu den Mitmenschen, zum eigenen Leben, ja auch zur eigenen Arbeit.

Dass *shalom* nicht ohne Gerechtigkeit zu erreichen ist, war schon dem Schreiber des 85. Psalms klar, wenn er davon schreibt, dass „Gerechtigkeit und Friede sich küssen". Das eine gibt es nicht ohne das andere. Wenn die Propheten von dem Gerechtigkeits-und Friedensreich sprachen, war dies nicht eine billige Vertröstung auf das Jenseits, sondern Trost und gleichzeitig Ermutigung, die notwendigen Veränderungen herbeizuführen.

Gerechtigkeit im Neuen Testament

Der gerechte Gott des Alten Testamentes ist derselbe Gott, den Jesus mit Vater anspricht und selbst verkörpert. Deswegen kann es nicht verwundern, dass er gleiche Prioritäten setzt. Er kümmert sich um die Außenseiter der Gesellschaft, lädt Verachtete zum Essen ein, erzählt Gleichnisse davon, die Barmherzigkeit gegenüber dem Nächsten zum Ziel haben, spricht von Arbeitern im Weinberg, die, obwohl sie nicht Gleiches geleistet haben, am Ende des Tages doch das bekommen, was sie zum Überleben des nächsten Tages brauchen usw. Laut Lukas macht Jesus gerade die Armen und Unterdrückten zum Kernpunkt seiner Agenda, wenn er in seinem ersten öffentlichen Auftritt in der Synagoge den Propheten Jesaja zitiert und diesen auf sich auslegt.

„Der Geist des Herrn ruht auf mir, denn er hat mich gesalbt, um den Armen die gute Botschaft zu verkünden. Er hat mich gesandt, Gefangenen zu verkünden, dass sie freigelassen werden, Blinden, dass sie sehen werden, Unterdrückten, dass sie befreit werden und dass die Zeit der Gnade des Herrn gekommen ist." Er rollte die Schriftrolle zusammen, gab sie dem Synagogendiener zurück und setzte sich. Alle in der Synagoge sahen ihn an. Und er sagte: »Heute ist dieses Wort vor euren Augen und Ohren Wirklichkeit geworden!" (Lukas 4,18-21).

Dabei macht Jesus den Einsatz für Gerechtigkeit nicht zu einer ausschließlich göttlichen Mission, sondern bezieht uns als seine Nachfolger dezidiert mit ein. In den sogenannten Endzeitreden in Matthäus 25 beschreibt er, wie beim großen Endgericht gerade der Einsatz für die Armen, Hungrigen, Kranken, Gefangenen und Misshandelten ausschlaggebend für Gottes Richterspruch über jeden Einzelnen wird.

Das Eintreten für Gerechtigkeit ist nicht die Sache von Gott ODER uns Menschen. Gerechtigkeit ist Gottes Angelegenheit UND unsere.

Als Gott Mose am brennenden Dornbusch beruft, sein Volk aus Ägypten zu befreien, da schildert er die Not, die er gesehen, gehört und wahrgenommen hat – und er berichtet Mose von seinem Entschluss, dass er selbst gekommen ist, um sie zu erretten. Gott selbst nimmt sich des Unrechts an. Er kommt, um die Unterdrückten zu retten. Gerechtigkeit ist die Sache Gottes. Aber nicht allein.

Die Rede Gottes ist da noch nicht zu Ende: Sie geht folgendermaßen weiter:

Weil denn nun das Geschrei der Israeliten vor mich gekommen ist und ich dazu ihre Not gesehen habe, wie die Ägypter sie bedrängen, so geh nun hin, ich will dich zum Pharao senden, damit du mein Volk, die Israeliten, aus Ägypten führst (2. Mose 3,9-10).

Gott ist gekommen um zu retten. Wie tut er es? Er sendet Mose. Mose soll zum Pharao gehen und ihn dazu bewegen, seine besten, weil billigsten Arbeiter, die Sklaven, in Freiheit zu entlassen. Eigentlich ein völlig aussichtsloser Auftrag. Und doch lässt sich Mose nach einigem Zögern darauf ein. Er geht los und erlebt das Wunder der Befreiung. Er spielt eine zentrale Rolle in der Geschichte, die Gott schreibt.

Was hat den Pharao dazu bewegt, die Israeliten ziehen zu lassen? Moses Mut? Sein unerschrockenes Auftreten oder sein sagenhaftes rhetorisches Geschick? Wohl eher nicht. Der Knackpunkt, der alles veränderte, ist die Zusage Gottes, mit der er Mose sendet: „Ich werde mit dir sein."

Gott ist anwesend in jedem Bemühen um Gerechtigkeit, weil es seinem Charakter und Willen entspricht, dass Menschen in *sedaqah*-Verhältnissen, in *shalom* leben können.

Gerechtigkeit ist eine gemeinsame Angelegenheit von Gott und uns. Lassen wir Gott außen vor, bleiben wir in unseren menschlichen Möglichkeiten stecken und verpassen die geistlich-göttliche Dimension darin. Bleiben wir unbeteiligt und überlassen unseren Mitmenschen seinem Schicksal, machen wir uns an unserem Nächsten und an Gott schuldig.

Gerechtigkeit geht uns und Gott an. Gemeinsam. Dazu soll dieses Buch verschiedene Blickwinkel geben. Unsere Generation hat es in der Hand, diese Welt entscheidend zum Positiven zu verändern. Gerechtigkeit ist mehr als nur eine nette Idee. In unserem täglichen Einsatz für Gerechtigkeit sehen wir weltweit, wie Strukturen verändert werden und immer mehr Menschen menschenwürdig leben können.

Ich bin überzeugt davon, dass die biblische Botschaft der Gerechtigkeit heute so aktuell ist wie zur Zeit der Propheten. Wir werden uns als Christen eines Tages der Frage stellen müssen, wie wir mit den humanitären Katastrophen unserer Zeit umgegangen sind. Wie wir mit den Flüchtlingen vor Lampedusa, den Textilarbeitern in Bangladesch, den Zwangsprostituierten in den Elendsbordellen Mumbais und den Schuldknechtsklaven Bangalores umgegangen sind.

Mögen wir eine gute Antwort geben können – und mögen wir dann zu hören bekommen: Was ihr einem dieser Geringsten getan habt, das habt ihr mir getan.

Dietmar Roller

Der Mensch braucht mehr als Wasser und Brot

Warum eine ganzheitliche Armutsbekämpfung die Menschenrechte braucht

Es war in einem kleinen Dorf zwischen Mossul und Dahuk im Irak. Kurz zuvor hatte der Islamische Staat (IS) die gesamte Umgebung im Norden des Landes überrannt. Die Christen und Jesiden mussten so schnell vor den Schergen des IS fliehen, dass sie nicht einmal mehr das Nötigste packen konnten. Samira war eine der vielen Menschen, die nach tagelanger Flucht durch das Synchargebirge in einer Bauruine Zuflucht fanden. Als ich sie traf, hielt sie ihre dreijährige Tochter an der Hand. Etwas weiter hinter ihr stand schweigend der sechsjährige Sohn. Allen dreien stand das Entsetzen über die Ereignisse der letzten Tage noch ins Gesicht geschrieben.

Samira begann zu erzählen, wie ihr Mann vor ihren Augen von Kämpfern des IS erschossen worden war. Ihre beiden ältesten Töchter, elf und 13 Jahre alt, hatten die Kämpfer mitgenommen. Die Stimme der Mutter brach. Tränen flossen über ihr Gesicht. Bis heute, Monate nach ihrer Entführung, hoffte Samira auf ein Lebenszeichen von den Mädchen. Sie ahnte nur, was aus ihnen geworden war: Bräute für Terroristen. So ergeht es Tausenden von Mädchen, die auf dem Sklavenmarkt von Mossul verkauft werden.

Samiras Geschichte schockiert. Und sie macht noch betroffener, wenn wir erkennen, dass die grausamen und gewaltsamen Zustände durch den IS im Irak und in Syrien eine alltägliche Bedrohung für Tausende Menschen geworden sind.

Mit Blick auf die vergangenen Jahrzehnte finden wir ähnliche Berichte von Menschen, die aufgrund ihrer Ideologie, Rasse oder Religion verfolgt, versklavt, gefoltert und umgebracht wurden. Der Bürgerkrieg in Ruanda und das eklatante Versagen der UN, der Genozid an den Armeniern durch die Türken und der brutale Massenmord an den Juden durch Deutschland unter Hitler sind nur wenige Beispiele. Vor allem der Zweite Weltkrieg war in seiner Brutalität und dem Ausmaß an Tod, Leiden und Verwüstung kaum zu überbieten. Die Zeugnisse von Männern, Frauen und Kindern, die diese Schreckenszeiten überlebt haben, klingen ähnlich: Verlust, Verzweiflung, Erbarmungslosigkeit, Gewalt und Vergewaltigung bestimmten ihr Leben.

Eine Gegenbewegung, die hoffen lässt

Die Menschheitsgeschichte zeigt neben Krieg, Gewalt und Ausbeutung allerdings auch Gegenbewegungen, die die Würde des Menschen in den Mittelpunkt rücken. Viele dieser Bewegungen leiten dabei das unveräußerliche Recht auf Leben und Entfaltung eines jeden Menschen aus der Gottesebenbildlichkeit des Menschen ab (siehe auch den Artikel „Gottes globale Idee vom würdigen Leben. Christliche Hoffnung im Angesicht von Ungerechtigkeit und Globalisierung", Tobias Faix).

In der neueren Geschichte legte die Unabhängigkeitserklärung der Vereinigten Staaten von 1776 die Grundlage für die Menschenrechtscharta. Viele der Auswanderer nach Amerika erlebten damals die große Erweckungsbewegung unter George Whitefield und Jonathan Edwards mit. Diese Erweckungsprediger betonten bei ihrer Evangelisation eine wichtige Botschaft: Herkunft, Sprachen, Ethnien, soziale oder konfessionelle Unterschiede haben keinerlei Einfluss auf die Erlösung des Menschen. Vor Gott sind alle Menschen gleich und gehören als erlöste Gemeinde zusammen.

Dieses Bild vom Menschen findet sich bereits bei den Pilgervätern, wie der Mayflower-Vertrag von 1620 zeigt. Damals wurden Kirchengemeinden in der Regel durch eine repräsentative Demokratie geleitet. Der amerikanische Historiker Robert Lawrence Middelkauf, Professor an der Berkely Universität, nannte die erste Generation der Auswanderer die „Revolutionsgeneration der Kinder der Wiedergeborenen". Laut Middelkauf war für sie die Verherrlichung Gottes der Zweck ihres Lebens. Und das nötigte sie zu absolutem Respekt vor den Menschen als Geschöpfe Gottes mit unveräußerlichen Rechten.

Zur Zeit der Erweckungsbewegung unter Whitefield und Edwards bezog sich der Grundgedanke der Gleichheit aller Menschen vor Gott vor allem auf die Einbeziehung europäischer Ethnien und verschiedener christlicher Konfessionen. Doch der Gedanke setzte sich weiter durch und begründete später auch die Sklavenbefreiung (siehe Kapitel 2 „Die Sklavenbefreiungsbewegung um William Wilberforce. Über die Wurzeln der modernen NGOs.").

Die Gottesebenbildlichkeit als Motor der Menschenrechtsbewegung

Man kann mit Recht behaupten, dass die Vorläufer der Menschenrechte und der gesamten modernen Menschenrechtsbewegung in der Gottesebenbildlichkeit des Menschen begründet waren. Aus dieser Annahme wurde gefolgert, dass alle Menschen unveräußerliche Rechte zum Leben haben. Dazu gehören auch die Freiheit und das Streben nach Glück.

Später nahm die Nationalversammlung in Frankreich die Idee auf und führte sie am 26. August 1789 in der Erklärung der Menschen- und Bürgerrechte weiter aus. Die Gedanken der

Aufklärer leisteten einen wichtigen Beitrag für die Etablierung der Menschenrechte und machten Brüderlichkeit und Freiheit ohne Unterschied zur sozialen und politischen Grundlage in vielen Ländern Europas.

Bevor die Allgemeine Menschenrechtserklärung der Neuzeit, auf die wir uns heute berufen, formuliert wurde, gab es noch einen wichtigen Zwischenschritt in der Entwicklung der Menschenrechte. Am 16. Dezember 1943 tagte der African National Congress (ANC) in Südafrika und verabschiedete die „Forderung der Afrikaner in Südafrika". In dieser Erklärung wurden die vollen Bürgerechte und der gleiche Zugang zu den Gesetzen für alle Bürger, egal welcher Hautfarbe oder Herkunft, gefordert. Diese Deklaration hatte Auswirkungen auf die fünf Jahre später folgende Allgemeine Menschenrechtserklärung von 1948 durch die Vereinten Nationen. Sie dehnte den Gültigkeitsanspruch der Menschenrechte über den europäisch westlichen Kontext aus. Das ermöglichte die Universalität der Menschenrechte, wie wir sie heute kennen.

Die Allgemeine Menschenrechtserklärung von 1948 war das Ergebnis der UN-Menschenrechtskonvention und eine direkte Reaktion auf die Schrecken des Zweiten Weltkrieges. Unter der Leitung von Eleanor Roosevelt arbeiteten 18 Experten die 30 Artikel aus. Mit mehr als 300 Sprachen ist die UN-Menschenrechtskonvention neben der Bibel einer der meist übersetzten Texte der Welt. In dem Papier wurden grundlegende Rechte aufgestellt, die jedem Menschen auf dieser Erde zustehen, unabhängig von der sozialen Herkunft, Geburt, Hautfarbe, Rasse, des Geschlechts, der Sprache oder Religion. Ebenfalls wurde festgelegt, dass diese Rechte überall gelten. Das rechtliche Verhältnis einer Person zu dem Land, in dem sie sich aufhält, schränkt diese grundlegenden Rechte folglich in keiner Weise ein.

Gerade weil heute Tausende Menschen auf der Flucht sind und Schutz in Europa suchen, ist es wichtig, an die universelle

Gültigkeit der Menschenrechte zu erinnern. Für uns Christen gilt neben dem Gebot der Nächstenliebe auch der Auftrag, alle Menschen als Gottes Ebenbilder anzusehen und anzunehmen. Menschen dürfen nicht zu Objekten der Mission werden, sondern müssen in ihrer Subjektstellung und in ihrem ganzen Menschsein ernst genommen werden. Damit wird das Wort als Gottes Offenbarung nicht entwertet, wie stellenweise behauptet wird, sondern es bekommt Hände und Füße – unsere Hände und unsere Füße.

Ein doppelter Auftrag für uns Christen

Für uns Christen ergibt sich ein doppelter Auftrag: Erstens Menschen ohne Ansehen von Religion, Herkunft und Status Hilfe zu leisten und zweitens politisch, sozial und bei der Veränderung von ungerechten Strukturen Vorreiter zu sein. Generationen vor uns haben uns das im Glauben vorgelebt. Für sie war das Wort immer mit der Tat verbunden, so wie in Jesaja 1,17 prophetisch aufgerufen wird, den Glauben zu leben: „Lernt Gutes tun! Bemüht euch, Recht zu schaffen! Trachtet nach Recht! Helft den Unterdrückten!"

Unsere Hilfe am Nächsten bedingt einen Respekt und eine Zuwendung, die die menschliche Würde achtet und sie darin unterstützt, sich selbstbestimmt zu entwickeln und zu leben. Menschen, die nicht nur äußerlich alles verloren haben, sondern einen brutalen Angriff auf die Würde ihres Lebens erdulden mussten, wurden auch mental in absolute Armut getrieben. Wir müssen tiefer blicken als auf das, was vor Augen ist. Wenn äußere und innere Armut zusammenkommen, müssen wir auch das gebrochene Herz und die verletzte Seele sehen.

Für Samira und Hunderttausende Flüchtlinge kommt der Verlust von Angehörigen und der Heimat hinzu. Alles, was ihnen lieb und vertraut war, ist Vergangenheit. Manchmal kommt noch die quälende Ungewissheit über den Verbleib von verschleppten Kindern und Verwandten hinzu. Wenn Flüchtlinge mit einer solch tragischen Geschichte zu uns nach Deutschland kommen, haben sie zwar den Weg aus dem unmittelbaren Elend heraus geschafft, doch bis zur Genesung ihrer äußeren und inneren Wunden liegt noch ein weiter Weg vor ihnen. Erst dann können sie ein neues eigenständiges Leben gestalten (mehr dazu im Beitrag „Freiheit und Gesundheit. Worauf es bei der psychosozialen Versorgung von Betroffenen schwerster Menschenrechtsverletzungen ankommt" von Stefanie Enriquez-Geppert und Mareike Wendling, Kapitel 4).

Armut lässt das Gott gegebene Potenzial verkümmern
Armut bedeutet nicht nur die Abwesenheit von Reichtum, sondern auch die Verelendung und Verkümmerung des von Gott gegebenen Potenzials. Deshalb muss Armut ganzheitlich betrachtet und bekämpft werden. Zur Wiederherstellung von Geist, Seele und Körper müssen die Würde und die Selbstbestimmung jeder einzelnen Person geachtet werden, damit sie das in ihr liegende Potenzial zur Entfaltung bringen kann.

In der Entwicklungszusammenarbeit hat sich diese Erkenntnis in den vergangenen Jahrzehnten durchgesetzt und wurde in die Hilfsprojekte bewusst integriert. Der „rechtsbasierte Ansatz" (RBA) schafft eine Beziehung zwischen den Rechten eines Menschen und seiner Entwicklung. Grundlegend für diesen Ansatz ist die Allgemeine Erklärung der Menschenrechte von 1948. Warum die Entwicklungszusammenarbeit den Menschenrechtsansatz braucht, wird mit Blick auf die weltweite Ungleichheit deutlich. Armut dürfte es eigentlich nicht mehr geben, wenn das gesamte Wissen sowie alle Ressourcen der Menschheit gerecht eingesetzt würden. Dennoch lebt mehr als ein Viertel der Bevölkerung von weniger als 1,25 Dollar am Tag. Armut, Unterdrückung und Verzweiflung sind in dieser Welt leider häufiger Realität als Frieden und ein Leben ohne Angst vor Hunger und Gewalt.

Die Weltgemeinschaft hat der Armut bereits den Kampf angesagt, ein großartiger Schritt. Doch um diesen Kampf zu gewinnen, braucht es nicht nur Verträge zwischen Ländern und Milliardenbeträge für Hilfsprogramme. Grundlegend ist das Engagement von allen Menschen, die genug zum Leben haben, sowie das große Potenzial der Armen selbst, die diese Möglichkeit oft nicht entdecken und entfalten können oder dürfen. Um diesen Zusammenhang besser zu verstehen, müssen wir uns noch tiefer mit der Armut und ihren Folgen auf den Menschen beschäftigen.

Lange Zeit wurde Armut allein am Einkommen gemessen. Bis heute ist die Auffassung weit verbreitet, dass Menschen nicht mehr arm sind, wenn sie genug von allem haben. In der Tat sind der Mangel an sauberem Wasser, an ausreichender und gesunder Nahrung, an guten und sicheren Unterkünften und vieles mehr Kennzeichen von Armut. Doch dieser äußere Mangel trifft nicht den Kern von Armut. Dazu müssen wir den Menschen als Ganzes, äußerlich und innerlich, in den Blick nehmen.

Der Kern von Armut ist Entmächtigung
Der Mangel an Selbstwert, das Gefühl des Vergessenseins und das benachteiligte Existieren am Rande der Gesellschaft beschädigen die Identität der Armen. Der Zugang zu Leistungen, die ihnen rechtlich zustehen, wie Bildung, Gesundheitsversorgung oder Sicherheit bleibt ihnen verwehrt. Das Gefühl, von anderen geknechtet zu werden, wird von ihnen oft als unabänderlich oder sogar als vorherbestimmt empfunden. Das Gefühl der Ohnmacht, nichts gegen die eigene Erniedrigung tun zu können, wird Teil einer scheinbar machtlosen Lebensrealität. Armut kann folglich auch als „Disempowerment" (Entmächtigung) bezeichnet werden. Machtlosigkeit, Isolation und Schutzlosigkeit sind ebenso schlimm wie der äußere Mangel an

Nahrung, Kleidung und Unterkunft. Armut ist ein Netz, das aus vielen dieser Elemente gesponnen ist.

Der Nobelpreisträger Amaryta Sen definiert Armut als einen Mangel an Verwirklichungschancen: (1) dem Mangel an politischer und wirtschaftlicher Mitbestimmung und Freiheit sowie (2) dem Mangel an gesellschaftlicher Transparenz und sozialen Chancen. Sen sieht die Freiheit dabei aus zwei verschiedenen Blickwinkeln. Zum einen hat Freiheit eine grundlegende, zum anderen eine instrumentelle Rolle. Die grundlegende Freiheit umfasst die menschlichen Grundrechte wie zum Beispiel den Zugang zu Bildung, zu Gesundheit, ausreichend Nahrung und politische Teilhabe. Diese Rechte sind kein Mittel, um andere Entwicklungsziele zu erreichen, sondern das Fundament. Die instrumentelle Freiheit ist alles, was direkt oder indirekt zu den menschlichen Grundrechten beiträgt. Das können soziale Einrichtungen wie Schulen oder Krankenhäuser sein sowie ökonomische Entfaltungsmöglichkeiten wie Kleinkreditgenossenschaften, aber auch politische Rahmenbedingungen für eine Teilhabe. Ein wichtiger Teil der instrumentellen Freiheiten ist auch der Zugang zu einem funktionierenden Rechtssystem mit dem Ziel, dass alle Menschen, auch die Armen, vor Gewalt geschützt werden und Sicherheit haben.

Vor diesem Hintergrund kann Armut nicht nur von außen und mit einem Ansatz bekämpft werden, sondern muss den Armen selbst aktiv miteinbeziehen. Weil Armut den sozialen, ökonomischen und politischen Ausschluss der Betroffenen aus ihrer Gesellschaft zur Folge hat, erfordert Armutsbekämpfung dementsprechend weitergehende Strategien für eine gerechte gesellschaftliche Entwicklung. Arme Menschen müssen wie alle Bürger eines Landes am sozialen Leben und an den Entscheidungsprozessen einer Gesellschaft teilhaben.

Das Gegenteil ist der Fall: Die Ausbeutung der Armen ist oft Teil eines Systems, das einer kleinen Elite im Land Reichtum garantiert. Darüber hinaus profitieren in einer globalen Welt auch die Verbraucher in Europa und Amerika. Wir kaufen günstige Kleidung, die oft von armen Menschen unter menschenunwürdigen Bedingungen und ungerechten Löhnen hergestellt werden, die zum Überleben nicht reichen. Um in diesem Kontext Veränderung zu bewirken, ist ein Ansatz nötig, der die Würde aller Menschen in den Mittelpunkt stellt. Die Grundlage dafür bilden die Menschenrechte als Fundament für ein Leben der Teilhabe und in Würde.

In vielen Entwicklungsländern haben nur die Eliten Zugang zu Gesundheit, Bildung, Eigentumsrechten und Sozialleistungen. Für arme Menschen ist der Kampf um die Menschenrechte kein abstrakter Kampf um politische Freiheit, sondern ein Kampf um das tägliche Überleben. Es ist der Kampf, nicht von der Polizei erpresst oder missbraucht zu werden, nicht um ein Stück Land betrogen zu werden oder nicht unschuldig im Gefängnis zu landen. Besonders für Frauen und Kinder ist es der Kampf, nicht aufgegriffen, vergewaltigt, belästigt oder zur ausbeuterischen Sexarbeit gezwungen zu werden. Arme Menschen haben keinen Zugang zu den Rechten, die ihnen sowohl unveräußerlich zustehen als auch staatlich zugesichert sind. Der Grund dafür liegt darin, dass die Rechtssysteme in ihren Ländern nicht funktionieren. Vier Milliarden Menschen in Armut sind weltweit zwar nicht in der Theorie, aber in der Praxis rechtlos, weil sie keinen Zugang zu den Rechtssystemen ihrer Länder haben.

Befähigung der Armen als Ausweg aus Rechtlosigkeit

Der in der Entwicklungszusammenarbeit etablierte „rechtsbasierte Ansatz" (RBA) hat Strategien und Instrumente entwickelt, die die Ausgrenzung armer Menschen als Wurzel der Armut bekämpfen. Dazu sollen armen Menschen Werkzeuge an die Hand gegeben werden, um für sich selbst und ihre Familie, Nachbarschaft oder Dorfgemeinschaft anwaltschaftliche Arbeit zu leisten und ihre Rechte selbst einzufordern. Dies kann damit beginnen, dass ihnen Ressourcen und Wissen zur Verfügung gestellt werden. Ebenso gehört es dazu, alle Dimensionen von Armut und sozialer Ausgrenzung einzubeziehen und auch praktische Hilfe wie den Zugang zu sauberem Trinkwasser oder zu Schulbildung zu ermöglichen. Der rechtsbasierte Ansatz unterscheidet sich von anderen Ansätzen in der Entwicklungszusammenarbeit darin, dass die Armen von Anfang an in die Hilfe zur Selbsthilfe miteinbezogen sind und ihr Wissen sowie ihre Fähigkeiten mit einfließen und gefördert werden. Das Ziel, dass arme Menschen am sozialen und politischen Leben teilhaben, ist ohne eine Befähigung der Armen und ohne einen partizipativen Ansatz nicht denkbar.

Dazu ist auch ein hohes Maß an Interessenvertretung und Fürsprache notwendig. Man spricht hier von Advocacy. Der englische Begriff hat keine Entsprechung im Deutschen. Advocacy dient dem Ziel, Menschen bei der Einforderung ihrer Rechte zu unterstützen und die zuständigen Pflichtenträger (Regierungen, Verwaltungen oder internationale Institutionen) in die Verantwortung zu nehmen. Advocacy ist somit ein fester Bestandteil des rechtsbasierten Arbeitsansatzes, denn dadurch sollen die Rahmenbedingungen auf allen Ebenen verbessert werden – von der Familie über die Dorfgemeinschaft bis hin zum Staat und zu internationalen Bündnissen.

Langfristige und nachhaltige Veränderungen müssen auch auf politischer Ebene beharrlich eingefordert werden. Advocacy bezeichnet auch die organisierten Bemühungen von Bürgern, die Formulierung und Umsetzung von Gesetzgebung und Programmen zu beeinflussen. Dazu werden staatliche Stellen, internationale Finanzinstitutionen aber auch andere einflussreiche Akteure aus Politik, Wirtschaft oder Zivilgesellschaft überzeugt oder unter Druck gesetzt. Advocacy sollte nicht auf den Begriff des Lobbying reduziert oder damit verwechselt werden. Lobbying bedeutet eine politische Interessenvertretung und Einflussnahme auf Entscheidungen, welche von der Legislative oder Exekutive getroffen werden. Advocacy ist vielmehr ein Werkzeug, das den Bürgern eine reale Partizipation an den Entscheidungsprozessen der Regierung und anderer wichtiger Organe ermöglicht.

Dies ist ein möglicher Weg, auf dem einzelne Gruppen der Zivilgesellschaft ihre Anliegen vertreten und Einfluss auf die Politik nehmen können, indem sie demokratisch und systematisch an Prozessen der Entscheidungsfindung teilnehmen. Advocacy muss in den jeweiligen Ländern mit der Projektarbeit verzahnt sein, damit sie ihre Wirkung entfaltet. Wichtig ist darüber hinaus das Aktivsein in internationalen Netzwerken, um dem Anliegen auch international Gehör zu verschaffen. Aus diesem Grund gehört die Vernetzung mit anderen Akteuren auf nationaler und internationaler Ebene als ein wichtiger Bestandteil zum rechtsbasierten Ansatz dazu. Für viele Kirchen, Missionen und Nicht-Regierungsorganisationen ist dieses Vorgehen nicht selbstverständlich.

Ein Paradigmenwechsel – Arme als aktive Gestalter von Entwicklungsprozessen

Welche Auswirkungen hat der rechtsbasierte Ansatz für die Arbeit von Nicht-Regierungsorganisationen und Kirchen? Zunächst ist ein Paradigmenwechsel notwendig, bei dem die Armen nicht mehr als Objekte für Hilfe gesehen werden, sondern eine Subjektstellung erhalten. Sie sind nicht mehr Hilfsempfänger, sondern aktive Gestalter in ihrem Entwicklungsprozess, in den sie von Anfang an als die besten Experten ihrer eigenen Lebenslage einbezogen werden. In jeder Ethnie und in jedem Menschen ist ein Wissenspool vorhanden, der einen großen Beitrag zur Daseinsbewältigung leisten kann. Dieses „lokale Wissen" ist enorm wichtig, weil es Menschen befähigt, schwierige Situationen zu bewältigen und zu überleben. Dieses vorhandene Wissen bedarf eigentlich nur der Ergänzung.

Durch partizipatorische Methoden und Ansätze kann man das lokale Wissen für die Menschen erfahrbar machen und sie in ihrem Selbstbewusstsein stärken, auf die eigene Kraft zu vertrauen. Sinnvolle Projekte der Entwicklungszusammenarbeit versuchen demnach nicht, westliche Standards zu etablieren, sondern streben das ganzheitliche Wohl („wellbeing") der Menschen an. Die Anteilhabe („ownership") der Armen an den Projekten führt zu einer vertieften Identifikation und ist ein wichtiger Schritt für eine sich entwickelnde nachhaltige Sozial- und Kulturstruktur.

Das Entwicklungsprojekt ist dann kein Fremdkörper, sondern gehört zur Lebensrealität und zum Wohl der Betroffenen. Der Begriff „Wohl" muss dabei im ganzheitlichen Sinn verstanden werden. Ein ganzes Netzwerk von verschiedenen Elementen beeinflusst das Wohlergehen. Dazu gehören eine sichere Versorgung mit Nahrungsmitteln, Zugang zum Rechtssystem und Rechtssicherheit, ein regelmäßiges Einkommen und eine Grundversorgung durch Zugang zu Krankenversorgung und Schulbildung. Ein erfülltes Leben hängt schlussendlich von Möglichkeiten und Vermögen ab. Um das zu erreichen, braucht es einen umfassenden Ansatz, der allen Menschen den Zugang zu ihrer von Rechts wegen zustehenden Grundversorgung und ihren Entfaltungsmöglichkeiten sichert, dazu gehört auch eine freie Religionsausübung ohne Verfolgung..

Wenn Menschen jede Teilhabe versagt wird, sie machtlos am Rande der Gesellschaft stehen, sie als ein Spielball der Reichen und Mächtigen oft genug sogar vom eigenen Staat, von Milizen oder Terrororganisationen missbraucht werden, bleibt ihnen meist keine andere Wahl, als zu fliehen. Kaum einer verlässt seine Heimat freiwillig, um in einem unbekannten und fremden Land von vorne anzufangen. Hinter jedem Flüchtling steht ein Schicksal. Millionen von armen Menschen teilen eine ähnliche Geschichte wie Samira aus dem Irak, die rechtlos der Willkür und Gewalt der Mächtigen ausgeliefert war.

Hilfe beginnt im Kleinen. Doch wenn viele Rinnsale zusammenkommen, bilden sich kleine Bäche, die zu einem großen Fluss werden können, der alle Schranken und Grenzen überflutet. Anne Frank hat diese Wahrheit in ihrem Tagebuch großartig beschrieben: „Wie herrlich ist es, dass niemand eine Minute zu warten braucht, um damit zu beginnen, die Welt zu verändern! Wie herrlich ist es, dass jeder, klein oder groß, direkt seinen Teil dazu beitragen kann, um Gerechtigkeit zu bringen und zu geben."

Als Christen haben wir eine besondere Weltverantwortung. Sie wahrzunehmen ist Teil unserer Berufung. Diese kann in der Familie beginnen, vor der Haustür weitergehen und dann in alle Welt gehen, um Menschen zu finden, die durch Elend verstummt sind und in ihrem Leid die Hoffnung verloren haben. Den Hoffnungslosen wieder Hoffnung zu bringen, verändert nicht nur die Gegenwart, sondern auch die Zukunft.

Johannes Reimer

Der politische Auftrag der Kirche

Christsein und Politik – was zählt?

Was würde wohl in der Gesellschaft los sein, wenn sich die Kirche über Nacht in eine politische Versammlung zum Wohl aller Bürger umbenennen würde? Kirche und Politik? Geht doch nicht, oder? Ich höre schon die Kritiker auf beiden Seiten des Zaunes schreien – „Schuster bleib bei deinem Leisten". Richtig so, kann man da nur bestätigen, denn genau das ist, laut Jesus, Kirche. „Ich will meine ekklesia bauen", hat er in Mt 16,18 gesagt. Und *ekklesia* stand in der griechischsprachigen Welt für die Vollversammlung aller stimmberechtigten Bürger einer Stadt, die von Zeit zu Zeit aus ihrem Alltag herausgerufen wurden, um zum Wohl der Stadt zu beraten und entsprechend zu entscheiden. Herausgerufen aus der Welt, um Verantwortung für die Welt zu übernehmen – so sah Jesus seine Nachfolger. „Ihr seid das Salz der Erde und Licht der Welt", sagte er zu ihnen (Mt 5,13-15) und sandte sie zu allen Völkern der Erde, um deren Lebensraum seinem Willen entsprechend zu verändern (Mt 28,18-20).

Nein, es ist ganz und gar nicht abwegig, über einen öffentlichen, ja gar politischen Auftrag der Kirche zu reden. Sie ist in der Welt, um zu tun, was Jesus getan hat und tun würde. „Wie der Vater mich gesandt hat, so sende ich euch", bescheinigte Jesus seinen Nachfolgern (Joh 20,21). Und wie wurde er gesandt? In Lk 4,18-19 fasst er seine Sendung mit folgenden Worten zusammen: „Der Geist des Herrn ruht auf mir; denn der Herr hat mich gesalbt. Er hat mich gesandt, damit ich den Armen eine gute Nachricht bringe; damit ich den Gefangenen die Entlassung verkünde und den Blinden das Augenlicht; damit ich die Zerschlagenen in Freiheit setze und ein Gnadenjahr des Herrn ausrufe." Jesus wusste sich von Gott gesandt und zwar für folgende Aufgaben:

a. den Armen eine gute Nachricht zu bringen;
b. den Gefangenen die Entlassung mitzuteilen;
c. den Blinden Augenlicht;
d. den Zerschlagenen Freiheit und
e. zu verkündigen das Gnadenjahr des Herrn. Das war sein Auftrag. Die soziale und politische Brisanz dieses Auftrags ist wahrlich nicht schwer zu erkennen.

Gnadenjahr des Herrn – so bezeichneten die Juden das jeweilige 50. Jahr, das nach den Setzungen Gottes in Israel immer wieder zur Neudefinition der gesellschaftlichen Verhältnisse führen sollte. In diesem Jahr war das Volk angehalten, seine in Abhängigkeit geratenen Landsleute freizukaufen und ihre Familien und ihren Besitz wiederherzustellen. Jeder sollte sein Land zurückerhalten und somit neu beginnen dürfen. Sogar das Land selbst sollte ein Jahr lang ruhen und sich somit von der Ausbeutung erholen, um für die nächsten 50 Jahre fruchtbar zu sein.

Das Gnadenjahr sollte zu einer materiellen, sozialen und spirituellen Erneuerung Israels führen. Die Einrichtung setzte jeder Ausbeutung, Ungerechtigkeit und Versklavung ein Ende. Das wäre soziale Politik vom Besten! Freilich hat sich das Volk nie an diese Setzung gehalten. Die politisch Mächtigen in Israel wussten sich dagegen zu wehren, schließlich waren sie es, die letztlich am meisten verlieren würden. Immer wieder stellten die Propheten Israels die Elite für ihr Verhalten an den Pranger. Dann kündigten sie eine Zeit an, in der Gott selbst das Gnadenjahr in seinem Volk gestalten würde. Und diese Zeit brach nun mit Jesus an.

Kein Wunder, dass der Wanderprediger Jesus von Nazareth der Elite des Volkes gefährlich wurde. Was er da predigte, stellte ihre gesamte Daseinsweise infrage. Und die Vollmacht, mit der er handelte, versetzte sie in Wut und zwang sie zum Handeln. Sie waren es, die Jesus den Römern und damit dem Tod auslieferten. Und wie er, so gerieten auch seine Nachfolger sehr bald nach Pfingsten unter Druck. Lukas schreibt: „Nach ihrer Freilassung gingen sie zu den Ihren und berichteten alles, was die Hohepriester und die Ältesten zu ihnen gesagt hatten. Als sie das hörten, erhoben sie einmütig ihre Stimme zu Gott und sprachen: Herr, du hast den Himmel, die Erde und das Meer geschaffen und alles, was dazugehört; du hast durch den Mund unseres Vaters David, deines Knechtes, durch den Heiligen Geist gesagt: Warum toben die Völker, warum machen die Nationen vergebliche Pläne? Die Könige der Erde stehen auf und die Herrscher haben sich verbündet gegen den Herrn und seinen Gesalbten. Wahrhaftig, verbündet haben sich in dieser Stadt gegen deinen heiligen Knecht Jesus, den du gesalbt hast, Herodes und Pontius Pilatus mit den Heiden und den Stämmen Israels, um alles auszuführen, was deine Hand und dein Wille im Voraus bestimmt haben. Doch jetzt, Herr, sieh auf ihre Drohungen und gib deinen Knechten die Kraft, mit allem Freimut dein Wort zu verkünden" (Apg 4,23-29).

Und was taten die Nachfolger Jesu? Was verursachten die Drohungen der Mächtigen? Sie taten, was das Gnadenjahr von ihnen verlangte. Barnabas zum Beispiel: Er kam aus einer Leviten-Familie und als solcher durfte er keinen Besitz haben. Aber wie viele seiner Gleichen besaß auch er Land. Im Gnadenjahr musste er es verkaufen und dem Volk zurückgeben. Genau das tat er auch (Apg 4,36-37): Er verkaufte seinen Acker und legte den Erlös zu den Füßen der Apostel. Viele andere taten es ihm nach. Die Apostel organisierten mit diesen Mitteln eine stadtweite Tafel – bei der hohen Arbeitslosigkeit und Armut in der Stadt Jerusalem ein überaus wichtiger Dienst an der Bevölkerung. Und dieser Dienst fruchtete. Die Nachfolger Jesu hatten bald Vertrauen beim Volk. Täglich schlossen sich Menschen in der Stadt dem wachsenden Kreis der Nachfolger Jesu an. Bald waren es Tausende. Wie sagte da Jesus, seine Nachfolger sind Salz der Erde und Licht der Welt, wenn sie gute Werke tun und die Menschen diese sehen und dann den Vater im Himmel preisen (Mt 5,13-16)? Genau das passierte in Jerusalem. So nahm die Geschichte der Kirche ihren Lauf.

Eine Kirche, die im Sinne Jesu Kirche ist, kann nur eine *ekklesia* sein, eine aus der Welt herausgerufene Gemeinschaft, die Verantwortung für die Welt übernimmt. Ihre Kernkompetenz ist Versöhnung, sowohl zwischen Gott und Mensch, als auch Mensch und Mensch.

Was tut eine solche Gemeinde konkret? Wie lebt sie ihren Auftrag? Nach Jesus setzt sie sich für Arme, Gefangene, Blinde und Menschen zerschlagenen Herzens ein und sie predigt die gute Nachricht von der Herrschaft Gottes. Ist das politisch? Wie sonst würde man denn den Einsatz für Menschen in Krisensituationen wie Armut, Abhängigkeit, Gesundheitsproblemen, etc. bezeichnen? Natürlich ist das politisch! Kann die Kirche sich politisch engagieren? Sie muss es, wenn sie eine *ekklesia* Gottes sein will. Ist es doch Gott selbst, der sie aus der Welt herausgerufen hat, um Verantwortung für die Welt zu übernehmen.

Der politische Auftrag der Kirche

Die Kirche hat einen politischen Auftrag. Sie ist von ihrer Verfassung her eine königliche Priesterschaft, die ihre prophetische Stimme in der Welt zu erheben hat (1. Petr 2,9-10). Sie weiß sich von ihrem Herrn Jesus Christus in alle Welt gesandt, um alle *etne* = *Völker* der Welt zu Jüngern zu machen. Der griechische Begriff *Etnos* beschreibt einen von den Menschen bewohnten Lebensraum. Einen solchen sozio-kulturellen Raum zu einem Jünger Jesu zu machen, bedeutet nicht weniger als die Umgestaltung der Lebensbedingungen nach den Vorstellungen Jesu. Hier denkt man so, wie Jesus denkt, gestaltet seine Beziehungen, wie Jesus sie gestalten würde, lebt ein Leben unter der Herrschaft Gottes. Eine so weitgehende Transformation des Volkes kann nur als politische Aktion gesehen werden. Man kann als missionarische Gemeinde, die dem Missionsbefehl Jesu folgt, nicht apolitisch leben. Dabei lassen sich mehrere Dimensionen des Auftrags unterscheiden. Die missionarische Kirche hat einen königlichen Anspruch und damit die Pflicht, Lebensräume der Menschen sinnvoll mitzugestalten. Sie hat einen priesterlichen Anspruch und damit die Pflicht, das Leben der Menschen aus der Perspektive ihres Schöpfers zu bewerten und zu gestalten. Und sie hat einen prophetischen Anspruch und damit die Pflicht, die Gesellschaft kritisch zu begleiten. Sehen wir uns diesen dreifachen Anspruch einmal näher an.

1. Die priesterliche Dimension des Auftrags
Die Kirche ist ein priesterliches Volk. Petrus nennt sie eine königliche Priesterschaft. Als solche vertritt sie die Menschen, unter denen sie lebt, vor Gott – und Gott, dem sie dient, vor den Menschen. Sie bemüht sich, die Perspektive Gottes in alles, was sie ist und tut, hineinzubringen, denn sie trachtet zuerst nach dem Reich Gottes (Mt 6,33).

Als Priesterin steht sie vor Gott für die Gesellschaft, in der sie lebt, ein. Sie betet für die Menschen um sie herum, bittet um Segen für die Herrscher und ihre Herrschaft und um Gnade für die Fehlentwicklungen in der Kultur und Politik. Und da am Segen Gottes alles gelegen ist, ist erfolgreiche Politik zunächst und vor allem gesegnete Politik. Und das im wahrsten Sinne des Wortes auf jeder Ebene des sozialen und ökonomischen Lebens. Wie sehr wir Menschen des göttlichen Segens bedürfen, beweist uns die traurige Bilanz vieler Völker nahezu täglich. Millionen hungern, dürsten, suchen nach

Arbeit, verlassen ihre Länder auf der Flucht vor Krieg, Korruption und Misswirtschaft. Nichts brauchen sie so sehr wie Gottes Segen. Deshalb muss sich die Kirche für die Obrigkeit im Gebet einsetzen.

Priester vertreten aber nicht nur das Volk vor Gott, sondern auch Gott vor den Menschen. Die Kirche ist deshalb Gottes Botschafterin, die der Welt sagen soll, dass er sich mit ihr in Christus versöhnt hat (2. Kor 5,18-20). Sie hört von Gott, was für die Menschen besser wäre, und sie lebt vor der Welt diese bessere Alternative als Gottes Bau, als Gemeinschaft von Brüdern und Schwestern, die zur Familie Gottes gehören. An ihr kann die Gesellschaft ablesen, was Gottes Gerechtigkeit ist, denn sie ist „die Gerechtigkeit, die vor Gott gilt" (2. Kor 5,21). Ihr Sein in der Welt ist katalytischer Natur. Wo sie ist, da gibt es Licht und Orientierung, da gibt es Salz und damit alle nötigen Voraussetzungen für Wachstum. Und wie Licht in der Dunkelheit nicht verborgen bleiben kann und wie Salz in der Suppe seine Wirkung nicht verfehlt, so kann auch die Kirche im sozialen Raum nicht ohne politische Wirkung bleiben. Immer dann, wenn die Kirche sich aus der Welt zurückzog und damit die Gesellschaft und ihre Kultur und Politik sich selbst überließ, hatte das nachhaltige Folgen für die Gesellschaft und die Kirche. In der Gesellschaft nahmen Gottlosigkeit und Werteverfall mit all ihren Übeln überhand und die Kirche wurde in die gesellschaftliche Bedeutungslosigkeit verdrängt. Jesus brachte es auf den Punkt, als er sagte: „Wenn das Salz nicht mehr salzt, dann ist es zu nichts nutze. Man wirft es auf den Boden, und alle trampeln darauf" (Mt 5,13).

Freilich besteht auch die Kirche aus Menschen, die fallen, fehlen und sündigen. Doch im Unterschied zu Menschen, die Gott nicht kennen, wissen Glieder der Kirche, wie sie wieder auf die Beine kommen können, ihre Fehler korrigieren und wo ihnen ihre Sünden vergeben wird. Sie kennen den Ort der Versöhnung und Wiederherstellung. Und als gute Priester geleiten sie auch ihre Nächsten in den Tempel Gottes, der ein Gott der Hoffnung ist.

2. Die königliche Dimension des Auftrags
Die Kirche ist eine königliche Priesterschaft. Könige sind klassische politische Führer ihres jeweiligen Herrschaftsbereichs. Sie zeichnen verantwortlich für die politische Organisation der Gesellschaft und stellen die oberste Gewalt im Land dar. Wenn die Kirche einen königlichen Anspruch hat, dann hat sie unmittelbar Verantwortung für den sinnvollen Aufbau einer solchen Organisation. Allerdings ist die Kirche nicht König an sich. Sie ist lediglich königliche Priesterschaft und steht damit zwar im Dienste der politischen Organisation der Gesellschaft, ist aber nicht ihr Oberhaupt. Ihr König ist Gott und er setzt die Obrigkeit in der Gesellschaft ein (Röm 13,1). An keiner Stelle spricht die Heilige Schrift der Kirche königliche Macht zu. Nicht herrschen – dienen soll sie.

Die Kirche ist Gottes Transformations-Agent in Kultur und Gesellschaft. Sie steht für den Aufbau und die lebensrelevante Umgestaltung des Volkes. Doch im Unterschied zu den Machtstrukturen der Gesellschaft erreicht sie ihr Ziel nicht durch Gewalt und Manipulation. Ihr politisches Engagement ist durchdrungen vom Geist des Dienstes. Sie herrscht nicht. Sie dient! Statt zu kämpfen, sammelt sie eher „feurige Kohlen" auf das Haupt ihrer Widersacher. Ganz im Sinne der Weisheit Salomos: „Wenn dein Feind hungert, gib ihm zu essen; dürstet ihn, gib ihm zu trinken. Wenn du das tust, so wirst du feurige Kohlen auf sein Haupt sammeln" (Spr 25,21-22). Sie liebt Freund und Feind, weiß sie doch, dass ihr Feind nie Menschen, nie „Fleisch und Blut" sind, wie der Apostel Paulus es einmal so treffend ausgedrückt hat, sondern Kräfte und Gewalten, die uns Menschen verführen, korrumpieren und für ihr zerstörerisches Werk instrumentalisieren (Eph 6,12). Die Kirche setzt sich für die Menschen und damit für die Kultur und Gesellschaft ein. Ja, auch sie erhebt einen Führungsanspruch, aber ihre Führung ist *per definitionem* dienende Leiterschaft.

Nicht herrschen, sondern dienen soll sie. Bei einer solchen Grundeinstellung wird man die Kirche überall da finden, wo Menschen ihren Lebensalltag gestalten, aber nie in den Machtpositionen selbst. Sie wird die gesellschaftliche Führung unterstützen, beraten, zurechtweisen und damit positiv beeinflussen, die Führung selbst aber anderen Institutionen überlassen. Nur so kann sie ein kritisches Korrektiv zu den Machthabern bleiben.

Immer dann, wenn die Kirche der Versuchung erlag, direkte politische Macht zu übernehmen, endete ihre Herrschaft sowohl für die Gesellschaft als auch für sie selbst im Desaster. Man braucht sich da nur an die Herrschaft römisch-katholischer Päpste oder auch an das täuferische Königtum eines Jan van Leyden in Münster zu erinnern, um zu verstehen, wie wenig Segen auf der Kirche liegt, die sich selbst zur Königin erhebt. Ähnlich problembeladen erweist sich die Symphonie zwischen Kirche und Staat, wie es in der Orthodoxie oder auch in manchen protestantischen Ländern praktiziert wurde. Schnell machten die Herrschenden die Kirche zur Handlangerin ihrer Interessen. Nein, die Kirche sollte nie vergessen, dass ihre Teilnahme an der politischen Verantwortung zunächst und vor allem priesterlicher und diakonischer Natur ist.

3. Die prophetische Dimension des Auftrags

Die Kirche hat den Auftrag, in der Welt die Herrschaft Gottes zu verkündigen. Mit anderen Worten, sie sagt, was aus der Perspektive Gottes recht und richtig und was unrecht und falsch ist. Und sie tut das zu allen das Leben der Menschen, ja der gesamten Schöpfung betreffenden Fragen. Sie tut es als Botschafterin an Christi statt, die sich beauftragt weiß, der Welt mitzuteilen, dass sich Gott mit der Welt in Jesus Christus versöhnt hat. Sie kann den Menschen aus ihrer Nächstenliebe nicht verschweigen, wo Lebensräume korrumpiert und gefährdet sind und wie diese neu gestaltet werden können. Sie mahnt die Gesellschaft zum Guten und ist zugleich Anwalt der Entrechteten und Benachteiligten, der Armen und Vernachlässigten, der Witwen und der Waisen. Nichts ist ihr so fremd wie politisch korrekte Zurückhaltung. Die Kirche ist Gottes prophetische Stimme in der Welt! Sie kann nicht Unrecht verschweigen und sie kann nicht aufhören, den Menschen die gute Nachricht vom besseren Leben zu verkünden. Tut sie das, so wird sie sich selbst untreu. Freilich darf die Kirche ihre mahnende Stimme niemals rechthaberisch oder besserwisserisch erheben. Sie ist vielmehr angehalten, in Demut zu mahnen.

Prophetische Verkündigung erschöpft sich allerdings nicht in Wortmeldungen der Kirche zu Tagesthemen der Gesellschaft und der Teilnahme der Kirche am gesellschaftlichen Diskurs. Die Kirche ist zunächst und vor allem eine alternative Lebensgemeinschaft. Sie lebt, was sie glaubt, und ist darin Zeugnis für die Herrschaft Gottes. Von ihr hört man nicht nur, was alles falsch oder was alles möglich wäre, sondern sie ist eine dynamisch gelebte Alternative. Freilich nicht überheblich, sondern in ehrlicher Bescheidenheit.

Als Gottes prophetische Stimme in der Gesellschaft spricht die Kirche nicht nur Alltagsthemen an. Sie nimmt bewusst am weltanschaulichen Diskurs teil. Sie überlässt die Entwicklung der Gesellschaft nicht den gesichtslosen Kräften des Marktes oder der experimentellen Energie der Wissenschaft, und erst recht nicht den machtversessenen politischen Parteien, sondern urteilt auf dem Hintergrund der Offenbarung Gottes und setzt sich zielbewusst für die Transformation des Lebensraumes ein. Sie stellt sich jeder Ideologie entgegen, die die Würde des Menschen verletzt und soziale und kulturelle Lebensräume ausbeutet. Ja mehr noch, sie versteht sich als Fürsprecherin der

Schöpfung und wendet sich gegen jeden Raubbau an der Natur. So leistet sie ihren Beitrag zur Systemkritik. Damit kann es auch niemals eine ideologisierte, beispielsweise sozialistische oder kapitalistische Kirche geben. Als Kirche im jeweiligen sozioökonomischen System wird sie vielmehr immer von der Idee der Herrschaft Gottes getragen, eines Gottes, der will, dass jedem Menschen geholfen werde und jeder zur Erkenntnis der Wahrheit komme (1. Tim 2,4). Gott kennt kein Ansehen der Person (Röm 2,11). Vor ihm sind alle Menschen gleich. Und so wird auch seine Kirche sich dagegen wehren, als Handlangerin bestimmter gesellschaftlicher Interessen missbraucht zu werden. Wo immer sich die Kirche mit ihrer gesellschaftlichen Kritik zurücknimmt, verliert sie ihre missionarische Rolle in der Welt.

Mission vor Ort
Kirche ist eine ekklesiale Größe und damit ist sie zunächst ortsgebunden. So versteht das Neue Testament die *ekklesia* Gottes. Hier im Gemeinwesen eines Ortes findet sie vorrangig ihre missionarische Rolle. Hier ist auch ihr politischer Auftrag anzusiedeln. Hier kann sie Licht für die Stadt sein, sich für Menschen vor Gott und vor der Öffentlichkeit einsetzen. Nirgendwo sonst wird dieser Auftrag so konkret, so lebensnah, so unmittelbar wie hier unter den Nachbarn. Nirgendwo sonst muss die Kirche aber auch so echt und authentisch sein wie hier unter den Augen und Ohren ihrer Nachbarn. Hier werden Worte gewogen und Taten beurteilt. Hier ist man immer Zeugnis, entweder positiv oder negativ.

Ob eine Kirche ihren politischen Auftrag ernst nimmt, kann man also an ihrer Nachbarschaft wahrnehmen. Sehen diese ihr Licht und schmecken sie ihre Liebe, dann werden die Nachbarn ihre Präsenz schätzen und zwar auch dann, wenn sie sich selbst vielleicht weltanschaulich anderswohin orientieren. Eine Gemeinschaft von Menschen, die sich für das Wohl ihrer Nachbarn einsetzt, die ihre Stimme erhebt, wenn diesen Unrecht geschieht, die die Ärmel hochkrempelt, wenn man mal anpacken sollte, die sich für eine bessere Lebensqualität einsetzt – eine solche Gemeinschaft will man nicht missen.

Kirchengemeinden können also ihre eigene Bedeutung für die Gesellschaft ganz einfach daran messen, ob der Ort, an dem sie stationiert sind, sie irgendwie braucht. Was würde den Menschen vor Ort fehlen, wenn ihre Kirche wegzöge? Würde überhaupt etwas fehlen? Würde man die Abwesenheit der Kirche in den Kindergärten, Schulen, in der Stadtverwaltung, in den Medien und der Industrie merken? Wenn ja, dann ist die Kirche missionarisch und somit gesellschaftlich engagiert, wenn nein, dann ist sie sich selbst untreu geworden und hat aufgehört, Licht und Salz zu sein. Dann aber ist sie weder politisch noch evangelistisch aktiv. Wer Gottes Anspruch nicht vor den Augen der Menschen lebt, wer in seinem Alltag dem geglaubten Evangelium keine Gestalt verleiht, ist unglaubwürdig und wird niemals bei den Menschen Vertrauen finden. Wie sollten unsere Nachbarn den Worten der Kirche folgen, wenn ihr Leben das genaue Gegenteil davon repräsentiert? Man kann nur da effektiv verkündigen, wo authentisch gelebt wird. Politisches Engagement der Kirche in allen ihren Dimensionen und Evangelisation gehen somit Hand in Hand.

Der Ortsbezug der Kirche setzt jedoch den globalen Auftrag der Kirche nicht außer Kraft. Geradezu umgekehrt. Eine Kirche, die die Lebensbedingungen vor Ort im Blick hat, wird konkret. Hier nimmt das Evangelium Gestalt an. Gottes Wirken wird zur erfahrenen Realität. Und wer Gott näherkommt, bekommt seinen Blick bald auf die ganze Welt geweitet. Mission vor Ort öffnet die Tür weit für Weltmission und damit auch für sozial-politisches Engagement jenseits der eigenen Ortsgrenzen. Wer in Jerusalem mit dem Geist Gottes erfüllt wird, wird Zeuge in Jerusalem, Judäa, Samarien und bis an das Ende der

Welt. So verspricht es Jesus (Apg 1,8). Lokales Handeln wird globales Denken beflügeln und damit auch globale Verantwortung. Und dann kann man als Christ nicht mehr den lokalen Lebensraum auf Kosten anderer Menschen in der Welt ausbauen. Dann kann man nicht mehr die eigene Industrie segnen, wenn sie anderswo Menschen ausbeutet. Dann kann man seinen prophetischen Blick nicht mehr nur auf die eigene Nachbarschaft richten, sondern wird den großen Zusammenhang sehen und benennen. Die missionarische Kirche hat einen globalen Auftrag, der lokal gelebt wird.

Frank Heinrich

Politisches Engagement von Christen

Wie wir uns als Bürger für Gerechtigkeit und Menschenrechte einsetzen können

„In der einen Hand die Bibel, in der anderen die Tageszeitung". Dieses Motto von Karl Barth trifft das Thema auf den Punkt. Wer die Bibel aufmerksam liest, der wird nicht umhinkommen, die Bedeutung von Gerechtigkeit als Kernelement christlicher Ethik zu erkennen. Nehmen wir nur die berühmte Stelle aus der Bergpredigt, in welcher Jesus gelehrt hat: „Selig sind, die hungern und dürsten nach der Gerechtigkeit; denn sie werden satt werden" (Mt 5,6). Hunger und Durst dienen hier als Metapher: elementare, existenzielle Grundbedürfnisse des Menschen. An Ungerechtigkeit, sagt Jesus, kann man leiden wie an Hunger; Ungerechtigkeit kann uns die Zunge an den Gaumen kleben wie Durst. Andererseits kann es die Seele wirklich satt machen, wenn wir Gerechtigkeit erleben. Dabei zu sein, mitgewirkt zu haben, wenn Menschen zu ihrem Recht kommen, das kann eine unbeschreibliche Erfüllung bringen. Wer Menschen liebt, der kann beides erleben: Den Hunger und Durst nach der Gerechtigkeit und den gesättigten inneren Frieden, wenn Gerechtigkeit einzieht.

Gottes Gerechtigkeit ist dabei keine bloße Vokabel, die irgendwie im luftleeren Raum schwebt. Sie gilt immer wirklichen Menschen in ganz konkreten Lebenssituationen. Und da kommt die Tageszeitung oder die News-App auf dem Smart-

Phone ins Spiel: Wer aufmerksam und interessiert das Zeitgeschehen verfolgt, der weiß, wo der aktuelle Einsatz für Gerechtigkeit gefragt ist. Sich politisch einzumischen, liegt da nahe.

Engagement hat Wurzeln: biografische Gedanken
An dieser Stelle möchte ich einige biografische Gedanken teilen. Ich bin in einem sehr frommen Umfeld aufgewachsen. Mitglied einer politischen Partei zu werden, war in diesen Kreisen eher verpönt. Und trotzdem bildeten sich die ersten Wurzeln für mein politisches Engagement früh aus, ich hätte es damals allerdings nicht so genannt.

Es war zu Zeiten des „Eisernen Vorhangs". Meine Eltern hatten Freunde in Rumänien, die sie regelmäßig besuchten. Christen, mit denen wir feierten und beteten und für die wir dann später Bibeln und christliche Literatur schmuggelten. Sehr spannend für einen abenteuerlustigen Teenager, aber auch höchst gefährlich. Mein Vater war eine inspirierende Person. Ihn hat die Not der Geschwister einfach nicht losgelassen, also hat er geholfen, trotz aller Gefahren.

Das hat mich geprägt. In meinem stark biografischen Buch „Mission: Verantwortung. Von der Heilsarmee in den Bundestag" berichte ich ausführlich davon. Damals habe ich gelernt, Ungerechtigkeit nicht einfach hinzunehmen, sondern etwas dagegen zu tun. Bis auf eine einzige Teilnahme an einer Demonstration war das wenig „politisch" im engeren Sinn, und schon gar nicht parteipolitisch. Doch damals wurden die Weichen gelegt für meinen Beruf als Sozialarbeiter, meinen Dienst als Heilsarmeeoffizier und dann auch für den Weg in die Politik.

In Chemnitz leitete ich gemeinsam mit meiner Frau zwölf Jahre lang die Arbeit der Heilsarmee. Wir waren im Einsatz für Randgruppen, Alleinerziehende, Kinder auf der Straße und Suchtkranke. Ich gründete zusammen mit anderen zwei Vereine und arbeitete in vielen Gremien mit. Irgendwann wollte ich noch stärker Verantwortung für das Gemeinwohl übernehmen. Ich wollte Benachteiligten helfen und zugleich mitwirken, gesellschaftliche Strukturen zu verändern, die zu solchen Ungerechtigkeiten führen. Da schien mir die Mitgliedschaft in einer Partei ein logischer nächster Schritt.

Dass ich schon wenige Monate nach meinem Eintritt für den Bundestag nominiert und dann auch gewählt wurde, ist eine große Ausnahme, so verlaufen politische Karrieren in der Regel nicht. Wiederum ist es auch nicht so überraschend, denn ich hatte ja bereits viele Jahre für Menschen in Not und für Gerechtigkeit gearbeitet. Ohne diesen Dienst hätte sich die nächste Tür sicher nicht geöffnet.

Ich möchte anderen Menschen Mut machen, nicht auf das „große Amt" zu schielen, sondern treu das zu tun, was dran ist. Im Gleichnis von den anvertrauten Pfunden in Matthäus 23 lässt Jesus den Herrn seinem Diener sagen: „Schön, du guter und zuverlässiger Knecht! Über weniges warst du zuverlässig, über vieles will ich dich setzen!" Wer im Kleinen treu ist, dem traut Gott auch große Aufgaben zu.

Ehrenamt in Gemeinde, Gesellschaft und Politik

Für Christen beginnt der Dienst am Menschen häufig in der Gemeinde. Viele Christen sind in Kinderstunden, in ganz praktischen Diensten und vielen Bereichen der Gemeinde aktiv. Sehr oft erlebe ich dabei Kirchengemeinden mit einer weltweiten Perspektive: Sie unterstützen Missionare oder setzen sich für verfolgte Christen ein. Dank der Micha-Initiative und anderer Werke rückt auch der Einsatz für Entwicklungshilfe immer stärker in den Fokus. Das ist großartig.

Leider beobachte ich aber auch immer wieder, dass sich das Engagement der Geschwister mit dieser christlichen Binnenperspektive erschöpft. Dabei gibt es etliche gesellschaftliche Felder, in denen das Ehrenamt benötigt wird. Wer hier mitmacht, ist im besten Sinne politisch. Sei es als Elternsprecher, als Telefonseelsorger, als grüne Dame, als Mitglied der freiwilligen Feuerwehr, als Übungsleiter im Sportverein.

Ein Einsatz für Gerechtigkeit ist, wie gesagt, immer ein Einsatz für konkrete Menschen in konkreten Situationen.

Ich hoffe, es ist deutlich geworden: Politisches Engagement ist viel mehr als das, was man sich gemeinhin darunter vorstellt. Natürlich kann es dann auch darin münden, Mitglied einer Partei zu werden. Es ist sehr schade, dass nur wenige Christen diesen Weg gehen. Denn es gibt eine Menge Themen, die für Christen interessant sein können. In einer Zeit, in der die Leute entweder „politikverdrossen" reagieren oder aber als „Wutbürger" protestieren, bieten sich viel mehr Gelegenheiten, politisch mitzumischen, als man denkt. Es beginnt damit, sich beim Ortsverband einer Partei zu melden und auf der kommunalen Ebene aktiv mitzumachen. Die Mitgliederzahlen fast aller Parteien sind rückläufig, das Personal ist überaltert. Die Türen sind offener denn je.

Doch auch derjenige, der nicht gleich in eine Partei eintreten möchte, sollte zumindest seiner Bürgerpflicht nachkommen und wählen gehen. Man kann sich konstruktiv eine Meinung bilden. Das ist gar nicht so schwer. Die Parteien sind im Internet vertreten. Man kann Informationsmaterial anfordern: Parteiprogramme oder spezielle Broschüren. Oder an die Generalsekretäre einen Fragenkatalog mit den Themen schicken, die einen bewegen.

Am besten ist, Termine bei den Abgeordneten zu machen. Die Wahlkreisbüros kann man ebenfalls leicht im Internet finden. Abgeordnete sind sehr offen für solche Gespräche.

Auf Allianzbasis, weil es für eine einzelne Gemeinde eher schwierig sein dürfte, ist es auch sehr wertvoll, die Kandidaten mal zu einem Gespräch bzw. einer Podiumsdiskussion einzuladen. Und man kann fragen: Wo ist mein persönlicher Einsatz und das Engagement unserer Gemeinde nötig? Was kann ich, was können wir tun für unsere Stadt?

Wichtige Themen (nicht nur) für Christen
Da kann man übrigens auch ganz gezielt christliche Themen ins Gespräch bringen. Denn es gibt sicher thematische Schwerpunkte in der Politik, welche für Christen besonders interessant sind. Hier einige Beispiele:

Familienpolitik. Es gibt viele einzelne Maßnahmen und Leistungen für Familien. Doch die Geburtenzahlen stagnieren trotz allem. Welches Gesamtkonzept haben die Parteien? Verfolgen sie ein bestimmtes Familienbild, wollen sie Wahlfreiheit bei der Erziehung ermöglichen? Welche Rolle spielt die klassische Ehe?

Lebensrecht: In der vergangenen Legislatur wurde die Präimplantationsdiagnostik (PID) erlaubt. Wie stehen die Parteien zur Forschung an Embryonen? 2015 wurde ein Gesetzt zur Sterbehilfe diskutiert und verabschiedet. Das Thema Schwangerschaftsabbruch ist derzeit in keiner Partei mehrheitsfähig – aber wie sieht es etwa mit dem Thema Spätabtreibung aus?

Religion: Welche Rolle sollen die Kirchen weiterhin in unserer Gesellschaft spielen (Stichworte: Kirchensteuer, Religionsunterricht)? Wie sieht der weltweite Einsatz für Religionsfreiheit und insbesondere für verfolgte Christen aus?

Nachhaltigkeit: Wie soll der Schuldenabbau betrieben werden? Wie werden der Ausstieg aus der Atomkraft und die Entwicklung alternativer Energien vorangebracht? Wie wird die weltweite Verantwortung wahrgenommen (Stichworte: Nachhaltigkeitsziele, Menschenhandel, Friedenseinsätze)?

Bildung: Welche Ideen gibt es für ein Bildungssystem, das allen Menschen gleiche Chancen bietet?

Auch die Christen werden nicht in allen Positionen übereinstimmen. Militärhilfe für Afghanistan? Ausstieg aus der Atomkraft? Das sind für einige Christen geradezu Bekenntnisfragen – doch andere Christen kommen zu anderen Antworten. Kaum jemand in Deutschland würde der Todesstrafe zustimmen, unter Christen in den USA hat sie eine Mehrheit. Die evangelische Kirche hat ein Papier zum Familienbild herausgegeben – von katholischer und evangelikaler Seite hagelte es Kritik. Insofern sind Glaubenspositionen gar nicht so leicht zu bestimmen. Nicht alle Christen haben zu jedem Thema die gleiche Meinung. Menschen sind verschieden, Christen auch. Deswegen wählen auch nicht alle Christen die gleiche Partei.

Eines aber sollte Christen miteinander verbinden: Dass sie ganz persönlich stets einen geraden und aufrichtigen Weg gehen. Ich wünsche mir, dass wir auch in der Politik für einen Lebensstil stehen, der von Fairness und persönlicher Aufrichtigkeit geprägt ist. Ich glaube, die Menschen sind es leid, dass wir mit dem Finger auf den politischen Gegner zeigen, statt selbst Verantwortung zu übernehmen. Die Politikverdrossenheit ist ja vielfach eine Politikerverdrossenheit.

Ein Christ hat in seinem Glauben eine Kraftquelle und eine Richtschnur für sein Gewissen, das ist hilfreich. Das beeinflusst natürlich auch meine persönlichen Standpunkte und Entscheidungen – und auch meinen Politikstil.

Der Gläubige mit der Bibel in der einen Hand und der Tageszeitung in der anderen respektiert alle Menschen. Und solch ein Glaube will sich praktisch ausdrücken. Im Einsatz für Gerechtigkeit.

Kapitel 2

„Es ist ein großer Irrtum zu glauben, die Geschichte beeinflusse einen nicht, solange man sie nicht kennt."
Prof. Dr. Arbogast Schmitt,
Fachbereich Klassische Philologie,
in seiner Abschiedsvorlesung an der
Philipps-Universität Marburg

Aus der Geschichte lernen

Unser Denken und Handeln ist geprägt von unserer Biografie, von unserer ganz persönlichen Geschichte, von den Erfahrungen, die wir gemacht haben. All das tragen wir unsichtbar mit uns herum. Die uns prägende Kultur ist die Grammatik unseres Lebens, die uns in allen Situationen leitet. Deshalb ist es wichtig, dass wir uns mit unserer Geschichte und Kultur auseinandersetzen. Das hilft uns dabei, unser gegenwärtiges Handeln zu reflektieren und wenn nötig auch zu verändern. In diesem Kapitel nehmen wir Entwicklungen und Errungenschaften in den Blick, die uns heute vielleicht selbstverständlich erscheinen. So nimmt Dietmar Roller das Ende des transatlantischen Sklavenhandels auf. Der Handel mit Menschen, Sklaven, war für Christen über Jahrhunderte Normalität und Alltag, bevor einige Christen um den britischen Politiker William Wilberforce im 19. Jahrhundert die Bibel neu interpretierten und damit für einen globalen Paradigmenwechsel in der westlichen Welt sorgten. Ein anderer, dessen Wirken bis heute einen nachhaltigen Eindruck hinterlassen hat, ist Albert Schweitzer. Klaus Meiß geht dem Arzt und Theologen nach und fragt, was wir heute noch von ihm lernen können. Uwe Heimowski zeigt dann eindrucksvoll auf, wie die Heilsarmee sich in die politische Debatte um die Herabsetzung des Mindestalters von Prostituierten einmischte. Im letzten Beitrag dieses Kapitels führt uns Judith Kühl am Beispiel der Geschichte eines jungen Mädchens aus Guatemala vor Augen, wie nötig der Einsatz für Gerechtigkeit nach wie vor ist – und dass wir heute damit beginnen können, die Unrechtsgeschichte der Gegenwart umzuschreiben.

Dietmar Roller

Die Sklavenbefreiungsbewegung um William Wilberforce

Über die Wurzeln der modernen NGOs

Zwischen Druckerpressen und Setzkästen fanden sich am 22. Mai 1787 in London zwölf Männer in der Phillipschen Druckerei zusammen. Der Grund ihres Treffens war das gemeinsame Ziel, die Sklaverei abzuschaffen. Sie überlegten, planten und legten den Grundstein für eine der am besten organisierten Bürgerrechtsbewegungen aller Zeiten. Geahnt hätte das niemand, zumal die meisten der zwölf als weltfremde und fromme Spinner galten, die einfältig und aus der Zeit gefallen schienen. Dazu war es menschlich gesehen nahezu aussichtslos, der Sklaverei in Großbritannien ein Ende zu setzen. Fast jeder Bürger sah die Sklaverei als etwas völlig Normales an und profitierte von der Ausbeutung anderer. Dank der Gewinne aus den westindischen Zuckerplantagen boomte die gesamte Wirtschaft im Land. Die Zuckersteuer war die wichtigste Steuereinnahme. Der Sklavenhandel sicherte den Lebensunterhalt Tausender Familien von Soldaten und Seeleuten sowie den Wohlstand großer Hafenstädte wie London und Bristol.

Die zwölf Männer hatten diese Realität zwar vor Augen, doch sie sahen es als ihre Berufung an, eine in der Geschichte beispiellose Kampagne gegen den Sklavenhandel mit dem Ziel der Abschaffung von Sklaverei zu beginnen. Deshalb gründeten sie am 22. Mai 1787 die „Gesellschaft zur Abschaffung der Sklaverei", die als Abolitionisten-Bewegung bekannt wurde. Mit dabei waren der anglikanische Diakon Thomas Clarkson, der Sklaverei-Gegner Ganville Sharps, der Druckereibesitzer James Phillips und einige nicht genannte Quäker.

Thomas Clarkson war der Jüngste in der Gruppe und hatte sein „Damaskuserlebnis" auf dem Rückweg einer Reise. Diese war er angetreten, um an einem damals sehr berühmten Latein-Rhetorikwettbewerb teilzunehmen. Das Thema: Ist es rechtens, einen Menschen gegen seinen Willen zu versklaven? Zunächst hatte Clarkson den prestigeträchtigen Wettbewerb einfach nur gewinnen wollen. Doch je mehr er sich mit den Zahlen, Fakten und einzelnen Geschichten von Menschen in Sklaverei beschäftigte, desto mehr gingen ihm die Schicksale ans Herz. Er gewann den Wettbewerb. Doch auf dem Rückweg nach London musste Clarkson mehrmals vom Pferd steigen, weil ihn das Leid und das Unrecht der Sklaverei so sehr bedrückten. Die Vorstellung, zu akzeptieren, dass die Sklaverei in seinem Land unbeachtet weitergeht, machte ihm so schwer zu schaffen, dass er kaum vorankam.

Berufen zu befreien

In Sichtweite von Hertfordshire wurde ihm deutlich, dass „irgendein Mensch darum besorgt sein (sollte), diesem Schrecken ein Ende zu machen", und dass dieser Mensch er selbst war. Für die nächsten 61 Jahres seines Lebens verschrieb sich Clarkson dieser Aufgabe ganz. Seine Berufung war der Anfang einer großen Menschenrechtsarbeit, wobei der Begriff der Menschenrechte damals so noch nicht bekannt war. Clarksons Wirken wurde auch zu einem Eckpfeiler auf dem noch langen Weg zur allgemeinen Menschenrechtskonvention von 1948.

Zu den zwölf Männern gesellten sich schnell weitere Gleichgesinnte, darunter auch der ehemalige Sklave Olaudah Equiano. In Vorträgen und später auch in einem Buch berichtete er anschaulich über seine Zeit als Sklave und bewegte damit Tausende Menschen, neu über das Phänomen nachzudenken. Um das Verbot der Sklaverei politisch durchzusetzen, nutzte Clarkson seine Beziehung zu William Wilberforce, einem jungen Parlamentarier des Unterhauses. Nach kurzem Zögern schloss sich Wilberforce der Bewegung an und wurde zu ihrem politischen Sprachrohr.

Wilberforce kam aus einer wohlhabenden Familie und studierte an den besten Universitäten seiner Zeit. Mit 21 Jahren wurde er 1780 ins Unterhaus gewählt. Bei einer längeren Bildungsreise durch Europa kam er 1784 durch einen Reisebegleiter zum Glauben und lebte fortan als pietistisch geprägter Protestant. In enger Abstimmung mit Clarkson und seiner Bewegung begann er 1789, sich im Parlament für die Abschaffung der Sklaverei einzusetzen. Unterstützung erhielt er von seinem Studienfreund William Pitt, dem jüngsten Premierminister in der Geschichte Großbritanniens.

Jahr um Jahr brachte Wilberforce von 1789 bis 1807 die Gesetzesvorlage zur Abschaffung der Sklaverei im Parlament ein. Als Christ sah er seine Berufung darin, diesen Weg unermüdlich weiterzugehen. „Mir erschien die Verderbtheit des Sklavenhandels so enorm, so furchtbar und nicht wiedergutzumachen, dass ich mich uneingeschränkt für die Abschaffung entschieden habe", schrieb Wilberforce. „Mögen die Konsequenzen sein, wie sie wollen, ich habe für mich beschlossen, dass ich keine Ruhe geben werde, bis ich die Abschaffung des Sklavenhandels durchgesetzt habe."

18 Jahre Beharrlichkeit zahlen sich aus

Während Clarkson unablässig Tausende von Kilometern auf dem Pferd landauf und landab unterwegs war, um das Unrecht der Sklaverei in der gesamten Gesellschaft bekannt zu machen und Verbündete zu gewinnen, schmiedete Wilberforce Koalitionen, um die politische Arbeit voranzubringen. Es dauerte

18 Jahren, bis sich all ihre Bemühungen bezahlt machten: Der „Slave Trade Act" wurde nach einer zehnstündigen Debatte am 24. Februar 1807 um vier Uhr in der Früh mit einer überwältigenden Mehrheit von 283 zu 16 Stimmen im Parlament angenommen. Nur einen Monat später trat das Gesetz in Kraft und verbot den afrikanischen Sklavenhandel im gesamten britischen Machtbereich. Sklavenhändler wurden plötzlich wie Piraten verfolgt. Allerdings beinhaltete das Gesetz nicht die Abschaffung der Sklaverei, sondern nur den Handel mit Sklaven.

Erst am 26. Juni 1833 erklärte der „Slavery Abolition Act" alle Sklaven der britischen Kronkolonie für frei. Es sollte noch Jahre dauern, bis der Sklavenhandel endgültig beseitigt war, Clarkson durfte das im hohen Alter noch erleben. Wilberforce starb am 29. Juni 1833, drei Tage nachdem die Sklaverei endgültig verboten worden war. Er wurde in der Westminster Abbey begraben.

Der Erfolg der Abolitionisten-Bewegung war von der Kreativität, Strategie und dem Wissen zahlreicher Männer und Frauen abhängig. Sie entdeckten und benutzten Maßnahmen, die nie zuvor in dieser Vielfalt zusammen für ein einziges Ziel angewendet worden waren. In ihrer Kommunikation nutzten sie sämtliche Kanäle, die zu ihrer Zeit Menschen erreichten: politische Balladen, Petitionen, Pamphlete, Bücher, Pressemitteilungen, Karikaturen und Reportagen. Sie schlossen dabei sämtliche Elemente von Werbung, Spenden beschaffen, Lobbying, Advocacy (Erklärung des Begriffs, s. Seite 54) und anderen öffentlichkeitswirksamen Werkzeugen ein, die wir heute in der modernen Menschenrechtsbewegung als selbstverständlich erkennen und nutzen.

Die Arbeit im Kampf gegen die Sklaverei von Clarkson, Wilberforce und vielen anderen Aktivisten ist ein wahres Lehrstück über zivilgesellschaftliches Engagement. Folgende Elemente zählen zu den Schlüsseln ihres Erfolgs:

Gute Strukturen und sorgfältige Organisation
Sämtliche Treffen der Bewegung wurden protokolliert. Man führte sorgfältig Listen mit Aufgaben sowie Zuständigkeiten und Zeitfenstern. Diese Listen wurden wöchentlich geprüft und unerledigte Aufgaben in die Liste für die kommende Woche übertragen. Diese gute Organisation brachten die Quäker mit ein, die als verfolgte Kaufmannskaste sehr effizient und geschäftstüchtig arbeiteten. Sie strukturierten die Bewegung so, dass die Organisationstruktur jederzeit dem Wachstum der Bewegung angepasst werden konnte und damit einerseits kein bürokratisches Hindernis darstellte und andererseits die nötigen Bedingungen für ein gesundes Wachstum der Organisation lieferte.

Lokal denken, global handeln
Von Anfang an war Clarkson und Wilberforce bewusst, dass sie zwar lokal in England handeln, ihre Advocacy-Kampagnen aber auch in Übersee in den Kolonien, in Europa und in den Vereinigten Staaten von Amerika gehört werden mussten. Wie international sie dachten, zeigte sich darin, dass sie Pamphlete und Traktate in sämtliche Länder schickten, die Sklaverei legitimierten. Dazu übersetzten sie ihre Texte unter anderem ins Französische, Portugiesische, Dänische und Niederländische. In vielen Ländern fanden sie auf diese Weise Verbündete, mit denen sie im regen Austausch standen.

Spendengelder sammeln
Die Bewegung der Abolitionisten schrieb gezielt Spendenbriefe und bat Großspender direkt um einen Geldbeitrag. Ein Netzwerk von Botschaftern in über 39 Grafschaften sammelte neben Unterschriften für ihre Petitionen auch Spenden. In der Phillipschen Druckerei gab es eine Spenderkartei, in der weit über 2000 Spender registriert waren.

Die Gesellschaft informieren – öffentlichkeitswirksame Kampagnen

Josiah Wedgwood war ein begabter Designer und Unternehmer und für das Marketing der Bewegung zuständig. Er hatte in seiner Porzellanmanufaktur immer wieder Sondereditionen zu bestimmten Anlässen herausgebracht und sie erfolgreich vermarktet, sodass er als reicher Unternehmer in der Londoner High Society ein und aus ging. Er war als Geschäftsmann geschickt darin, seine neuesten Editionen als einzigartig zu vermarkten und die Nachfrage so zu steigern. Dieses Wissen brachte er ganz in die Bewegung ein.

Wedgwood hatte die Idee, ein Siegel zu entwerfen. Es zeigt einen knienden Afrikaner in Ketten, der seine Hand flehend zum Himmel ausstreckt und fragt: „Bin ich nicht ein Mensch und Bruder?" Dieses Bild wurde zum Aushängeschild der gesamten Bewegung gegen Sklaverei. Nicht nur auf Briefen, sondern auch in Büchern, auf Manschettenknöpfen, Teetassen, Handtüchern, Ansteck- und Hutnadeln wurde das Siegel verwendet. Wedgwood hat damit wahrscheinlich das erste Logo für eine soziale und politische Kampagne überhaupt entworfen. Zusammen mit dem Slogan „Bin ich nicht ein Mensch und Bruder?" verbreitete sich das Siegel schnell in ganz Großbritannien und in den Kolonien. Übersetzt in unsere Zeit könnte man von einer überaus erfolgreichen Social Media Kampagne sprechen. Überall sah man das Siegel, sprach über das Thema der Sklaverei und die Anzahl der Menschen, die sich öffentlich dagegen engagierten, wuchs. Im ganzen Land erkannte man die Notwendigkeit, die Sklaverei abzuschaffen.

Politiker um Gehör bitten – Petitionen

Eine von Clarkson in Manchester gegründete Abolitionistengruppe begann, Unterschriften für die Abschaffung der Sklaverei zu sammeln. Innerhalb von kürzester Zeit überbrachten sie dem Parlament 10.000 Unterschriften, zudem schickten sie einen Brief an den Bürgermeister von Manchester sowie an alle Bürgermeister und Stadträte der großen Städte in Großbritannien. In ihrem Schreiben legten sie ihre Gründe für die Abschaffung der Sklaverei dar und riefen die Städte auf, ebenfalls Petitionen nach London an das Parlament zu schicken. Diese Aktion wurde im Frühjahr 1788 von einer Pressekampagne begleitet, die nach heutigem Stand etwa 20.000 Euro kostete. Alle wichtigen Zeitungen sollten auf die Petition aufmerksam machen. Bis Ende des Jahres 1788 wurden 103 Petitionen zur Abschaffung der Sklaverei eingereicht. Insgesamt hatten über 100.000 Menschen unterschrieben.

Zeitgleich trat nach über 34-jährigem Schweigen auch John Newton an die Öffentlichkeit. Newton war ein ehemaliger Sklavenhändler und nach seiner Bekehrung zum christlichen Glauben anglikanischer Pastor geworden. Damals hatte er das bis heute weltberühmte Lied „Amazing Grace" geschrieben. Newton kannte Wilberforce bereits seit dessen Kindheit und war ihm ein väterlicher Freund geworden. Zwar war er nicht selbst Teil der Bewegung um Wilberforce, hatte aber großen Einfluss auf sie. Als Erweckungsprediger und Pfarrer der High Society in London fanden sein Traktat gegen den Sklavenhandel und seine öffentliche Bitte um Vergebung für seine frühere Skrupellosigkeit als Sklavenhändler im ganzen britischen Reich Gehör. Sämtliche Abgeordneten redeten darüber.

Aktionstheater auf den Straßen
Benjamin Lay, ein Freund Clarksons, nahm das heute bekannte Aktionstheater vorweg, um auf die Dramatik der Lebensverhältnisse von Sklaven aufmerksam zu machen. Er zerschlug öffentlich Teetassen, in denen Tee mit Zucker aus Sklavenplantagen getrunken wurde, und lebte zeitweise als Veganer, an-

schließend als Vegetarier, weil er keinem Wesen etwas zuleide tun wollte. Einmal soll er sogar für kurze Zeit das Kind eines Sklavenhalters entführt haben. Damit wollte er ausdrücken, wie grausam es für Menschen in Sklaverei ist, wenn ihre Familien auseinandergerissen werden und die Kinder an andere Besitzer verkauft werden.

Bündnisse schließen und das Netzwerk erweitern
Clarkson erkannte schnell, dass er Bündnisse mit anderen eingehen musste, um eine erfolgreiche Bewegung zu schaffen. Das erste Bündnis im Kampf gegen die Sklaverei schloss er mit den Quäkern. Ihr Glaube an Gewaltlosigkeit und Gerechtigkeit war nicht zu erschüttern und sie waren landesweit und grenzüberschreitend gut organisiert. Ein Quäker, der sich einige Zeit in Pennsylvania ein eigenes Bild von der Sklaverei in Amerika gemacht hatte und als Lobbyist gegen die Sklaverei in New Jersey lebte, kam nach London zurück und unterstützte Clarkson bei seiner Arbeit.

Pressearbeit und Debattierklubs
Nicht umsonst fand die Gründungsversammlung der Abolitionisten-Bewegung in einer Druckerei statt. In der damaligen Zeit waren Zeitungen und Bücher die Hauptmedien schlechthin. Während 1787 in einflussreichen Magazinen und Zeitungen kaum Beiträge über Sklaverei zu finden waren, gab es 1788 über 68 Artikel. Dazu beigetragen haben auch die vielen Vorträge und Auftritte von Abolitionisten in den damals üblichen Debattierclubs. Die Themen waren meist auf Unterhaltung angelegt und die Veranstaltungen entsprechend gut besucht. Das Publikum war durchaus bereit, für Themen wie „Warum Frauen untreu werden" einen Eintrittspreis zu bezahlen, der etwa die Hälfte eines Theaterbesuches betrug. Debattierklubs gab

es praktisch überall und das Publikum deckte alle Stände der Gesellschaft ab. Ernsthafte Themen waren eher die Ausnahme. Im Jahre 1788 allerdings wurde in rund der Hälfte der Klubs in London die Abschaffung der Sklaverei zu dem Thema, das am meisten Leute anzog. Der erwünschte Nebeneffekt: die Aufklärung der Bürgerinnen und Bürger.

Der Zuckerboykott

Heute ist Öl einer der wichtigsten geopolitischen Rohstoffe, doch im 18. Jahrhundert war Zucker der wertvollste Rohstoff. Durch Sklavenarbeit auf den Zuckerplantagen in der Karibik konnte das Süßungsmittel zu günstigen Preisen verkauft werden und wurde für die gesamte westliche Gesellschaft erschwinglich. Die karibischen Zuckerbarone galten als die reichsten und angesehensten Großgrundbesitzer Großbritanniens. Ihr Einfluss reichte weit ins Parlament in London, in dem sie bestens vertreten waren. Doch ihrem unermesslichen Reichtum standen Hunderttausende von Sklaven gegenüber, die für den Zucker buchstäblich verheizt wurden. Etwa 60 Prozent aller nach Süd- und Nordamerika gebrachten Sklaven kamen in das kleine Gebiet der Karibik, um unter unmenschlichen Bedingungen Zuckerfelder zu bestellen, zu ernten und mit dem gefährlich heißen Sud in den Zuckerfabriken zu hantieren. Viele starben mit schweren Verbrühungen oder durch Erschöpfung.

In dem Bemühen, den Menschen in Großbritannien das Problem der Sklaverei verständlich zu machen, wurde das bis heute wichtigste Element einer Bürgerbewegung entwickelt: der Boykott. Die Abolitionisten riefen dazu auf, Zucker aus der Karibik so lange zu meiden, bis die Sklaven befreit und andere Strukturen einen fairen Genuss des Zuckers erlauben würden. Landesweit schlossen sich über 300.000 Menschen dem Boykott an. Einige von ihnen nahmen aus Protest tatsächlich solange keinen Zucker zu sich, bis die Sklaverei abgeschafft war.

Der Erfolg wurde schnell sichtbar, denn die geschädigten Zuckerbarone reichten im Parlament Beschwerden ein. Das führte erneut zu Diskussionen, die über die Zeitungen überall bekannt wurden. Der Zuckerboykott war eines der wichtigsten Elemente im Kampf gegen die Sklaverei. Bis heute ist dieses Instrument aus der Kampagnenbewegung nicht wegzudenken.

Wir haben der Abolitionisten-Bewegung viel zu verdanken. Ihren Anhängern gelang es auf einmalige Weise, ihren Glauben und ihr Handeln zu verknüpfen. Um ihr Anliegen voranzutreiben, nutzten sie innovative und professionelle Methoden, die bis heute Maßstab für eine gute Kampagnen- und Menschenrechtsarbeit sind. Sie waren überzeugt, dass politische Arbeit für Christen eine Berufung sein konnte, und sie hatten mit Willam Wilberforce einen mutigen Politiker an ihrer Seite.

Motivation und Auftrag

Für viele Initiativen kann es Motivation und Auftrag werden, von den Abolitionisten zu lernen. Sie haben etwas für damalige Verhältnisse schier Unmögliches geschafft: Per Gesetz wurde endlich allen Menschen Würde und Gottebenbildlichkeit zugesprochen, was jedem Einzelnen ein Leben in Freiheit garantieren sollte. Davon profitierten nicht nur die Sklaven jener Epoche. Letztlich befreite dieser Bewusstseinswandel auch jene von ihrem Irrglauben, die von der Sklaverei profitiert und sich schuldig gemacht hatten. Bei den Sklavenhaltern und ihren Geschäftspartnern der damaligen Zeit herrschte ein völliges Unrechtsbewusstsein, das auch in der Gesellschaft praktisch nicht hinterfragt wurde. Sklaven galten als niedrige Arbeitstiere, nicht als Menschen. Erst das Motto: „Bin ich nicht ein Mensch und Bruder?" der Sklavenbefreiungsbewegung öffnete den Menschen die Augen dafür, dass Sklaven Menschen derselben Würde sind wie sie selbst. Das veränderte die gesamte damalige Gesellschaft. Die christliche Vorstellung, dass der Mensch ein Ebenbild Gottes ist, wurde nun auf alle Menschen übertragen, egal welcher Hautfarbe oder Ethnie sie angehörten. Aus diesen Gedanken entwickelten sich viele neue Initiativen, wie beispielsweise Granville Sharps Kampf gegen die Kinderarbeit in den schottischen Bergwerken.

Die Sklavenbefreiung erzeugte ein neues Gerechtigkeitsempfinden in der Gesellschaft, sodass erstmals Fragen gestellt wurden: Wenn Sklaven Rechte hatten, warum dann nicht auch alle Frauen? Warum mussten Kinder in den Bergwerken unter sklavenähnlichen Bedingungen schuften? Wie behandelte man eigentlich die eigenen Arbeiter in den Fabriken von Bristol, London und Manchester? Die Sklavenbefreiung bereitete den Weg für weitere Sozialreformen. Die soziale Gesetzgebung in Großbritannien und Europa und die Abschaffung der Kinderarbeit etwa 50 Jahre später waren nur durch die mutigen Schritte der Abolitionisten möglich.

Wozu sind wir heute berufen? Werden wir als Christen dieser Berufung gerecht? Vertreten wir die Rechte der Armen und Unterdrückten mutig und konsequent auch gegen den Mainstream unserer Gesellschaft?

Klaus Meiß

Von Vorbildern lernen: Albert Schweitzer

Täglich bringen uns die Nachrichten ein unvorstellbares Elend in unsere Wohnzimmer: Flüchtlinge aus aller Welt strömen nach Europa, nehmen Lebensgefahr auf sich, weil sie in ihrer Heimat nicht leben können, weil da bitterste Armut herrscht, weil da Mord und Totschlag regieren und ihr Leben und das ihrer Kinder nicht sicher sind, weil Lebensnotwendiges vorenthalten wird, weil man der Rechtlosigkeit entkommen will. Weil man leben will. Wir sehen Bilder von Gewalt gegen diese Flüchtlinge, von aufgebrachten Wutbürgern anderer Gesinnung, von verletzten Polizisten, von eingeschüchterten Fremden, von sprachlosen Politikerinnen. Keiner von uns kann hinterher sagen: Das habe ich nicht gewusst. Keiner kann sagen: Das geht mich nichts an. Ich möchte an einen Menschen erinnern, der hingesehen hat, der sein Herz anrühren ließ und sein Leben für die Nöte in seiner Zeit gab.

Ein Akteur zwischen den Welten
Schweitzer wird 1875 als Pfarrerssohn im kurz zuvor vom Deutschen Reich annektierten Elsass geboren, studiert in Straßburg Theologie, Philosophie und später Medizin. In seinem Elternhaus nimmt er den Impuls der Liebe zur Orgelmusik auf, aber auch den Grundton liberaler Theologie unter der Wirkung der Aufklärung. Er spielt das Instrument so brillant, dass ihn der berühmte Orgellehrer Charles Marie Widor in Paris als Schüler

annimmt. Dort hält er sich während seiner wissenschaftlichen Studien auf, ein Zeichen seiner frankophilen Einstellung. Er hat sich auch bewusst bei der evangelischen Pariser Missionsgesellschaft beworben, der er den Vorzug vor einer deutschen Gesellschaft gibt. Dennoch bleibt er auch bewusst deutscher Staatsbürger, als man in Paris wünscht, dass er die französische Staatsbürgerschaft annehmen soll. So lebt er in der Spannung zwischen Frankreich und Deutschland, publiziert in beiden Sprachen, ausführlicher jedoch im Deutschen.

1899 promoviert er in Philosophie, 1900 in Theologie, 1902 folgt die theologische Habilitation. 1905 beginnt er dann mit 30 Jahren sein Medizinstudium, das er 1913 mit seiner medizinischen Promotion abschließt, um anschließend nach Afrika aufzubrechen. Dort baut er nach den örtlichen Gegebenheiten ein Urwaldkrankenhaus, organisiert seinen Betrieb nach den vorhandenen Möglichkeiten und sorgt für die Finanzierung durch Bücher, Vorträge und Orgelkonzerte in Europa und seit 1949 auch in Amerika. So bewegt er sich zwischen ganz unterschiedlichen Disziplinen. Mögen sich Theologie und Philosophie noch einigermaßen nahestehen, so gilt das für seine musikalischen Studien doch kaum. Völlig ungewöhnlich erscheint dann seine Karriere als Arzt, Organisator und Bauleiter in Afrika und Fundraiser in der Heimat. Schweitzer beherrscht den Spagat zwischen Theorie und Praxis.

Wirklich weltberühmt wird Schweitzer jedoch nicht als wissenschaftlicher Philosoph oder als liberaler Theologe, auch nicht als Orgelspieler und Bachinterpret, sondern vor allem als Urwalddoktor im Urwaldspital in Lambarene in Äquatorialafrika. Ein Theologe am Anfang einer großen wissenschaftlichen Karriere widmet sein Leben dem Dienst an Menschen, um die sich sonst keiner kümmert.

Initialzündung einer Lebenshingabe
Schweitzer selbst datiert seinen Wunsch, mit seinem Leben etwas für andere zu bewirken, etwas vom Empfangenen zurückzugeben, auf das Jahr 1896. Damals ist er 21 Jahre alt: Bis zum 30. Lebensjahr will er sein Leben genießen und der Wissenschaft und Kunst widmen, danach will er für andere da sein. Während er sein theologisches Hauptwerk über die Leben-Jesu-Forschung niederschreibt, beschließt er Anfang 1905, ein Medizinstudium zu beginnen, um Menschen unmittelbar dienen zu können.

Als prägendes Erlebnis seiner Studentenzeit bezeichnete Schweitzer im Rückblick auch die Begegnung mit Büchern Nietzsches und Tolstois. Bei Nietzsche fasziniert ihn dessen Kulturkritik, sein Kampf gegen die „Sklavenmoral" des Christentums im Zeichen der „Herrenmoral" und ihres „Willens zur Macht". Vergeblich wartet er auf eine Entgegnung der Theologen seiner Zeit. Bei Tolstoi fasziniert ihn seine betont christliche Sicht vom wahren Menschentum. Später beginnt er die eigene Kultur zu untersuchen, die ihm zunehmend fremd wird. Mitten im 1. Weltkrieg arbeitet er dann seinen Neuansatz „Kultur und Ethik" aus, dessen zentraler Gedanke die „Ehrfurcht vor dem Leben" ist: „Ich bin Leben, das leben will, inmitten von Leben, das leben will" (Kulturphilosophie 308).

Als der 1. Weltkrieg das Geschichtsbild des 19. Jahrhunderts erschüttert, stellt Schweitzer fest, dass die Wurzeln dieses Übels früher liegen. Während seiner Zeit in Lambarene sieht er klar, dass die europäische Zivilisation auf Inhumanität zusteuert. „Wir stehen im Zeichen des Niedergangs der Kultur. Der Krieg hat diese Situation nicht geschaffen. Er selber ist nur eine Erscheinung davon" (Kulturphilosophie 15).

Während seine Entscheidung für ein Medizinstudium reift, stößt er nach eigenem Bekunden im Herbst 1904 auf eine Veröffentlichung der evangelischen Pariser Missionsgesellschaft, die Mitarbeitende für Arbeitsfelder im Kongogebiet sucht. Will er sich zunächst nur medizinische Grundkenntnisse aneignen, macht er sich dann doch an ein Medizinstudium und löst sich so nach und nach aus seiner Karriere als wissenschaftlicher Theologe. Als seine Beurlaubung von der Universität abgelehnt wird, gibt er seine akademische Karriere auf und bricht seine Zelte in Straßburg ab. „Ich hatte von dem körperlichen Elende der Eingeborenen des Urwaldes gelesen und durch Missionare davon gehört. Je mehr ich darüber nachdachte, desto unbegreiflicher kam es mir vor, dass wir Europäer uns um die große humanitäre Aufgabe, die sich uns in der Ferne stellt, so wenig bekümmern" (Zwischen Wasser und Urwald 1). Am Beispiel des Gleichnisses vom reichen Mann und armen Lazarus illustriert er die Verantwortung der reichen und gebildeten Europäer für die „Farbigen" in den „Kolonien". Es müsse die Zeit kommen, in denen freiwillig Ärzte „hinausgehen und unter den Eingeborenen Gutes tun" (ebd. 2). Nicht in erster Linie ein Verkündigungsdienst, sondern ein diakonischer Auftrag.

Schweitzer wird nach Einzelgesprächen mit den entscheidenden Personen als möglicher Tropenarzt von der evangelikalen Missionsgesellschaft akzeptiert, was angesichts seiner bekannten liberalen Position überrascht. Aber er verspricht, nur als Arzt tätig zu werden und nicht als Theologe (Oermann 2013:12f ff.). Das hindert ihn andererseits nicht, in Lambarene Gottesdienste zu halten und zu predigen. In seinem Missionsbericht schreibt er von seinem Wirken als Arzt unter den Schwarzen und deren überraschten und freudigen Äußerungen, dass sie nun schmerzfrei leben können. „Dann fange ich an, ihm und denen, die dabeisitzen, zu erzählen, dass es der Herr Jesus ist, der dem Doktor und seiner Frau geboten hat, hier an den (Fluss) Ogowe zu kommen, und dass weiße Menschen in Europa uns die Mittel geben, um hier für die Kranken zu leben. Nun muss ich auf die Fragen, wer jene Menschen sind, wo sie wohnen, woher sie wissen, dass die Eingeborenen so viel mehr Krankheiten erleiden, Antwort geben. Durch die Kaffeesträucher hindurch scheint die afrikanische Sonne in die dunkle Hütte. Wir aber, Schwarz und Weiß, sitzen untereinander und erleben es: ‚Ihr aber seid alle Brüder.' Ach, könnten die gebenden Freunde in Europa in einer solchen Stunde dabei sein!" (Zwischen Wasser und Urwald 78f.).

Aspekte seines Wirkens
1913 begibt sich Schweitzer mit seiner Frau Helene auf den gefährlichen Weg nach Äquatorialafrika, wo seinerzeit 14 Prozent der Weißen im Jahr sterben! Nach einer kurzen Eingewöhnungszeit beginnt er sein medizinisches Wirken zunächst in einem dafür hergerichteten Hühnerstall, dann muss Schweitzer als Bauleiter ein Hospital errichten, das Patienten wie medizinisches Personal vor Sonne und tropischen Regenfällen schützt und zudem gut belüftet ist. Von Anfang an ist der Zustrom von Kranken gewaltig, 2000 Patienten kann er in den ersten neun Monaten behandeln, viele Krankheiten kennt er aus Europa, manche gibt es nur in den Tropen. Zu den Herausforderungen der Urwaldmedizin gehört auch die Aufbewahrung der Medikamente und deren Verabreichung, da nicht ausreichend kleinere Behälter zur Verfügung stehen, die man den Kranken mitgeben kann. Besonders schwierig für Helene Schweitzer ist die Reinigung der Operationsbestecke, sodass nur wenige Operationen pro Woche möglich sind.

Schweitzer kommt als Europäer aus einer überlegenen Zivilisation nach Lambarene, lernt die Sprachen der Einheimischen nicht, sondern arbeitet mit einheimischen Dolmetschern. Seine engsten Mitarbeiter werden auch in Zukunft Europäer sein, Afrikaner übernehmen Hilfsdienste. Manche seiner Äußerungen über Afrikaner wirken heute rassistisch, wenn er etwa darüber schreibt, wie Afrikaner den Europäern Holz verkaufen: „Die Erfindungsgabe der Neger, um beim

Holzhandel zu betrügen, grenzt ans Unglaubliche. Wehe dem Neuling!" (Zwischen Wasser und Urwald 86). Ähnlich äußert er sich über ihre Arbeitsmoral: „Der Neger arbeitet unter Umständen also sehr gut ... aber er arbeitet nur so viel, als die Umstände von ihm verlangen. Das Naturkind, und dies ist des Rätsels Lösung, ist immer nur Gelegenheitsarbeiter. [...] Der Neger ist nicht faul, sondern er ist ein Freier. Darum ist er immer nur Gelegenheitsarbeiter, mit dem kein geordneter Betrieb möglich ist." (Zwischen Wasser und Urwald 95). Über die Beziehungen zwischen Weißen und Schwarzen prägt Schweizer das – zu seiner Zeit sicher herausfordernde – Wort: „Ich bin dein Bruder; aber dein älterer Bruder" (Zwischen Wasser und Urwald 110).

In Lambarene schreibt er bei seinem ersten Aufenthalt seine Kulturkritik, die sich einreiht in die Arbeiten von Simmel, Nietzsche oder Spengler. Es folgt sein Werk „Kultur und Ethik", in dem er zu einer neuen Kultur aufruft, welches schließlich in seiner Ethik „Ehrfurcht vor dem Leben" mündet. Als Urwaldarzt in Lambarene lebt er jahrelang vor, was literarisch zu Beginn der 1920er-Jahre zum Ausdruck kommt.

Folgen
Die Wirkung Albert Schweitzers auf die Welt ist erstaunlich, sie beginnt in den Jahren nach dem 1. Weltkrieg, als Schweitzer Europa bereist, Orgelkonzerte gibt und Vorträge über seine Arbeit in Afrika und seine Ethik der Ehrfurcht vor dem Leben hält. Während des 2. Weltkriegs bleibt er in Afrika und bezieht klare Position für Humanität und gegen Nationalsozialismus und Rassenwahn. Nach dem Weltkrieg erhält er unzählige Einladungen, 1954 kann er den Friedensnobelpreis entgegennehmen (er wurde ihm rückwirkend für das Jahr 1952 verliehen). Der Universalgelehrte gilt in der Auseinandersetzung um die Atomwaffen quasi als moralische Autori-

tät schlechthin, die sich aus Lambarene mit Radioansprachen in die Debatte einschaltet (1957 gegen Kernwaffenversuche, 1958 gegen die Atomgefahr).

Schweitzer ist als Meister der Selbstinszenierung ungeheuer modern, das macht ihn schon zu seinen Lebzeiten zum Mythos! Bis heute sind die Fotos und Zeichnungen seines prägnanten Gesichts weit verbreitet. Der Spiegel urteilte 1960, er sei sein „bester Denkmalspfleger" (Spiegel 52 [1960] S. 61). Nach seinem ersten Aufenthalt in Lambarene veröffentlicht Schweitzer seinen Bericht „Zwischen Wasser und Urwald", der sich weltweit verbreitet und das Bild vom Urwaldarzt formt. In seinen autobiografischen Berichten spürt man, dass er sich in dieser Rolle gefällt. „Wie meine Gefühle beschreiben, wenn solch ein Armer (Kranker) gebracht wird! Ich bin ja der einzige, der hier helfen kann, auf Hunderte von Kilometern. Weil ich hier bin, weil meine Freunde mir die Mittel geben, ist er (...) zu retten" (Zwischen Wasser und Urwald 78).

Fazit
Schweitzer bricht aus seiner Zeit zu ganz neuen Ufern auf: Er verlässt die Universität und reist in eine lebensbedrohliche Arbeitsumgebung, um Menschen zu dienen. Nicht durch Bildung und Mission, sondern durch elementare medizinische Hilfeleistung wird Schweitzer wirksam – das hat Menschen schon zu seiner Zeit verwundert und fasziniert. Namentlich vor dem Hintergrund der furchtbaren Kriegsschäden zweier Weltkriege und des nationalsozialistischen Rassenwahns leuchtet Schweitzer wie eine Fackel in der Dunkelheit eines Jahrhunderts hervor. Als Theologe hat Schweitzer Jesus nicht als Gottes Sohn, sondern als Mensch mit den zu seiner Zeit unter Juden üblichen Endzeitvorstellungen verstanden. Aber der ethische Geist, der von Jesus ausgegangen sei, so Schweitzer, könne Menschen dazu bringen, die Welt zu verändern (Oermann 2013:50ff.). Je-

sus erscheint ihm also als ethisches Vorbild, dem er mit seinem Leben folgt.

Wo lassen wir uns von Menschen und ihrer Not anrühren? Lassen wir uns überhaupt anrühren? Und was machen wir, wenn wir mit den Notleidenden geweint haben, wenn wir unsere Sprachlosigkeit überwunden haben? Wo bringen wir uns ein?

Wir werden heute von vielen Hilfsorganisationen auf dieses Elend aufmerksam gemacht. Wir können spenden, wir können beten, wir können etwas tun. Vielleicht fragen wir einfach mal nach, welche Taten bei Hilfsorganisationen gebraucht werden, bei Brot für die Welt, Compassion, Kindernothilfe, Open Doors, International Justice Mission oder einer der anderen im Dienst für die Menschen dieser Erde. Vieles können wir hier in Deutschland als Botschafter tun, aber vielleicht werden wir wie Schweitzer auch herausgerufen aus unseren Sicherheiten. Nehmen wir uns die Zeit zum Hören? Haben wir den Mut, etwas zu tun?

Uwe Heimowski

„The Maiden Tribute of Modern Babylon"

1885: Die Heilsarmee im Kampf gegen Kinderprostitution

Die Überschrift der vielgelesenen Londoner Pall Mall Gazette an jenem Morgen des 6. Juli 1885 schlug ein wie eine Bombe: „The Maiden Tribute of Modern Babylon" war da in fetten Lettern zu lesen – „Das Jungfrauenopfer im modernen Babylon". Kein Geringerer als William T. Stead, der Herausgeber der Zeitung selbst, hatte die Beiträge verfasst. Sie erschienen als Fortsetzung an fünf Tagen hintereinander. Jeder Artikel war mit einem eigenen reißerischen Titel versehen, um ein möglichst großes Publikum zu erreichen: „The Violation of Virgins" („Die vergewaltigten Jungfrauen") oder „Strapping Girls Down" („Die gefesselten Mädchen"). Die Pall Mall Gazette wollte einen Skandal – und sie bekam ihn.

Worum ging es beim „Maiden Tribute"? Stead hatte schonungslos die Situation minderjähriger Prostituierter in England dargestellt. Vor allem „young under-privileged girls", junge Mädchen aus sozialen Randgruppen und vom Land wurden von Menschenhändlern in Bordelle verkauft. Der Markt florierte vor allem in der Großstadt London und auf dem europäischen Festland.

Initiiert worden war die Artikelserie von der Heilsarmee. Catherine Booth, die Frau des Heilsarmeegründers William Booth, kämpfte für Frauenrechte und gegen jede Form von Unterdrückung. Als 1864 festgestellt wurde, dass ein Drittel der britischen Soldaten an Geschlechtskrankheiten litten, verabschiedete das Parlament ein „Gesetz gegen ansteckende Krankheiten". Darin wurden einseitig die Prostituierten für die Epidemie verantwortlich gemacht. Für Catherine Booth ein völlig falscher Weg. Sie sah die Frauen als Opfer, die nicht auch noch zusätzlich kriminalisiert werden durften. Die Heilsarmee bekämpfe die Prostitution, aber nicht die Prostituierten, erklärte Catherine Booth. Sie beließ es nicht bei Worten. Für Aussteigerinnen aus dem Milieu wurden „rescue homes" aufgebaut, eine Art Frauenhäuser, in denen die Frauen eine sichere Unterkunft fanden und einen Beruf erlernen konnten.

Parallel dazu stellte die Heilsarmee politische Forderungen: Das „age of consent" (Alter der Mündigkeit) und damit das Mindestalter für „einvernehmlichen" Geschlechtsverkehr sollte von 13 auf 16 Jahre erhöht werden. Regelmäßig schrieb Catherine Booth an Queen Victoria, um ihren Forderungen Nachdruck zu verleihen.

Die Zeit ist reif – Catherine Booth findet Unterstützung
Fast zwei Jahrzehnte lang blieben Catherine Booths Briefe ungehört. Doch sie ließ nicht locker. Anfang 1885 ermöglichten es dann verschiedene Umstände, eine große Kampagne zu starten. Josephine Butler, eine bekannte Frauenrechtlerin, schrieb einen Brief an Florence Booth, die Schwiegertochter des Heilsarmeegründers, in welchem sie die Zustände in den Bordellen und das Ausmaß der Kinderprostitution noch einmal nachdrücklich schilderte. Sie schlug der Heilsarmee vor, gemeinsam dagegen vorzugehen.

Florence Booth hatte in den Jahren zuvor Teams von jungen Frauen aufgebaut, die man heute Streetworkerinnen nennen würde. Die sogenannten „Halleluja Lassis" besuchten die Prostituierten und boten ihnen Unterstützung an. Florence kannte die Situation und die Schicksale der Mädchen aus erster Hand. Viele von ihnen waren verkauft und mit Gewalt dazu gezwungen worden, ihren Körper zu verkaufen. Mit ihrem Mann Bramwell Booth überlegte sie, wie eine öffentliche Kampagne aussehen könnte. Bramwell wiederum war mit William T. Stead befreundet, den er als investigativen Journalisten kannte. Er bat ihn um Unterstützung.

Daraufhin aktivierte Stead seinen Recherche-Apparat. Anonym betritt er Kneipen und Bordelle, unterstützt von einem Angestellten der Pall Mall Gazette. Eine Offizierin der Heilsarmee und zwei weitere Frauen geben sich als Prostituierte aus, besuchen Bordelle und schildern Stead ihre Erlebnisse. Zur selben Zeit begleitet Josephine Butler ihren Sohn in Luxus-Apartments, wo ihm gegen Geld Mädchen in jeder Altersklasse auf sein Zimmer geschickt werden. Sie protokollieren ihre Erlebnisse. Außerdem führt Stead Dutzende von Interviews, um Informationen aus erster Hand zu bekommen: mit dem ehemaligen Chefermittler von Scotland Yard, mit Sozialarbeitern und Gefängnis-Seelsorgern, aber auch mit Bordell-Betreibern, Zuhältern, Menschenhändlern und Prostituierten. Er beabsichtigt diese Ergebnisse sehr detailliert zu veröffentlichen, doch ist er sich nicht sicher, ob das die Menschen wirklich aufrütteln wird. Es braucht einen handfesten Skandal.

In enger Abstimmung mit Bramwell Booth startet Stead einen „Selbstversuch": Er beschließt, ein Kind zu kaufen und den Weg von seinem Zuhause bis in das Bordell zu protokollieren. Zuvor weiht Stead einige hochrangige Vertrauenspersonen ein: den Erzbischof von Canterbury, den römisch-katholischen Kardinal, den Bischof von London und den bekannten baptistischen Prediger Charles H. Spurgeon.

Gemeinsam mit der ehemaligen Zuhälterin Rebecca Jarrett, die bei der Heilsarmee zum Glauben gekommen und ausgestiegen ist, nimmt er Kontakt zu einer Menschenhändlerin auf. Diese vermittelt ihnen die 13-jährige Eliza Armstrong, die mit ihrer alkoholabhängigen Mutter in einem Dorf außerhalb Londons lebt. Die Käufer erklären unzweideutig, welche Zwecke sie mit dem Mädchen verfolgen. Die Mutter verkauft Stead das Mädchen für fünf Pfund, was ungefähr der heutigen Kaufkraft von 500 Euro entspricht. Ein Zertifikat über die Jungfräulichkeit Elizas wird von einem abgewrackten Gynäkologen, der sein Auskommen mit illegalen Abtreibungen bestreitet, mitgeliefert. Das Kind wird nach London gebracht, dort betäubt und nach Frankreich geschmuggelt, wo es in die Obhut der Heilsarmee übergeben wird.

Der Skandal wird öffentlich – Steads Artikel erscheint

Am 6. Juli erscheint der Artikel in der Pall Mall Gazette. Stead stellt fest: „London … is the greatest market of human flesh in the whole world", London sei der „größte Markt für Menschenfleisch auf der ganzen Welt."

Er stellt fünf moralische und politische Forderungen:

- „Das Verbot von Verkauf, Beschaffung und Verletzung von Kindern,
- das Verbot des Handels mit Jungfrauen,
- das Verbot des Entführens und Ausbeutens von Frauen,
- das Verbot von internationalem Sklavenhandel mit Mädchen,
- die Strafverfolgung von Gräueltaten, Brutalitäten und unmenschlichen Verbrechen."

Stead erreicht sein Ziel: Der Skandal ist in aller Munde. Zeitgenossen wie der Schriftsteller George Bernard Shaw und viele andere stellen sich öffentlich auf seine Seite.

Doch es werden auch massive Vorwürfe laut: Selbsternannte Moralapostel nennen Steads Beschreibungen voyeuristisch und reißerisch, ja pornografisch. Andere spielen die Sache herunter: Die Mädchen würden freiwillig zustimmen.

Der Höhepunkt dieser Anfeindungen: William Stead, Bramwell Booth und Rebecca Jarrett landen vor Gericht. Obwohl der Name Elizas im Artikel in Lily geändert und einige Details verfremdet wurden, erkennt die Mutter des Mädchens ihre Tochter darin. Sie geht zur Polizei: Das Kind sei gestohlen worden. Und tatsächlich kommt es zu einer Verurteilung wegen Menschenhandels. Jarrett wird zu sechs Monaten, Stead zu drei Monaten Gefängnis verurteilt, nur der mitangeklagte Bramwell Booth erhält einen Freispruch.

Dennoch überwiegen in der öffentlichen Wahrnehmung die Unterstützer. Die Heilsarmee startet eine Kampagne, die sie „purity campaign" nennt. Jeden Tag finden an bekannten Plätzen in London und anderen großen Städten Protestkundgebungen statt, William und Catherine Booth halten flammende Reden, um die Forderungen Steads zu unterstützen. Sie erstellen eine Petition mit zwei konkreten Gesetzesänderungen: die Heraufsetzung des „age of consent" von 13 auf 16 Jahre, um damit den bezahlten Geschlechtsverkehr mit unter Achtjährigen als Missbrauch strafbar zu machen, sowie die Einführung der Zeugnisfähigkeit von unter Achtjährigen – hatten entsprechend junge Kinder bisher einen Missbrauch angezeigt, galten ihre Aussagen nicht. Verschiedene Frauenrechtlerinnen stellen sich auf die Seite der Heilsarmee. Binnen zwanzig Tagen gelingt es, die nie da gewesene Zahl von 393.000 Unterschriften zusammenzutragen.

Am 30. Juli 1885 wird die Übergabe der Petition öffentlichkeitswirksam inszeniert: In einem langen Zug, angeführt von einer 50 Mann starken Blaskapelle, berittenen Offizieren und marschierenden Soldaten der Heilsarmee, alle in neuen roten Uniformen mit weißen Helmen, wird die Petition zum Unterhaus gebracht und dort dem Parlament feierlich übergeben.

Der öffentliche Druck zeigt Erfolg: Am 14. August 1885 beschließt das britische Parlament „The Criminal Law Amendment Act", ein Gesetz, in welchem die Forderungen der Petition umgesetzt werden.

Das Gesetz wird geändert – die Aufgabe bleibt
Der Kampf gegen die Ausbeutung von Kindern und gegen Zwangsprostitution hat sich auch im 21. Jahrhundert nicht erübrigt. Im Gegenteil. Neben der Heilsarmee engagieren sich viele NGOs und Initiativen in diesem Bereich, in Deutschland etwa in dem Bündnis „Gemeinsam gegen Menschenhandel", dessen Programm vier Punkte enthält: Öffentlichkeit, Gesetzgebung, Prävention und Opferhilfe. Diese scheinen im Rückblick wie eine Zusammenfassung des „Maiden Tribut".

Durch den öffentlichen Skandal, welchen die Artikelreihe in der Pall Mall Gazette auslöste, kam 1885 Bewegung in das Thema Kinderprostitution – nach fast zwei Jahrzehnten, in denen Catherine Booth und andere bereits gekämpft hatten. „Awareness" (Öffentlichkeitsarbeit / Bewusstseinsbildung) ist ein Kernelement gelingender gesellschaftlicher Veränderung. Mutige, unabhängige Journalisten müssen den Finger in die Wunden einer Gesellschaft legen, begleitende Kampagnen können das befördern. Nachhaltig hilft aber nicht Empörung, sondern eine kontinuierliche Arbeit und eine tragfähige gesetzliche Grundlage, damit Täter auch zur Rechenschaft gezogen und Opfer geschützt werden können.

Eine Verbesserung der Lebensbedingungen ist das wirksamste Instrument der Prävention. Darum legten William und Catherine Booth 1890 mit dem Buch „In darkest England and the way out" nur fünf Jahre später einen umfassenden Sozialplan vor. Auch an dessen Abfassung wirkte William T. Stead mit.

Aus der Geschichte lernen, heißt mitunter, Fehler zu vermeiden. Manchmal aber heißt es auch: das Gute zu wiederholen und in die heutige Zeit zu übersetzen. Die Kampagne um den

„Maiden Tribute" ist ein denkwürdiges Beispiel dafür, wie der Kampf gegen Menschenhandel und Kinderprostitution auch heute geführt werden kann.

Judith Kühl

Aufwachsen am gefährlichsten Ort der Welt für Kinder

Griseldas langer Weg zum Recht

Es ist ein gewöhnlicher Sonntag. Wie jede Woche besucht die 13-jährige Griselda mit ihrer Mutter und ihren Geschwistern den Gottesdienst der kleinen Kirche in einem Vorort der Stadt Guatemala in dem gleichnamigen Land. Nach dem Gottesdienst läuft die Familie zu Fuß zurück nach Hause.

Die Wohnsiedlung, in der sie leben, liegt an der großen Hauptstraße, die in die Stadt führt. Hier stehen die Hütten der ärmeren Bevölkerung ohne Vorgarten und ohne Wachpersonal. Griseldas Familie hat keine Ersparnisse und lebt von dem, was ihr Vater als Saisonarbeiter und ihre Mutter als Reinigungskraft in den wohlhabenderen Wohngegenden verdienen. Trotz der finanziellen Unsicherheiten erlebt das Mädchen eine glückliche Kindheit. Sie ist der ganze Stolz ihrer Mutter und tut nichts lieber als mit ihren Brüdern darum zu wetten, wer was am schnellsten oder besten kann.

Als die Familie an jenem Sonntag auf dem Weg nach Hause an der Hauptstraße entlanggeht, rasen Dutzende Autos an ihnen vorbei. Plötzlich stoppt ein blauer Lieferwagen neben Griselda, der Beifahrer reißt die Tür des Laderaums auf. Drei Männer ziehen das Mädchen in den Wagen und rasen davon. Ihre Mutter und ihre Brüder sehen hilflos zu, unfähig zu glauben, dass die letzten Sekunden Realität waren.

Außer sich vor Panik schaltet die Mutter die Polizei ein.

Nach einer weiträumigen Suche wird das Auto am Stadtrand entdeckt. An derselben Stelle wurde nur eine Woche zuvor ein Mädchen tot aufgefunden. Der Mutter stockt der Atem: nicht ihre Tochter! Als die Polizisten die Umgebung absuchen, finden sie Griselda. Sie lebt noch, ist aber schwer verletzt. Die drei Männer haben sie mehrmals brutal vergewaltigt. Sie hatten darum gewürfelt, wer von ihnen das Mädchen als Erster missbraucht.

Die extreme soziale Ungleichheit nährt die Gewalt
Guatemala zählt zu den gewalttätigsten Ländern der Welt. Extreme soziale Ungleichheiten führen zu einem permanenten Klima der Gewalt. Dies ist unter anderem auf den brutalen Bürgerkrieg von 1960 bis 1996 zurückzuführen. Angestachelt von den sozialen Ungleichheiten führte der Konflikt dazu, dass große ärmere Bevölkerungsgruppen zugunsten einer kleinen Oberschicht an den Rand der Gesellschaft gedrängt wurden.

Guatemalas Strafverfolgungsbehörden ließen ihre Bürger im Stich und waren oftmals selbst diejenigen, von denen Gewalt und Bedrohung ausgingen. Der Bürgerkrieg kostete 200.000 Menschen das Leben. 93 Prozent der Ermordungen und Folterungen während des Bürgerkriegs wurden von Angehörigen der nationalen Polizei und Sicherheitskräfte verübt.

Im Dezember 1996 wurde ein Friedensabkommen zwischen der Regierung und den Guerillaeinheiten unterzeichnet. Doch die mangelnde Aufarbeitung des Bürgerkrieges und die weiterhin großen Ungerechtigkeiten in der Gesellschaft erklären, warum das Gewaltproblem auch gegenwärtig noch so massiv ist. Daneben sind die „Maras" (Jugendbanden) mitverantwortlich für die hohe Gewaltrate. Sie verstehen sich als Schutz- und Rechtssystem für ihre Mitglieder, während die Polizei versagt. Damit verbunden sind kriminelle Machenschaften, die ebenfalls durch nichts und niemanden bekämpft und verfolgt werden.

Guatemalas Eliten sind nicht bereit, einen angemessenen Beitrag zur Stärkung der staatlichen Institutionen zu leisten. Der Anteil der Steuereinnahmen am Bruttoinlandsprodukt liegt bei rund 11 Prozent. Guatemala hat damit eine der niedrigsten Steuerquoten weltweit. Die Folge ist, dass es in vielen Behörden an Personal und Ressourcen fehlt, um Reformen umzusetzen. Das zeigt sich auch deutlich im Rechtssystem, das 2011 in einem Bericht von Human Rights Watch als schwach, korrupt und weitgehend unfähig, die Gewalt zu zügeln, beschrieben wird.

Die größte Gefahr lauert zu Hause und in der Nachbarschaft

Das Erbe aus 36 Jahren Bürgerkrieg zeigt sich nach wie vor in einer weit verbreiteten Kultur der Gewalt, besonders gegen Kinder und Frauen. Mit der weltweit höchsten Rate an Kindermorden ist das Land einer der gefährlichsten Orte, an denen Kinder aufwachsen können. Im Jahr 2012 führten offizielle Berichte 1.299 gewaltsame Todesfälle von Minderjährigen auf. Sexuelle Übergriffe auf Mädchen machten 64 Prozent der Fälle aus, um die sich die Polizei im Jahr 2011 kümmerte. Laut der NGO „Ärzte ohne Grenzen" gibt es Wohnsiedlungen, in denen jedes vierte Kind von sexueller Gewalt betroffen ist. Die größte Gefahr lauert zu Hause oder in der Nachbarschaft.

Die Täter leben in einem Klima der Straffreiheit, weil sie wissen, dass das Rechtssystem machtlos ist. Kinder und Frauen aus ärmeren Verhältnissen sind weitgehend wehrlos und damit besonders gefährdet, Opfer von Missbrauch zu werden. Sie haben keine laute Stimme in der Gesellschaft, keine Kraft zurückzuschlagen und kein Geld, um ihr Recht zu erkaufen. Das grauenvolle Verbrechen an Griselda ist also leider alles andere als ein Einzelfall.

Stark traumatisiert durch den Missbrauch überfällt Griselda lähmende Angst. „Ich fühlte mich schrecklich einsam, dreckig und schuldig für das, was mir widerfahren ist", erzählt das Mädchen im Rückblick. „Meine Angst war so groß, dass ich nicht nach draußen gehen wollte, weil dort Männer sind. Ich fürchtete, dass sie mir wieder so etwas antun würden. Ich mied sogar meinen Vater und meine Brüder."

Sexuelle Traumata heilen nicht von selbst. Griselda braucht eine angemessene Traumatherapie und gleichzeitig jemanden, der für ihr Recht kämpft, damit die drei Vergewaltiger zur Rechenschaft gezogen werden und nicht ungeschoren davonkommen. Griseldas Mutter sucht verzweifelt nach Gerechtigkeit für ihre Tochter. Sie ignoriert die Stimmen ihrer Familie, die ihr davon abraten, das Verbrechen anzuzeigen. Der Grund: In ihrem Milieu werden solche Taten normalerweise stillschweigend erduldet. Denn in den seltenen Fällen, in denen eine Familie versucht, die Täter anzuklagen, werden sie von diesen meist massiv bedroht. Außerdem fehlt Griseldas Mutter das Geld für einen Anwalt. Von wem sollte sie sich welches leihen? Die Familienangehörigen glaubten nicht, dass es Gerechtigkeit für Griselda geben könne, also zögerten sie, das wenige, was sie hatten, abzugeben.

94 Prozent der Gerichtsprozesse wegen sexuellen Missbrauchs enden ohne eine Verurteilung

Über ihre Kirche lernte Griseldas Mutter einen Monat nach dem Vorfall IJM kennen. IJM kämpft in Guatemala Stadt explizit für Kinder, die sexuelle Gewalt erlebt haben. Anwälte von IJM stellen die strafrechtliche Verfolgung sicher und setzen sich für eine Verurteilung der Täter ein. Denn selbst wenn eine Straftat zur Anzeige gebracht wird, ist es unwahrscheinlich, dass die lokale Polizei den Verdächtigen aufsucht und festnimmt. Schafft es ein Fall vor Gericht, kann es sein, dass das Opfer gezwungen ist, in Gegenwart des Täters auszusagen. Oft ziehen sich die Fälle über Jahre hin, was für die Betroffenen zahlreiche Gerichtsbesuche mit sich bringt, die die Verarbeitung des Traumas behindern können. Selten kommt es zu einem rechtskräftigen Urteil.

Die Anwälte von IJM kämpfen trotz der fast aussichtslosen Umstände beharrlich für die Kinder und ihr Recht. Durch die Unterstützung von IJM gestärkt, entscheiden sich Griselda und ihre Mutter, vor Gericht auszusagen. Der Prozess dauert fünf Jahre. Dann schafft Griseldas Anwältin das schier Unmögliche: In einem Land, in dem 94 Prozent der Fälle sexuellen Missbrauchs ohne eine Verurteilung enden, werden alle drei Vergewaltiger Griseldas verurteilt.

In Zusammenarbeit mit der Regierung in Guatemala setzt sich IJM für faire und zügige Gerichtsprozesse in Fällen von Kindesmissbrauch ein. Zusammen mit UNICEF erarbeitete IJM allgemeine Richtlinien, die die Rechte der Kinder in Guatemala stärken. Dazu gehört zum Beispiel, dass Opfer wie Griselda nicht in der Gegenwart der Täter aussagen müssen, sondern in einem separaten Schutzraum, in dem sie zusammen mit Angehörigen und Psychologinnen sitzen. So wird verhindert, dass Kinder im Gerichtssaal von den Tätern eingeschüchtert werden und nicht aussagen.

In den vergangenen sechs Jahren war IJM an jedem dritten Fall von Kindesmissbrauch, der vor Gericht stand, beteiligt. Jede Verurteilung schafft Recht inmitten von Rechtlosigkeit.

Den Wehrlosen eine Stimme geben

Und wie geht es Griselda? Einer Sozialarbeiterin gelingt es, dass das Mädchen Vertrauen zu ihr fasst. Griselda macht eine Traumatherapie und lernt, mit ihrer Angst umzugehen, bis diese nicht mehr ihr ganzes Leben dominiert. Das braucht Zeit. Die Sozialarbeiterin kümmert sich auch um Griseldas Mutter und die Familie, damit sie verstehen, warum sich Griselda nun anders verhält als vor dem Missbrauch.

„Heute fühle ich mich besser mit mir selbst und meinen Mitmenschen. Es ist nicht leicht für mich, über die Vergewaltigungen zu reden, aber ich will darüber sprechen", sagt Griselda. „Millionen andere Kinder in meinem Land haben dasselbe erlebt, aber sie haben keine Möglichkeit, ihre Stimme zu erheben."

In einem Video berichten Griselda und ihre Mutter von dem, was ihnen passiert ist: www.ijm-deutschland.de/griselda

Kapitel 3

„*Wenn alle Menschen auf der Erde so leben würden wie die Deutschen, bräuchten wir die Ressourcen von drei Planeten.*"
Prof. Meinhard Miegel, Ökonom,
Stiftung Denkwerk Zukunft

Der Einsatz für globale Gerechtigkeit

Es ist mehr als ein halbes Jahrhundert her, seit die Vereinten Nationen im Dezember 1948 die Allgemeine Erklärung der Menschenrechte verabschiedeten, und als Bürger eines freiheitlich demokratischen Rechtsstaats scheint es uns selbstverständlich zu sein, dass jeder Bürger Rechte hat, die er auch tatsächlich einfordern kann. In unserem Land kann sich zwar nicht jeder den Anwalt seiner Wahl leisten, aber selbst wenn man wenig Geld hat, wird man als Angeklagter in einem Prozess von jemandem vertreten, der sein Handwerk auch tatsächlich versteht. Vor dem Gesetz ist jeder gleich. Und tatsächlich entscheidet hierzulande in der Regel nicht die Höhe des Einkommens darüber, ob man vor Gericht fair behandelt wird – oder ob man faktisch als Mensch ohne Rechte existiert.

In vielen Ländern dieser Erde sind die Rechtssysteme jedoch in einem so katastrophalen Zustand, dass Macht und ein hohes Einkommen praktisch ausschließlich darüber entscheiden, ob jemand eine Chance auf Gerechtigkeit hat. Arme und einflusslose Menschen haben praktisch keine Möglichkeit, recht zu bekommen. Die Beiträge im folgenden Kapitel zeigen, wie prekär ihre Lage ist. Dietmar Roller erklärt in seinem Beitrag, dass Rechtlosigkeit ebenso ein Ausdruck von Armut ist wie der Mangel an Ressourcen. Im Artikel von Judith Kühn wird an einem konkreten Beispiel gezeigt, dass die Transformation der Rechtssysteme ein wichtiger Schritt zur Bekämpfung von Ungerechtigkeit und Armut ist. Thomas Kröck beschreibt im Beitrag über den Klimawandel, dass auch unser Wirtschaftssystem und Konsumverhalten massive Folgen für Millionen von Menschen im globalen Süden haben und auf Ungerechtigkeit beruhen. In den folgenden zwei Beiträgen zeigt Judith Kühl, wie Menschen durch Vorenthalten ihrer Staatsbürgerschaftsrechte unterdrückt werden und wie Menschen, die von der Landwirtschaft leben, durch die Wegnahme ihres Landes die gesamte Lebensgrundlage entzogen wird. Im Kampf für mehr Gerechtigkeit ist es wichtig, zivilgesellschaftliche Akteure wie Bürgerrechtsgruppen vor Ort zu unterstützen. Daneben haben wir die Möglichkeit, uns durch politisches Engagement für Gerechtigkeit und Menschenrechte einzusetzen.

Dietmar Roller

Gewalt – das Krebsgeschwür der Armen

Es ist der 3. Oktober 2015, der Tag, an dem wir die Wiedervereinigung Deutschlands feiern. Während ich in einem Café in Berlin sitze und diesen Artikel schreibe, eilen die Menschen um mich herum fröhlich zum Brandenburger Tor. Niemand verschwendet auch nur einen Gedanken an die alltägliche Sicherheit seiner Familie. Wir leben in einem Land, in dem die meisten Menschen ohne Angst vor Gewalt leben. Deshalb können wir kaum glauben, dass es Milliarden Menschen gibt, deren größtes Problem nicht ihre Wohnsituation in den Slums oder die schlechte Gesundheitsversorgung ist, sondern die Angst vor Gewalt, alltäglicher Gewalt.

Stellen Sie sich vor, Sie kommen abends nach Feierabend zurück in Ihr neu gebautes Haus in einer schönen ruhigen Siedlung am Stadtrand Ihrer Stadt. Zu Hause treffen Sie auf Ihre völlig verängstigte Familie, Ihre Kinder sitzen zitternd in einer Ecke und Ihre Frau erzählt Ihnen mit Tränen in den Augen, dass Sie sofort alles zusammenpacken und das gerade erst abbezahlte Zuhause verlassen müssen. Im nächsten Moment kommen drei Männer aus dem Nebenzimmer auf Sie zu und behaupten, dieses Haus gehöre ihnen. Ihre Familie müsse augenblicklich verschwinden. Wenn Sie nicht freiwillig gehen, drohen die Männer, müssten sie Gewalt anwenden. Sie haben keine Chance gegen die brutale, bewaffnete Bande. Zehn Minuten später stehen Sie mit Ihrer Familie auf der Straße und haben alles verloren.

Sie sind verzweifelt und gehen zur Polizei, um Anzeige zu erstatten. Doch die Beamten auf der Wache unternehmen nichts. Im Gegenteil, sie drohen Ihnen und fordern ein Schutzgeld. Ihre beiden Töchter laufen Gefahr, von den Beamten belästigt zu werden. Die Polizei behandelt Sie und Ihre Familie nicht wie Bürger Ihres eigenen Landes, sondern wie Rechtlose, mit denen man machen kann, was man will, ohne Angst vor Konsequenzen.

Stellen Sie sich vor, dass fast die Hälfte aller Mädchen in Ihrer Nachbarschaft und in der eigenen Familie einmal oder mehrmals belästigt oder vergewaltigt wurde, sei es auf dem Weg zur Schule, in der Schule, der Kirche, zu Hause oder an irgend einem anderen Ort in der Umgebung. Stellen Sie sich vor, dass die Arbeiter in der Fabrik Ihrer Heimatstadt Sklaven sind, die ohne Bezahlung arbeiten müssen und ständig fürchten, geschlagen oder vergewaltigt zu werden. Sie arbeiten jeden Tag in der Woche bis in die Nacht und vor Erschöpfung schlafen sie am Arbeitsplatz ein. Ihre Kinder müssen ihnen helfen, alle ab fünf Jahren müssen schlimme ausbeuterische Kinderarbeit leisten, um das Überleben der Familie zu sichern – einen Kindergarten oder eine Schule haben sie noch nie gesehen. Das ist Realität für einen großen Teil der Armen dieser Welt.

Worunter leiden arme Menschen auf dieser Welt am meisten?
Die Welt hat Risse – kleine und große, schlimme und weniger schlimme. Die alltägliche Gewalt gegen Arme ist einer dieser Risse, der besonders tief reicht. In fast allen Entwicklungsländern erleben Milliarden Menschen ohne ausreichenden Schutz täglich Dinge, die wir uns nicht einmal vorstellen wollen. Diese Menschen brauchen Rechtssysteme, die sie schützen und einen Rahmen stecken, in dem sie ihr Potenzial entfalten können.

In Umfragen bezeichnen Arme „Gewalt" sehr häufig als ihre „größte Sorge" oder ihr „Hauptproblem". Das Ausmaß dieser

„alltäglichen" Gewalt ist massiv. Eine von fünf Frauen wird Opfer von sexueller Gewalt. Fast zwei Millionen Kinder werden in der kommerziellen Sexindustrie ausgebeutet. Über 35 Millionen Menschen werden als Sklaven in Ziegeleien, Steinbrüchen, Textil- und anderen Fabriken gefangen gehalten. Jedes Jahr werden fünf Millionen Menschen Opfer von Zwangsumsiedlung. Weitere Millionen werden durch ihre Nachbarn vom eigenen Grundstück vertrieben. Jährlich werden etwa zehn Millionen Menschen in Gefängnissen festgehalten, ohne ein gerichtliches Verfahren, welches ihre Schuld oder Unschuld feststellt. Die Bedrohung durch Gewalt ist für Außenstehende nicht so offensichtlich wie andere schwerwiegende Bedrohungen, wie beispielsweise Hunger, mangelnde oder keine medizinische Versorgung, Analphabetismus oder Obdachlosigkeit. Das macht das Problem der Gewalt aber nicht weniger real. Deshalb muss Gewalt als ein ständiger Begleiter von Armut in der Armutsbekämpfung und Entwicklungszusammenarbeit genauso selbstverständlich bekämpft werden wie alle anderen Menschenrechtsverletzungen. Arme Menschen haben ein Recht auf den gleichen Zugang zum Rechtssystem wie die Reichen.

Der Grund, warum arme Kinder, Frauen, Männer und Familien in Entwicklungsländern besonders oft Opfer von Gewalt werden, liegt darin, dass sie ihr Rechtssystem nicht ausreichend vor gewalttätigen Personen schützt. Sie finden eine Polizei und ein Rechtssystem vor, die auf der Seite der Reichen stehen, Arme schikanieren und sie noch unsicherer, angstvoller und ärmer machen. Die reichen Teile der Bevölkerung hingegen können das dysfunktionale Strafrechtssystem umgehen. Sie kaufen sich einfach Sicherheit. Zum Beispiel in Guatemala, wo auf einen Polizisten sieben private Sicherheitskräfte kommen. Die Mächtigen nutzen oft Missstände und Korruption zu ihrem eigenen Vorteil aus, indem sie auf Kosten der Armen Geschäfte machen. Die armen Menschen dieser Welt sind Gewalt und Unrecht schutzlos ausgeliefert.

Laut der UN-Kommission für die Stärkung der Rechtssysteme leben *etwa vier Milliarden* arme Menschen der Welt „weit weg vom Schutz des Gesetzes". Die Ärmsten der Armen werden nicht von ihrem Polizei- und Rechtssystem geschützt. Betroffene von Gewaltverbrechen gehen Beamten und Behörden sogar extra aus dem Weg, weil sie weiteren Missbrauch fürchten. Die Vertreter der Rechtsorgane in Entwicklungsländern sind mit zu wenigen Ressourcen ausgestattet, schlecht ausgebildet und oftmals korrupt, sodass auch schwere Straftaten gegen Arme selten zur Anklage kommen und Kriminelle kaum Konsequenzen ihres Tuns befürchten müssen.

Polizisten tun sich schwer, Beweise zu sammeln. Entweder weil sie bestochen wurden oder weil sie die Ermittlungsarbeit tatsächlich nie gelernt haben. Wir kennen Fälle, in denen ein Staatsanwalt bis zu 7000 unbearbeitete Fälle auf seinem Schreibtisch hat. In Indien beispielsweise kommen auf einen Richter bis zu 11 Millionen Menschen, für die er zuständig ist. Gerichtsverhandlungen ziehen sich häufig über so viele Jahre, dass die Straftaten zu verjähren drohen. Akten gehen verloren, Opfer werden unnötigerweise und wiederholt retraumatisiert, weil sie den Tätern, die sie meist weiterhin bedrohen, während des langen Gerichtsprozesses immer wieder gegenübersitzen. Zudem finden die Anhörungen in den offiziellen Landessprachen statt, die die Armen in der Regel nicht verstehen, weil sie eine lokale Sprache sprechen. Nicht selten beherrschen sogar die Richter, Staatsanwälte und Anwälte in Entwicklungsländern die Amtssprache, die oftmals noch die Kolonialsprache ist, nur unzureichend. Ein Gerichtsprozess gleicht somit oft einer aberwitzigen Farce. Auch Sozialämter und andere öffentliche Institutionen haben kaum Ressourcen, viele Mitarbeiter sind frustriert, verdienen viel zu wenig und sind hilflos angesichts der Probleme, mit denen sie konfrontiert werden. Es mangelt an Weiterbildungen und Investitionen in eine besserer Verwaltung und Organisation.

Warum bleiben Verbrechen gegen besonders arme Menschen fast immer ungestraft?
Die Defizite des Strafrechtssystems in Entwicklungsländern schaffen eine Atmosphäre der Straffreiheit und ein Gefühl bei Kriminellen, dass sie keine Konsequenzen aus ihrem Tun fürchten müssen. Sie wissen, dass sie nicht zur Rechenschaft gezogen werden für Überfälle, Vergewaltigung, Versklavung, Menschenhandel oder andere Verbrechen gegen Arme. In Südasien ist es wahrscheinlicher, von einem Blitz getroffen zu werden, als wegen Menschenhandels und Sklaverei verurteilt zu werden. Wenn Gewalttaten keine Konsequenzen nach sich ziehen, wuchern sie wie ein Krebsgeschwür, das das Leben von Armen jeden Tag bedroht. Oft können gute Ansätze in der Entwicklungshilfe sich in diesem Kontext nicht voll entfalten. Zum Beispiel zerstört sexuelle Gewalt in der Schule die Chancen des sogenannten „Mädcheneffekts". Man weiß heute, dass Mädchenbildung besonders wertvoll ist, um Armut zu bekämpfen, weil Mädchen in der Gesellschaft und Familie stärker Veränderungen durchsetzen und sich später mehr für die Bildung ihrer Kinder einsetzen. Aber der Weg zur Schule und die Schule selbst sind für einen großen Teil der Mädchen in Entwicklungsländern der Ort, wo es zu den meisten sexuellen Übergriffen kommt. Täter sind sowohl Lehrer als auch Mitschüler. Dies wiederum führt dazu, dass viele Eltern aus Angst vor sexueller Ausbeutung ihre Töchter erst gar nicht in die Schule schicken.

Gewalt ist eine stille Seuche. Wer Opfer von Gewalt wird, kann darüber häufig nicht einmal sprechen, weil das Verbrechen den Betroffenen stigmatisiert, demütigt und in die Ecke der Verlierer stellt. Denken wir nur an sexuelle Gewalt. In vielen Kulturen würde eine Frau nach einer Vergewaltigung von der Gemeinschaft ausgeschlossen oder so stigmatisiert, dass ihr soziales Leben in Trümmern läge. Eine öffentliche Anzeige des Täters kommt schon deshalb gar nicht infrage. Aus diesem

Grund liegt eine Decke des Schweigens über vielen Slums und Dörfern dieser Welt, unter der unzählige Betroffene still leiden. Indem Täter solche Stigmata einkalkulieren, machen sie sich das zunutze.

Der Staat hat eigentlich die Pflicht, Rahmen für Sicherheit und Entwicklung zu schaffen. Menschenwürdiges Leben braucht eine gewisse politische Struktur, damit jeder Bürger die Fülle seiner Fähigkeiten wirklich entfalten und nutzen kann. Doch ohne Sicherheit ist alles nichts. Die letzte Meile ist immer noch nicht gegangen. Die Durchsetzung von Gesetzen sowie gut funktionierende Rechtssysteme bilden die Voraussetzung für wirtschaftlichen Fortschritt. Für den sozialen Fortschritt sind sie noch wichtiger, weil ein gesundes Gemeinwesen nur in Sicherheit entstehen kann. Die Weltgemeinschaft hat das erkannt. Deshalb werden in den neuen Zielen nachhaltiger Entwicklung (Sustainable Development Goals SDGs) der Vereinten Nationen unter Ziel 16 Schutz und Zugang zum Rechtssystem für alle Bürger gefordert.

Das Problem der Gewalt ist komplex – ist Veränderung überhaupt möglich?
Es ist nicht unmöglich, in einer so verfahrenen Situation wieder Ordnung und ein durchgreifendes Rechtssystem zu bauen. Als Mitarbeiter von IJM machen wir die Erfahrung, dass dazu vor allem die rechtmäßige Verurteilung von Tätern nötig ist. Wenn Verbrecher nicht mehr straffrei davonkommen, verbreitet sich diese Nachricht in kriminellen Kreisen wie ein Lauffeuer. In einem weitgehend straffreien Raum wirken einzelne Urteile wie ein Leuchtturm in der Nacht – schon wenig Licht reicht aus, die Dunkelheit zu durchdringen.

Als IJM sehen wir unsere Hauptaufgabe gerade darin, diese Aufgabe anzugehen und Mitstreiter dafür zu gewinnen. Eine globale Veränderung ist möglich. Wie geht IJM dabei vor? Zunächst sammeln speziell ausgebildete Ermittler Beweise, die vor Gericht standhalten. Im zweiten Schritt werden betroffene Menschen in Zusammenarbeit mit den lokalen Behörden befreit. Danach stellen unsere Anwälte sicher, dass Täter angeklagt und verurteilt werden, damit ein „Leuchtturmeffekt" eintritt. Die Betroffenen bekommen eine umfassende Nachsorge und Rehabilitation; das geschieht in enger Zusammenarbeit mit der lokalen Zivilgesellschaft. Dazu kümmern sich Sozialarbeiter und Psychologen von IJM gemeinsam mit lokalen Partnerorganisationen wie Kirchen oder Frauenhäusern um die Opfer von Gewalt. Dabei werden die Betroffenen auch gestärkt, um die langwierigen Gerichtsverfahren durchzuhalten. Ihre Zeugenaussagen sind sehr wichtig. Die Opfer selbst sind oftmals die Ersten, die durch ihren Mut und ihr Engagement eine Tätergruppe verunsichern und erstmals vor Gericht bringen. Unsere Erfahrung zeigt, dass Täter eigentlich wenig risikobereite Menschen sind, die die kriminelle Ausbeutung von Armen aufgeben, sobald es zu Verurteilungen kommt.

In einem nächsten Schritt werden Polizei und Staatsanwaltschaften in den Ländern von unseren Spezialisten geschult und fortgebildet. Mittels Aufklärung der Armen und dank beispielhafter, erfolgreicher Gerichtsprozesse wird das Rechtssystem des Landes so gestärkt, dass Menschenrechte tatsächlich durchgesetzt werden. Mithilfe lokaler Regierungen in 18 Regionen in Afrika, Lateinamerika, Südasien und Südostasien arbeiten wir nachhaltig und mit Erfolg an der Veränderung der Rechtssysteme, sodass sich sogar besonders marode Strafrechtssysteme so verändern, dass Frauen, Kinder und Männer vor Sklaverei, Sexhandel, Vergewaltigung, illegaler Landwegnahme und anderen Formen von Gewalt geschützt werden.

In den zurückliegenden 18 Jahren konnten durch die Arbeit von IJM mehrere Zehntausend Menschen befreit werden. Uns ist bewusst, dass unsere Erfolge nur einen Bruchteil der Verbrechen gegen die Ärmsten zur Anklage bringen. Eine langfristige, nachhaltige Lösung zum Schutz der Armen vor Gewalt setzt ein effektives Rechtssystem voraus, das wehrlose Menschen zuverlässig verteidigt, auch ohne umfassende externe Hilfe von Nicht-Regierungs-Organisationen. Deshalb ist es wichtig, dass die Regierungen selber Verantwortung für ihre Bürger übernehmen und ihre Rechtssysteme so transformieren, dass sie allen Schichten in der Gesellschaft gleichermaßen dienen. IJMs Fallarbeit verhilft zur genauen Diagnostik, was am jeweiligen Strafrechtssystem nicht funktioniert. Es ist wie bei einer Wasserleitung, die Löcher hat: Nur wenn man weiß, wo die Löcher sind, kann man sie schließen.

Ein beschädigtes oder zerstörtes Rechtssystem nachhaltig zu reformieren, erfordert große Veränderungen in der Einstellung, im Verhalten, im Sachverstand und in der Kapazität von Richtern, Staatsanwälten und der Polizei. Der Wert solcher Reformen ist begrenzt, wenn sie nicht von Dauer sind. IJM evaluiert deshalb in regelmäßigen Abständen, ob die erzielten Veränderungen auch nachhaltig sind und auch ohne Hilfe von NGOs weiter durch die verantwortlichen Rechtsbehörden aufrechterhalten werden. Nachschulungen und Begleitung im Bedarfsfall stabilisieren die Verbesserungen im Rechtssystem zusätzlich.

Was können wir tun?
Der Ansatz von IJM hat sich bewährt. Doch um armen Menschen den Zugang zu ihrem Rechtssystem zu ermöglichen, braucht es noch weitere Anstrengungen. Vor allem müssen wir das Problem der Gewalt gegen Arme in der Öffentlichkeit bekannt machen. Die Recht- und Schutzlosigkeit der Armen zu beenden, muss uns hier in Deutschland ebenso ein Anliegen werden wie der Kampf gegen Kinderarmut, der Einsatz für zugängliche Gesundheitssysteme oder für sauberes Trinkwasser. Wir müssen unsere Regierung, die Kirchen und die Zivilgesell-

schaft mit ins Boot nehmen. Gemeinsam können wir Druck aufbauen, um Regierungen in Entwicklungsländern zu mehr Engagement für den Schutz von Armen zu bewegen. Auch können wir in der deutschen Entwicklungszusammenarbeit dafür sorgen, dass mehr Geld in den Aufbau der Rechtssysteme fließt.

Gewalt gegen Arme ist ein globales Problem, das auch mit uns zu tun hat, weil billige Produktion immer auch Menschen ausbeutet, die ohne Rechte und aus purer Verzweiflung jede Arbeit zu jedem Preis anbieten – und sei es das eigene Leben. Kriminelle leben davon, Menschen zu kaufen und zu verkaufen, Kinder als Ware zu verschieben und für den „Gebrauch" zu erziehen. Ich bin davon überzeugt, wenn wir Christen den Mut haben, uns für diese Sache ganz einzusetzen, werden wir die Welt verändern. Machen wir uns mit Gottes Segen auf den Weg.

Judith Kühl

Vom Barkeeper zum Top-Anwalt in Kambodscha

Wie Rechtssysteme verändert werden können,
um Arme zu schützen

Er war ein kleiner Junge, als die Gewaltherrschaft der Roten Khmer in den 1970er-Jahren in Kambodscha etwa 1,7 Millionen Menschen tötete. Unter der maoistisch-nationalistischen Schreckensherrschaft verdursteten und verhungerten Tausende, ebenso viele starben an Erschöpfung bei der harten landwirtschaftlichen Arbeit, zu der sie als Sklaven gezwungen wurden. Diese Geschehnisse in seinem Land, die folgende vietnamesische Besatzung und die in den nächsten zwei Jahrzehnten immer wieder aufflammenden Bürgerkriege lösten weltweit Entsetzen aus.

Seks Kindheit war geprägt von Entbehrungen, Angst und Perspektivlosigkeit. Als Kind spielte er im Wald und stieß auf eine Landmine aus der Zeit der Bürgerkriege, die explodierte und einen Großteil seiner rechten Hand wegriss. Schwer verletzt wurde er als „Krüppel" von seinen Klassenkameraden gehänselt und gemieden. Doch Sek ging gerne in die Schule, denn er war fleißig und wissbegierig. Trotzdem hatte er Schwierigkeiten, die Schule zu beenden, da durch die ständigen Unruhen im Land der Unterricht immer wieder ausfiel.

Als er schließlich seinen Schulabschluss machte, hätte er gerne studiert, aber in seinem Land gab es kaum mehr Möglichkeit dazu. Wohlhabende Eltern konnten ihre Kinder für das

Studium ins Ausland schicken, doch das traf durch die katastrophale Lage im Land auf die wenigsten zu. Auch Sek stammte aus einer Familie, die gerade genug für das tägliche Leben hatte und deren Einkommen nicht für Ersparnisse ausreichte.

Ein verrohtes Land

Nach Jahrzehnten gewaltsamer Konflikte und Unruhen war Kambodscha in jeder Hinsicht beraubt: Es gab keine funktionierende Regierung; keine Polizei und kein Rechtssystem, das für Schutz sorgte; kein Gesundheitssystem, das Kranke versorgte; kein Bildungssystem, das Nachwuchs und damit die gesamte Entwicklung des Landes fördert. Es gab keine Lehrer, Ärzte, Anwälte, Polizisten, Unternehmer und Politiker. Viele wurden getötet aus Wut auf eine politische und akademische Elite, der allerdings auch die Mittelschicht zum Opfer fiel.

Als es nach dem Abzug der Vietnamesen nicht zum Frieden kam und die Kämpfe zwischen Regierung und Roten Khmer wiederaufflammten, wurde Kambodscha vorübergehend einer Übergangsverwaltung der Vereinten Nationen unterstellt, um das Land zu stabilisieren.

Sek entschied sich, auf eine weiterführende Schule zu gehen und Englisch zu lernen. Er hoffte, eines Tages als Lehrer arbeiten zu können, doch nach seinem Abschluss zerplatzte auch dieser Traum. Er fand keine Anstellung und so suchte er frustriert nach irgendeinem Job, um sich und seine Familie zu finanzieren. Dann sah er das Stellenangebot einer Strandbar, in der Englischkenntnisse gefordert wurden.

Die 20.000 Entsandten der Vereinten Nationen, die nach Kambodscha kamen, suchten abends Erholung an Strandbars, in Biergärten und Bordellen. Sek konnte sich mit den Gästen auf Englisch unterhalten, weshalb er den Job in der Bar sofort bekam. Er mixte Martinis und sorgte als DJ für Tanzlaune. Der Klub war zum Vergnügen für die Gäste da. Für Sek war es ein

Ort harter Arbeit, die er nur wegen des Geldes tat. Er sah die Kinder in der Bar, die von manchen Kunden angestarrt und dann wider ihren Willen in ein Nebenzimmer gedrängt wurden und mit ihnen verschwanden. Die Situation erschien ihm sonderbar, aber er versuchte sich auf seinen Job zu konzentrieren und alles zu ignorieren, was ihm an diesem Ort missfiel.

Die Human Rights Task Force on Cambodia (eine Arbeitsgruppe, die sich für die Einhaltung der Menschenrechte einsetzt) wies später darauf hin, dass es durch die Entsandten der Vereinten Nationen landesweit zu einer erheblichen Ausdehnung der kommerziellen Sexindustrie gekommen war: 1991 gab es in Kambodscha geschätzt 6.000 Prostituierte. Nur ein Jahr später ging man allein in Phnom Penh von mehr als 20.000 Prostituierten aus.

Die Billigware Kind
Während diese Zahlen 1993, nach dem Abzug der Vereinten Nationen, zunächst sanken, führte das Fehlen eines funktionierenden Rechtssystems und die wachsende Angst vor HIV/AIDS zu einer vermehrten sexuellen Ausbeutung von Kindern. Nach nur wenigen Jahren wurde Kambodscha weltweit bekannt als ein Ort für Sextouristen, an dem Pädophile nahezu straffrei Kinder missbrauchen konnten.

Mädchen ab einem Alter von kaum fünf Jahren wurden Ausländern in Hütten entlang der Straße angeboten. Viele Kinder wurden von ihren verarmten Familien verkauft, andere waren aus ländlichen Gegenden verschleppt worden. Die Polizei war zum Teil am Handel beteiligt, indem sie Bestechungsgelder annahm und dafür straffällige Bordellbesitzer und Zuhälter nicht verhaftete. Mehrere Studien gaben Anfang der 2000er-Jahre an, dass schätzungsweise 15 bis 30 Prozent der Prostituierten in Kambodscha unter 18 Jahre alt waren.

Eines Tages kam ein Amerikaner in die Bar und fragte Sek

nach den Kindern, die immer wieder in den Nebenzimmern verschwanden. Sek verwies auf den Barbesitzer, da er kein Interesse hatte, in das Geschäft hineingezogen zu werden. Der Amerikaner kam mehrmals wieder und fasste zu Sek Vertrauen. Er erklärte ihm, dass er gegen Kinderhandel kämpfe und für eine Menschenrechtsorganisation ermittele. Sek wurde offener. Wenn er helfen könnte, wollte er sein Wissen teilen. Er wusste genau, was im Klub passierte, denn der Barbesitzer prahlte gerne hinter der Theke, wie erfolgreich er mit den Kleinen Geld verdiente.

Experten sind sich einig darin, dass gewalttätige Menschenrechtsverletzungen nur durch einen funktionierenden Rechtsstaat verhindert werden können. Die Gesetze des Landes untersagten eindeutig jede Form der Gewalt, des Missbrauchs und der Ausbeutung von Kindern. Doch sie zeigten keine Wirkung, ihre Einhaltung wurde nicht durchgesetzt und so durchbrach nichts den Kreislauf von Gewalt, während immer mehr Kinder in den Strudel des Unrechts hineingerieten.

Zu Beginn dieses Jahrtausends gab es weder angemessene Schulungen und Ressourcen für zuständige Behörden im Gesetzesvollzug noch einen erkennbaren politischen Willen, gegen die kommerzielle sexuelle Ausbeutung von Kindern vorzugehen. Erfolgreiche Ermittlungen gegen Menschenhandel waren die Ausnahme. Diese systembedingten Unzulänglichkeiten führten dazu, dass Betroffene oftmals nichts mit dem Gerichtssystem zu tun haben wollten und nicht einmal die Polizei verständigten, wenn ihnen Unrecht geschah. Das Justizsystem war nur schwach institutionalisiert und als korrupt verpönt.

Wie Nadeln im Heuhaufen

Eines Tages erzählte Sek dem Ermittler in der Bar, dass es sein größter Traum wäre, Jura zu studieren, um als Anwalt das Unrecht in seinem Land zu bekämpfen. 2003 gab es in Kambodscha bei einer Bevölkerung von 14 Millionen Menschen lediglich 500 Anwälte. Dieser Mangel an Personal war auch ein wesentlicher Grund dafür, warum die Gerichte mit Tausenden Fällen im Rückstand waren. Der Amerikaner suchte nach Sponsoren für Seks Jurastudium und Sek verschwand für einige Jahre hinter den Büchern über seine neue Leidenschaft: Gesetze und Rechtsordnungen.

Während Seks Sponsor zur Vorhut eines Teams von International Justice Mission (IJM) gehört hatte, war es 2004 so weit, dass die Menschenrechtsorganisation ein Büro in Phnom Penh eröffnete. Das Team wollte durch seine Arbeit erreichen, dass sich die Anzahl sexuell ausgebeuteter Kinder in Phnom Penh und darüber hinaus nachhaltig verringert, indem die Leistungsfähigkeit des kambodschanischen Rechtssystems verbessert wird.

Ermittler und Sozialarbeiter von IJM arbeiteten dazu gemeinsam mit der Regierung und den örtlichen Behörden. Verdachtsfälle von Menschenhandel und sexueller Ausbeutung wurden untersucht, Beweismaterial gesammelt und den zuständigen Strafverfolgungsorganen vorgelegt. Mutmaßliche Täter wurden durch die Polizei verhaftet und die strafrechtliche Verfolgung sichergestellt. Externe Anwälte halfen IJM, die Fälle vor Gericht zu bringen.

Als Sek mit seinem Studium fertig war, wurde er der erste feste Anwalt des Teams von IJM. Bereits in seinem ersten Jahr gelangen ihm 37 Verurteilungen von Menschenhändlern.

Heute, über zehn Jahre später, ermittelt die Polizei unabhängig und nimmt sowohl ausländische als auch einheimische Täter fest. Neben der Zusammenarbeit bei einzelnen Fällen schulte IJM die kambodschanische Nationalpolizei über Jahre. Sie reagiert inzwischen eigenständig auf Hinweise auf Menschenhandel, die von Kambodschanern gemeldet werden. Das ist ein weiteres positives Zeichen, denn die Bürger sind aufmerksamer geworden, Menschenhandel zu erkennen. Zudem zeigen sie wieder oder zum ersten Mal Vertrauen in ihre Polizei.

Das Blatt wendet sich
Im Vergleich zu den Daten aus dem Jahr 2000 zeigen die Ergebnisse einer Studie von IJM und zahlreichen Partnern, dass sich die Häufigkeit von Minderjährigen in kommerziellen Sex-Etablissements in Phnom Penh, Siem Reap und Sihanoukville bis 2012 beträchtlich verringert hat. Diese drei Städte sind jene im Land, in denen die Anzahl der Prostituierten am höchsten ist. Insgesamt ist an diesen Orten die Anzahl der Minderjährigen auf 8,16 Prozent gesunken, die Anzahl der unter 16-Jährigen sogar auf 0,75 Prozent.

Anders als vor zehn Jahren müssen Kriminelle heute die strafrechtliche Verfolgung von Menschenhandel und kommerzieller Ausbeutung fürchten, da der Staat entschiedener durchgreift. Die Täter wissen, dass sie für diese Verbrechen mit einer mehrjährigen Haftstrafe rechnen müssen. Diese abschreckende Wirkung macht sich im gesamten illegalen Sexgewerbe bemerkbar.

Auch wenn noch viel zu tun bleibt, gewinnt das Rechtssystem kontinuierlich an Stärke, um alle Bürger im Land zu schützen. Kinder in Kambodscha sind heute sicherer. Sek ist Teil dieser Veränderung. Er gilt als einer der besten Anwälte in Kambodscha, der 95 Prozent seiner Fälle gewinnt. Regelmäßig diskutiert er mit der Regierung, mit Richtern und Staatsanwälten über Verbesserungen und Richtlinien im Bereich der Kinderrechte.

Für Sek war die Chance zu studieren ein Wunder. Doch nicht die Finanzierung seines Studiums war ausschlaggebend für seinen Erfolg. Es war seine Unzufriedenheit über die Missstände in seinem Land. Sein Gefühl für Gerechtigkeit verbot ihm schließlich, das Unrecht um ihn herum zu ignorieren. Aus Leidenschaft kämpft er für die schutzlosesten und verletzlichsten Bürger seines Landes, für die Kinder.

Große Veränderungen sind möglich. Sie beginnen mit einzelnen Menschen wie Sek, die nicht wegsehen, sondern überlegen, was sie verändern können.

In einem Video erzählt Sek seine Geschichte in eigenen Worten: www.ijm-deutschland.de/sek

Thomas Kröck

Klimawandel – Eine Frage der (Un-)Gerechtigkeit

Es vergeht kaum eine Woche, in der nicht das Thema Klimawandel und der Umstieg auf erneuerbare Energien in den Schlagzeilen ist. Wir werden immer häufiger über extreme Witterungsereignisse informiert und haben uns daran gewöhnt, beim Kauf eines Kühlschranks oder von anderen Elektrogeräten auf den Stromverbrauch zu achten. Aber dass es bei diesem Thema um Gerechtigkeit geht, es etwas mit dem Glauben zu tun haben könnte oder eine grundsätzliche Veränderung unserer Lebensweise nötig sein könnte, kommt uns nicht so oft in den Sinn.

Unser Wohlstand als Ursache

Um den Klimawandel zu verstehen, ist es nötig, die auf unseren aktuellen Lebensabschnitt begrenzte Zeitperspektive zu erweitern. Die Erinnerung an unsere Kindheit oder an die unserer Eltern ist eine zu kurze Zeitspanne, um die globalen Veränderungen der Erdatmosphäre zu erleben. Die ersten Ursachen des Klimawandels, den wir heute erleben, liegen 150 bis 200 Jahre zurück. Genauso hat das, was wir jetzt tun oder nicht tun, Auswirkungen nicht nur auf die Lebensbedingungen unserer Kinder, sondern auch der folgenden Generationen.

Die Industrielle Revolution
Im 19. Jahrhundert haben sich die Wirtschaftsweise und das Leben der Menschen in den Industrieländern Westeuropas und Nordamerikas grundlegend verändert. Der britische Wirtschaftswissenschaftler Angus Maddison hat anhand historischer Daten die wirtschaftliche Entwicklung verschiedener Länder und Regionen im Laufe der letzten 2000 Jahre erforscht (Maddison 2010). Die Ergebnisse seiner Forschung zeigen, dass Westeuropa über viele Jahrhunderte keineswegs produktiver war als andere Erdteile, sondern die Wirtschaftsleistung der Bevölkerung pro Kopf über lange Zeit sogar niedriger war als zum Beispiel in China.

Seit dem Ende des Mittelalters nahm die Produktivität in Westeuropa langsam zu. Nach 1800 stieg die Wirtschaftsleistung in Europa dann rasant an. Die Ursache dafür war die Industrialisierung durch die Erfindung der Dampfmaschine (und später von Verbrennungsmotoren) und den Aufbau von Fabriken. Die Grundlage dafür bildete der Einsatz von fossilen Brennstoffen wie Kohle und später Erdöl. In vielen Ländern des globalen Südens (sogenannten Entwicklungsländern) ging die Wirtschaftsleistung in dieser Periode als Folge des Kolonialismus eher zurück.

Das globale Treibhaus
Die Industrielle Revolution hat die Wirtschaftsweise, den Lebensstil und das Konsumverhalten in Europa und Nordamerika grundsätzlich verändert. Davor lebten die meisten Menschen als Bauern oder Handwerker, versorgten sich weitgehend selbst und nutzten vor allem erneuerbare Rohstoffe und Energien aus Pflanzen, Tieren, Wasser- und Windkraft. Die Industrialisierung ist die Ursache für unseren heutigen wirtschaftlichen Wohlstand, aber auch für den globalen Klimawandel. Durch den Anstieg des CO_2-Gehaltes und anderer Gase aus der Ver-

brennung von Kohle und Öl ist der Treibhauseffekt in der Atmosphäre stärker geworden. Wie in einem Treibhaus gibt die Erdatmosphäre weniger Sonnenenergie ab und die Temperatur steigt langsam an. Die globale Temperatur ist seit dem Beginn der Industrialisierung um ca. 0,8° C angestiegen (Messner & Rahmstorf 2010:262). Das scheint wenig zu sein, aber seit der letzten Eiszeit hat sich die Temperatur nur um 1° C pro 1000 Jahren verändert. Die wirtschaftliche Entwicklung in den Industriestaaten hat jetzt Folgen für Menschen auf allen Kontinenten.

Die Folgen betreffen vor allem die Armen
Obwohl ein Temperaturanstieg von 0,8° C nicht direkt spürbar ist, kann diese Veränderung enorme Auswirkungen auf die globalen Luft- und Meeresströmungen sowie die Ökosysteme und damit die Lebensbedingungen der Menschen haben.

Zunahme von Naturkatastrophen
Gegenüber den 1980er-Jahren hat sich die Zahl klimabedingter Naturkatastrophen zu Beginn des 21. Jahrhunderts verdoppelt (CRED 2015:7). Tropische Stürme, extreme Niederschläge und vermehrte Dürreperioden können direkt auf den Klimawandel zurückgeführt werden. Davon betroffen sind vor allem die Armen, beispielsweise in Bangladesch, auf den Philippinen oder auf Inseln im Pazifik oder der Karibik, die keine festen Häuser besitzen und in Gebieten leben, die Tropenstürmen ungeschützt ausgesetzt sind.

In vielen Großstädten im globalen Süden liegen die Armutsviertel an steilen Berghängen oder entlang der Flüsse und Kanäle. Dadurch sind sie besonders von Erdrutschen und Überschwemmungen betroffen. Auch in den Trockengebieten lebt die ärmere Bevölkerung in den Gebieten mit weniger fruchtbaren Böden und unzuverlässigen Niederschlägen. Diese Menschen leiden deshalb besonders unter Dürreperioden und dadurch verursachten Hungersnöten. Die Folge: Über 90 Prozent der Todesopfer von Naturkatastrophen stammen aus Entwicklungsländern (Dikau & Voss 2000). Die Armen werden aber nicht nur vermehrt Opfer von Katastrophen, sie sind in der Regel auch nicht versichert und ihnen fehlen die Ressourcen, um nach „Schicksalsschlägen" schnell wieder auf die Beine zu kommen.

Nahrungsmittel, Süßwasser, Krankheiten
Neben plötzlich auftretenden Ereignissen führt der Klimawandel auch zu allmählichen Veränderungen, die die Lebensgrundlage vieler Menschen bedrohen. Dazu gehören der Rückgang der Nahrungsmittelproduktion durch geringere Niederschläge oder Veränderungen der Niederschlagsverteilung. Der Klimawandel gefährdet auch die Ökosysteme der Meere. Durch den steigenden CO_2-Gehalt in der Atmosphäre werden die Ozeane saurer. Dies verschlechtert die Lebensbedingungen von Korallen und kleinen Schnecken, die anderen Meerestieren als Nahrung dienen, und kann damit zum Rückgang der Fischbestände und zur Verarmung von traditionellen Fischern führen.

In vielen Gebieten wird auch die Versorgung mit Süßwasser knapp. Das liegt nicht nur an den geringeren Niederschlägen, sondern auch am Abschmelzen der Gletscher in den Hochgebirgen (z. B. Himalaya und Anden), was zum Austrocknen der Flüsse während der Trockenzeit führt.

Die höheren Temperaturen fördern zudem die Verbreitung von Insekten, die Tropenkrankheiten wie Malaria und Denguefieber übertragen, sodass es zu einer stärkeren Ausbreitung dieser und anderer Krankheiten kommt (Kauffmann 2013).

Konflikte und Flucht
Während die Industrieländer wirtschaftliche und technische Möglichkeiten haben, um auf diese Veränderungen zu reagieren, leben viele Menschen im globalen Süden am Existenzminimum und die Gesundheitssysteme und Nahrungsmittelversorgung reichen schon unter normalen Bedingungen kaum aus. Der Klimawandel und seine Folgen können deshalb dazu führen, dass die Verteilungskämpfe um die knappen Ressourcen härter werden und sich die Konflikte innerhalb und zwischen den Ländern verstärken. Um Kriegen und zunehmender Armut zu entkommen, werden mehr Menschen versuchen, in die sicheren und reichen Länder des globalen Nordens zu fliehen.

Unsere Verantwortung
Wie oben dargestellt wurde, sind die Ursachen und Folgen des Klimawandels sehr ungerecht verteilt. Die Ursachen sind eng mit dem Wirtschaftswachstum und der Zunahme des materiellen Wohlstands in den Industrieländern verknüpft. Unter den Folgen haben vor allem die Armen in den Ländern des globalen Südens zu leiden. Dabei geht es nicht nur um die jetzt auf der Erde lebenden Menschen, sondern auch um die Lebensbedingungen und Chancen künftiger Generationen. Schon 1987 sagte die frühere norwegische Ministerpräsidentin Gro Harlem Brundtland im Vorwort zum UN-Bericht „Our Common Future" (Unsere gemeinsame Zukunft):

> „Viele der Entwicklungswege der Industrienationen sind eindeutig nicht nachhaltig. Wegen ihrer großen wirtschaftlichen und politischen Macht haben die Entscheidungen dieser Länder starke Auswirkungen auf die Fähigkeiten aller Völker, in den kommenden Generationen menschlichen Fortschritt aufrechtzuerhalten" (Brundtland-Commission 1987, Übersetzung des Autors).

Das Verursacher-Prinzip
Mit der ungerechten Verteilung von Ursachen und Folgen beschäftigen sich nationale Gesetze. In vielen Ländern gilt das Verursacherprinzip, wonach die Verursacher von Umweltverschmutzung und -zerstörung auch für die Folgen aufkommen müssen. Im Bundesnaturschutzgesetz heißt es dazu:

„Erhebliche Beeinträchtigungen von Natur und Landschaft sind vom Verursacher vorrangig zu vermeiden. Nicht vermeidbare erhebliche Beeinträchtigungen sind durch Ausgleichs- oder Ersatzmaßnahmen oder, soweit dies nicht möglich ist, durch einen Ersatz in Geld zu kompensieren" (BNatSchG §13).

In der Rio-Erklärung über Umwelt und Entwicklung (UNCED 1992) verpflichteten sich 1992 die teilnehmenden Staaten, diesen Grundsatz auch im Völkerrecht weiterzuentwickeln, um die Opfer der Folgen von Umweltzerstörung zu entschädigen. Internationale Hilfe zur Verhütung und Bewältigung der Folgen des Klimawandels, beispielsweise im Rahmen der Entwicklungszusammenarbeit, ist also keine großmütige Tat der Barmherzigkeit, sondern eine Frage der Gerechtigkeit.

Erhaltung der Schöpfung und Nächstenliebe
Für Christen kommt zu dieser rechtlichen Verpflichtung eine geistliche hinzu. Aus biblischer Sicht ist die Umwelt nicht nur ein Lebensraum, der uns verschiedene Ressourcen liefert. Es geht auch nicht nur um für uns fremde Menschen in anderen Ländern, mit denen wir um diese Ressourcen konkurrieren.

Die Bibel zeigt uns, dass unsere natürliche Umwelt Gottes Schöpfung ist, die seine Größe und Liebe widerspiegelt und ihren Schöpfer ehren soll (Ps 104,24; Ps 148,7-10). Sie ist nicht unser Eigentum, über das wir frei verfügen können, sondern sie gehört Gott (Ps 24,1) und wurde uns als Geschenk anvertraut, das wir nutzen und bewahren sollen (1. Mo 2,15). In seiner Enzyklika Laudato Si sagt Papst Franziskus deshalb: „Das ganze materielle Universum ist ein Ausdruck der Liebe Gottes, seiner grenzenlosen Zärtlichkeit uns gegenüber. Der Erdboden, das Wasser, die Berge – alles ist eine Liebkosung Gottes" (2015:76). Unsere Beziehung zu Gott, unserem liebenden Vater, muss deshalb auch in unserem Verhalten gegenüber der Schöpfung sichtbar werden.

Die biblische Schöpfungsgeschichte macht auch deutlich, dass alle Menschen gleich wertvoll und von Gott geliebt sind. Der Gott der Bibel ist kein Stammesgott, der eine bestimmte Gruppe von Menschen bevorzugt. Auf die Frage „Wer ist mein Nächster?", antwortet Jesus mit einer Geschichte, in der gerade der für minderwertig gehaltene Fremde zum Vorbild wird. Er macht deutlich, dass es nicht darum gehen kann, andere Menschen einzubeziehen oder auszugrenzen, sondern selber für andere, die Not leiden, der Nächste zu werden (Lk 10,29-37). Die biblische Lehre kritisiert unsere, meist unbewusste, Überheblichkeit, wonach ein Mensch in unserem Freundeskreis mehr zählt als zehn Menschen in Bangladesch, dem Kongo oder Brasilien. Und sie stellt die Selbstverständlichkeit infrage, mit der wir versuchen, die Festung Europa gegen unbefugten Zutritt zu verteidigen.

Es sind also sowohl rechtliche als auch geistliche Gründe, die uns dazu motivieren sollten, gegen die Ursachen und Folgen des Klimawandels aktiv zu werden. Was ist dazu konkret zu tun?

Konkrete Schritte

Der Klimawandel ist ein globales Problem, dem sich kein Mensch entziehen kann. Es hat mit uns allen zu tun, wobei die einen mehr die Verursacher und die anderen mehr die Notleidenden sind. Um auf der Erde zu überleben, ist es notwendig, auf verschiedenen Ebenen aktiv zu werden.

Katastrophenhilfe
Wie oben dargestellt ist die Zunahme von Naturkatastrophen eine schon deutlich spürbare Folge des Klimawandels. Deshalb ist es notwendig, Menschen, die in exponierten Gebieten leben und besonders verletzlich sind, zu helfen, sich auf extreme Witterungsereignisse vorzubereiten. Dazu gehört das Bereithalten von Hilfsmitteln und Personal durch Hilfsorganisationen, aber auch die Vorbereitung von Katastrophenplänen und Zufluchtsorten sowie die Ausbildung von Helfern in gefährdeten Gebieten. Dabei können neben staatlichen Stellen und Entwicklungsorganisationen auch Kirchen und Missionswerke mitwirken (Kröck 2007).

Lebenswichtige Fähigkeiten und Strukturen stärken
Während sich bei akuten Notlagen staatliche Geldgeber und private Spender bereitwillig engagieren, ist es schwieriger, Unterstützung für langfristige Vorhaben zu bekommen, welche die bestehenden Fähigkeiten und Strukturen stärken. Dazu gehört es, die Ernährungssicherheit durch nachhaltige Anbaumethoden, angepasste Pflanzensorten und Tierrassen sowie die Verteilung des Risikos auf mehrere Produktionszweige zu verbessern, oder die Gesundheitssysteme zu stärken (mehr dazu im Kapitel „Gesundheit für alle – oder nur für wenige? von Beate Jakob). Es kommt dabei oft weniger auf maximale Erträge und hochmoderne Medizintechnik an, als vielmehr auf Systeme, die auch unter Stress noch funktionieren. Manchmal ist es besser, traditionelle Kenntnisse und Verfahren zu erhalten und zu verbessern, statt völlig neue Techniken einzuführen. Solche Maßnahmen sind oft wenig

spektakulär und PR-wirksam, verdienen aber unsere Unterstützung.

Umweltschonende Technik verfügbar machen
Globale Probleme können aber nicht nur lokal gelöst werden. Weil der Klimawandel nicht an der Landesgrenze halt macht, müssen Lösungsansätze und klimaneutrale Technologien auch weltweit verfügbar gemacht werden. Statt veraltete Geräte und Industrieanlagen in Entwicklungs- und Schwellenländer abzugeben, muss diesen ermöglicht werden, moderne umweltschonende Technik einzusetzen. Der Gewinn von Herstellern und Exporteuren darf keinen Vorrang vor der Lösung globaler Herausforderungen haben. Das Gleiche gilt natürlich auch für den Einsatz von klimaneutralen Technologien in den Industrieländern.

Gerechtere Regeln für Migration
Es ist damit zu rechnen, dass mit dem vorschreitenden Klimawandel auch die Flucht aus besonders betroffenen Gebieten zunehmen wird. Neben dem Bemühen, Menschen bei der Verbesserung der Lage in ihren Heimatländern zu unterstützen, müssen die Industrieländer deshalb gerechtere Regeln und Wege für die Aufnahme von Migranten entwickeln. Vielleicht könnten in Zukunft die Auswirkungen des Klimawandels als Asylgrund anerkannt werden.

Eine nachhaltige Lebensweise
Obwohl wir Deutschen uns gerne etwas auf unser Umweltbewusstsein einbilden, ist unsere Lebensweise noch weit davon entfernt, nachhaltig zu sein. Gemessen am ökologischen Fußabdruck (Global Footprint Network 2015) verbraucht im Durch-

schnitt jeder Deutsche etwa 6,5-mal so viele Ressourcen wie ein Mensch in Bangladesch. Damit Menschen auch in Zukunft auf der Erde leben können, ist eine grundsätzliche Veränderung der Weise, wie wir produzieren, konsumieren und leben, nötig. Weil diese Veränderungen so umfassend sein müssen, spricht man von der „großen Transformation". Dirk Messner, der Direktor des Deutschen Instituts für Entwicklungspolitik, vergleicht die dazu nötigen Veränderungen mit den Umstellungen beim Sesshaftwerden der Menschen und der Einführung des Ackerbaus (Umweltbundesamt 2014).

Klimawandel ist also kein mehr oder weniger interessantes Randthema, sondern eine Frage, bei der es um die Zukunft aller Menschen geht. Gerade Christen, die den Schöpfer ehren und das Gebot der Nächstenliebe erst nehmen wollen, müssen ihre Verantwortung wahrnehmen, andere zu einer nachhaltigeren Lebensweise zu motivieren und sich dafür einsetzen, dass der Wohlstand und seine gefährlichen Folgen gerechter geteilt wird.

Judith Kühl

Staatenlos in Thailand

Menschen ohne Rechte, Ansprüche, Existenz

Ihre kleine Welt liegt im Hochgebirge Nordthailands und erstreckt sich über immergrüne Berglandschaften, Reisterrassen und den Dschungel. Die neunjährige Mali ist hier geboren und aufgewachsen, sie kennt kein Leben mit fließend Wasser und Strom, Internet oder Fastfood. Ihre Familie gehört zu den Karen, einer der größten ethnischen Minderheiten, die zu den Bergvölkern Nordthailands zählen.
Ihre Umgebung erkundet Mali zu Fuß. Jeden Tag läuft sie über zwei Stunden zur Schule in das übernächste Dorf, die von allen Kindern aus einem größeren Umkreis besucht wird. Mali geht in die dritte Klasse, worauf sie sehr stolz ist. Sie ist ein lebhaftes Kind, das sich äußerlich in keiner Weise von den Mitschülern unterscheidet. Aber sie weiß genau, dass sie anders ist. So wie auch ihre Mutter anders ist.

Jedes Kind feiert Geburtstag
Heute war wieder so ein Tag, der ihr das bestätigte. Ein Junge aus ihrer Klasse hatte Geburtstag. Die Lehrerin hatte bunte Luftballons im Klassenzimmer aufgehängt und es gab für alle Kinder süßen Klebereis und Obst. Wie jedes Geburtstagskind durfte auch der Junge an diesem Tag den großen Papierhut aufsetzen, der allen Kindern in der Schule zeigt: Heute ist sein Geburtstag. Die Kinder tragen diesen Hut voll Stolz.

Mali würde auch gerne einmal Geburtstag feiern. Natürlich hat jedes Kind einen Geburtstag, auch Mali, doch keiner aus ihrer Familie kann sich erinnern, wann genau Mali geboren wurde. Ihre Mutter hatte sie nicht in einem Krankenhaus zur Welt gebracht, sondern in der Holzhütte, in der die Familie seit Generationen lebte. Niemand hatte den Tag aufgeschrieben oder eine Geburtsurkunde erstellen lassen.

Malis Mutter Bua wusste, dass das sowieso keinen Erfolg gehabt hätte. Denn auch sie hat keine Geburtsurkunde. Sie weiß nicht einmal, wie alt sie ist. Irgendetwas Mitte dreißig, sagen die Verwandten. Als Bua noch ein Säugling war, kamen ihre Eltern auf tragische Weise ums Leben. Da sie keine Dokumente über ihre Identität besaßen, wusste Bua auch als Erwachsene nicht, wie sie nachträglich eine Geburtsurkunde hätte beantragen sollen.

Unsichtbarer Stempel für 12 Millionen Menschen

Bua und Mali sind Unbekannte für den thailändischen Staat, auf dessen Boden sie geboren wurden und den sie noch nie verlassen haben. Keine Behörde, kein Amt weiß, dass es sie gibt oder wer sie sind. Wie ein unsichtbarer Stempel gibt nur ein Wort Auskunft über ihre Identität: Staatenlos. Sie besitzen keine Staatsbürgerschaft, weshalb sie zu keinem Land gehören und sie kein Gesetz schützt.

Weltweit gibt es etwa 12 Millionen Menschen, die als staatenlos gelten. Zu den indigen Bergvölkern in dem Dreiländereck Thailand, Laos und Myanmar gehören etwa eine Million Menschen auf thailändischem Boden. Etwa die Hälfte davon, schätzt die thailändische Regierung, gilt offiziell als staatenlos.

Viele dieser Familien, die zu unterschiedlichen ethnischen Minderheiten gehören, leben schon, solange sie zurückdenken können, weitgehend abgeschottet von der Außenwelt. Sie haben ihre eigene Kultur, Tradition und Sprache entwickelt und versorgen sich selbst durch die Landwirtschaft.

Da sich Grenzen und Abkommen zwischen den Nachbarländern über die vergangenen hundert Jahre immer wieder änderten und lange keine klaren Bestimmungen zur Eingliederung der Bergvölker vorlagen, wurde die Staatenlosigkeit immer weitervererbt. Für die betroffenen Menschen, die auf inzwischen eindeutig thailändischem Staatsgebiet leben, gibt es seit Jahren Initiativen und Bemühungen, sie einzugliedern. Doch dies gestaltet sich sehr schwierig.

Ständig veränderte Gesetzesregelungen erschweren es Beamten, die Prozesse zur Eingliederung selbst nachzuvollziehen. Auch die soziale Diskriminierung der Minderheiten durch die Thailänder verhindert in vielen Fällen die erfolgreiche Bearbeitung von Einbürgerungsanträgen.

Gleichzeitig leben die Bergvölker seit Generationen in entlegenen Gebieten. Lange Zeit gab es keine Karten, auf denen Ansiedlungen oder Wege eingezeichnet waren. Bis heute ist die Region teilweise unerschlossene und unberührte Natur. Die Beamten, die von der thailändischen Regierung beauftragt wurden, die Menschen in den Bergen zu erfassen und wenn möglich einzubürgern, hatten Schwierigkeiten, zu ihnen zu gelangen. Und waren sie dort endlich angelangt, war es schwierig, die Familienverhältnisse nachzuvollziehen, da die wenigsten der Bewohner offizielle Dokumente besaßen.

Vielen Bergbewohnern war die Dringlichkeit, eingebürgert zu werden, lange Zeit nicht bewusst oder sie fürchteten, dass sie als offizielle Thailänder ihre Kultur aufgeben müssten. Doch das Leben der Bergvölker verändert sich.

Die Lebensbedingungen ändern sich

Während viele Familien über Generationen gut von der Landwirtschaft leben konnten, wird durch Landteilung bei der Vererbung die zu bewirtschaftende Fläche pro Familie immer kleiner. Folglich sind die Erträge geringer, sodass immer mehr

Bergbewohner schlechterer Versorgung und größerer Armut ausgesetzt sind. Das zwingt vor allem die Jüngeren dazu, auch außerhalb der Heimat in den Städten des Landes nach Arbeit zu suchen. Mit der Notwendigkeit für die Menschen, sich in die Gesellschaft außerhalb der Berge zu integrieren, steigt die Dringlichkeit, sich zu registrieren.

Für Malis Mutter Bua kommt es allerdings nicht infrage, in die Stadt zu ziehen, obwohl sie sehr arm ist. Sie ist stumm. Ihre Lehrer waren damit überfordert, und so lernte sie während der wenigen Jahre in der Grundschule kaum etwas. Mali ist fleißig und neugierig darauf, Neues zu lernen, doch auch ihre Lehrerin fördert sie nicht. Sie gibt ihr leichtere Hausaufgaben als den anderen Kindern und kontrolliert sie nicht. Für sie ist Mali nur ein armes Mädchen, das als staatenloses Kind die Schule bald sowieso verlassen wird. Die staatliche Schulpflicht gilt nur für die Grundschule. Da Staatenlose keine Reisefreiheit haben, darf Mali auch bei den meisten Schulausflügen nicht dabei sein. Jedes Mal sitzt sie frustriert zu Hause und hört am nächsten Tag noch frustrierter den Geschichten der anderen zu, die von tollen Abenteuern berichten.

Bua und Mali sind von der Hilfe ihrer Verwandten abhängig, doch die ist äußerst knapp und unsicher. Wie Bua geht es vielen Familien in den Bergen. Die Versorgung ist unsicher und die Möglichkeiten werden immer weniger. Mitten in diese Perspektivlosigkeit hinein kommen Menschenhändler, die armen Familien anbieten, ihr Kind mit in die nächste Stadt zu nehmen und in einem Kinderheim einer Wohltätigkeitsorganisation unterzubringen. Wo Armut und Hoffnungslosigkeit herrschen, ist die Gefahr besonders hoch, den Lügen der Menschenhändler zu glauben.

Jungen Frauen werden Jobs in der nächsten Stadt angeboten, doch sie haben kaum Chancen auf einen Arbeitsplatz, da viele ungebildet und auch dort der Gefahr der Ausbeutung ausgesetzt sind. Die meisten staatenlosen Angestellten verdienen weniger als die Hälfte von dem, was ein Thailänder in der gleichen Position bekommt. Beschweren kann sich die Person nicht, denn es gibt kein Gesetz, das sie schützt. Für viele junge Frauen bleibt deshalb nur der Weg ins Sexgewerbe, andere werden direkt dorthin verschleppt. Staatenlose sind leichte Opfer, da sie keinerlei Möglichkeit haben, sich zu wehren. Niemand sucht nach ihnen, weil sie auf dem Papier nicht existieren und offiziell niemand für sie verantwortlich ist. Gingen sie zur Polizei, weil ihnen Unrecht widerfahren ist, würden sie erst mal als Illegale verhaftet werden und möglicherweise selbst die Schuld am Verbrechen zugesprochen bekommen.

Bua kennt diese Gefahren nicht, sie war noch nie in der Stadt. Doch auch sie hat davon gehört, dass Mädchen verschwinden. Sie hat Angst um Mali, weil sie auf dem Schulweg oft allein unterwegs ist. Bua weiß nichts Genaues, doch es ist in der Tat so, dass Tausende Kinder in Bordellen, Massagesalons oder anderen Einrichtungen sexuell ausgebeutet werden. Die meisten stammen aus den armen Regionen des Nordens und sind staatenlos.

Laut einer UNESCO-Studie im Jahr 2006 ist die Staatenlosigkeit der größte Risikofaktor für die Bergvölker, verschleppt und ausgebeutet zu werden. Weil das so ist, gibt es zahlreiche Initiativen aus dem Ausland, die Thailands Regierung dazu bewegen wollen, die Einbürgerung der Menschen zu erleichtern.

Im Labyrinth der Einbürgerung
Und tatsächlich: Für die meisten Bergbewohner besteht zweifellos das Recht, eingebürgert zu werden, da sie auf thailändischem Staatsgebiet geboren wurden. Doch bis heute verhindert das bürokratische Durcheinander verschiedener Behörden, dass die Menschen tatsächlich die Staatsbürgerschaft erhalten. Prozesse dauern Jahre und verlangen von den Menschen, immer wieder zeit- und kostenaufwendige Reisen zu den Ämtern

auf sich zu nehmen, teilweise in Gebiete, in die sie wegen ihrer Reisebeschränkung gar nicht gehen dürften.

Bua und Mali hatten großes Glück, als 2011 eine Organisation auf sie aufmerksam wurde und sie an International Justice Mission (IJM) vermittelte. IJM hilft den Mitgliedern der Bergvölker, ihre Staatsbürgerschaft zu beantragen. Mitarbeiter gehen mit Bua und Mali zu den Behörden und helfen beiden Seiten, besser zu verstehen, was nötig und möglich ist.

Ein Mitarbeiter von IJM half Bua beim Ausfüllen des Antrags auf Staatsbürgerschaft. Dazu musste sie verschiedene Unterlagen anfordern. Für Malis Antrag war ein DNA-Test nötig, um nachzuweisen, dass sie Buas Tochter ist. Als nach sechs langen Monaten des Wartens endlich die Testergebnisse da waren, übergab Bua sie den Behörden, doch diese bestritten, die Ergebnisse erhalten zu haben. Unnachgiebig fragte IJM immer wieder bei den Behörden nach und bat sie, nach dem ausschlaggebenden Testergebnis zu suchen. Schließlich tauchten die Unterlagen wieder auf.

Der unermüdliche Einsatz zahlt sich aus

Eine realistische Bearbeitungszeit für Einbürgerungsanträge liegt bei drei bis sechs Monaten. In Buas Fall dauerte es 18 Monate und in Malis sogar zweieinhalb Jahre. Als Malis Personalausweis fertig war, überbrachte IJM ihn dem Mädchen persönlich. Das Lächeln von Bua konnte kaum breiter und herzlicher sein. „In Thailand haben wir ein Sprichwort, wenn große Probleme gelöst werden: Von meinem Herzen wurde ein Berg gehoben", erklärte eine Mitarbeiterin von IJM.

Mali hat jetzt ein Geburtstagsdatum. Der Tag und der Monat wurden geschätzt, nachdem ihre Mutter das Wetter beschrieben hat, als Mali zur Welt kam. Ihren ersten Geburtstag wird sie mit ihren Schulkameraden ganz besonders feiern.

Judith Kühl

Wenn Land gleich Leben ist

Eine Witwe kämpft für ihr Recht

„Ich war so erschöpft, dass ich nur noch sterben wollte. Doch was würde dann aus meinen Kindern werden?", fragt Grace mit gesenktem Blick. Die Erinnerung an die schwere Zeit der Trauer, der Bedrohung und der furchtbaren Ohnmacht, sich und ihren fünf Kindern zu helfen, schmerzt bis heute. Und immer noch spürt sie diese Fassungslosigkeit darüber, wie das alles passieren konnte.

Grace und ihr Ehemann lebten in Uganda im Mukono Distrikt, etwa 27 Kilometer von der Hauptstadt Kampala entfernt. Ihr kleines Backsteinhaus in Mangaliba, das aus einem einzigen Raum von etwa 20 Quadratmeter bestand, war umgeben von saftig grünen Mangobäumen und Bananenstauden. Der fruchtbare vulkanische Boden und ausreichend Regen sorgten für gute Ernten, sodass die meisten Menschen von der Landwirtschaft lebten. Auch Grace und ihr Ehemann. Er betrieb eine Hühnerzucht und Grace baute hinter dem Haus Tomaten, Süßkartoffeln und Maniok an, wovon sie die Familie versorgte und alles Übrige auf dem Markt verkaufte. „Reich waren wir nicht, aber wir hatten alles, was wir brauchten und waren glücklich", sagt Grace im Rückblick. Fünf Kinder hatte sie zur Welt gebracht, drei von ihnen gingen bereits in die Schule. Sie halfen im Garten mit, holten Wasser im nahe gelegenen Fluss und ließen keine Gelegenheit aus, auf dem Weg durch das üppige Grün der Pflanzen und Bäume Verstecken zu spielen. Ihr Leben war unbeschwert.

Das änderte sich, als Graces Mann sehr krank wurde und sein Zustand sich über Wochen nicht besserte. Die Kinder wachten am Bett ihres Vaters und beteten, dass er gesund würde, so wie sie es in der Kirche und von ihren Eltern gelernt hatten. „Sie waren noch so klein und sie dachten, dass ihr Vater gesund würde", sagt Grace. Doch am 27. April 2005 starb er. Die Familie trauerte. Grace und die Kinder saßen in ihrem Haus, erstarrt, ängstlich und allein. Zwei Tage später fand die Beerdigung statt. Die gesamte Familie von Graces Mann war anwesend. Statt Anteilnahme zu zeigen und Hilfe anzubieten, erklärte ihr Schwager, der älteste Bruder ihres Mannes und damit Sprecher für die gesamte Familie: „Du und deine Kinder gehören nicht mehr zur Familie. Das Land, auf dem ihr lebt, ist unser Erbe. Verschwinde!"

Grace sah wie durch Nebel in das Gesicht ihres Schwagers. Sie wischte die Tränen von ihren Augen weg und stand benommen da. Was hatte er gesagt?

Angst und Hilflosigkeit

Als sie mit den Kindern nach der Beerdigung nach Hause ging, machten sich Panik und Verzweiflung in ihr breit. Was würde sie tun, wenn sie von ihrem Grundstück verschwinden müsste? Ihre gesamte Existenz und Versorgung hing nach dem Tod ihres Mannes von ihrem Gemüse- und Obstgarten ab. Das kleine Stück Land war ihre einzige Sicherheit.

In der nächsten Nacht wachten sie und die Kinder von einem Geräusch auf. Jemand war auf ihr Grundstück eingedrungen. Grace zündete die Öllampe an, nachts war es im gesamten Dorf stockfinster. Allein der Mond leuchtete. Sie erkannte die Umrisse eines Mannes und wusste, dass es ihr Schwager war. Er trampelte auf ihrem Gemüsegarten herum. Mit einer Hacke in der Hand erntete er alles ab, was ihm vor die Füße kam. Grace war so entsetzt, dass sie weder schreien noch ihn aufhalten konnte.

Bevor er ging, rief er Grace zu: „Wenn ihr nicht bis morgen Abend von hier verschwunden seid, bringe ich dich um." Am nächsten Morgen wurde das volle Ausmaß der Verwüstung sichtbar. Der gesamte Garten war zerstört und damit das Essen der nächsten Wochen für die Familie. Wollte ihr Schwager sie aushungern? Die Nachbarn rieten Grace: „Geh lieber, sonst verbrennt er dich noch nachts im Haus mit den Kindern."

Die Nachbarn ahnten Schlimmes. Sie wussten, um was es geht: Landraub, ein Verbrechen, dem hier im Mukono Distrikt eine von drei Witwen zum Opfer fällt. Die sogenannte Illegale Landwegnahme ist in weiten Teilen Ostafrikas eine verbreitete Straftat, die vor allem Witwen und Waisen betrifft.

Machtmissbrauch und ungerechte Traditionen
„In unserem Land bedeutet Land Leben", sagt Sozialarbeiterin Florence, die für International Justice Mission (IJM) in Kampala arbeitet. „Wenn du einer Witwe ihr Land stiehlst, ist es dasselbe, als wenn du sie erschießt." Mit dem Verlust des Landes fehlt ihr Schutz, Nahrung und ein kleines Einkommen, das es ihr ermöglicht, die Kinder zur Schule zu schicken oder im Krankheitsfall Medikamente zu kaufen.

Im Durchschnitt hat eine Frau in Uganda sechs oder sieben Kinder, sodass der Tod des Familienoberhaupts neben der wirtschaftlichen auch eine soziale Katastrophe ist. Geschlechtergerechtigkeit ist in Uganda weitgehend nur ein Gesetz auf dem Papier. Während der Staat die Gleichstellung von Mann und Frau offiziell verlangt, ist die Praxis von traditionellen Praktiken und Rechtsvorstellungen geprägt.

Nur so lässt sich das häufige Vorkommen von Landraub erklären: Nach dem Tod eines männlichen Familienoberhaupts stehlen Verwandte, Nachbarn oder andere einflussreiche Personen das Haus, das Grundstück und anderen Besitz des Verstorbenen und seiner Familie. In den meisten Fällen geht dies mit

Gewalt, Morddrohungen und der Zerstörung des Eigentums einher.

Viele der illegalen Landwegnahme schuldigen Täter berufen sich auf das Traditionsrecht, nach welchem Frauen und Kindern kein Eigentum zusteht. Ursprünglich besagte es, dass die Verwandten des Mannes das Land erben. Damit verbunden war jedoch die Pflicht, für die Versorgung und Beherbergung der Witwe und ihrer Kinder die Verantwortung zu übernehmen. Das Gegenteil ist in der Praxis mehrheitlich der Fall: Die Witwe und ihre Kinder werden vom Land vertrieben und jeder Unterhalt wird ihnen verwehrt.

Die Verfassung und die Gesetze Ugandas heben jedoch das Traditionsrecht auf und garantieren die Gleichheit des Eigentums- und Erbrechts von Mann und Frau. Das ugandische Gesetz besagt außerdem, dass jede Verletzung dieses Rechts straf- und zivilrechtliche Maßnahmen nach sich zieht.

Für Grace war die Einhaltung dieses Gesetzes außer Reichweite. Täter genießen vielerorts praktisch absolute Straffreiheit. Deshalb rieten ihr die Nachbarn nachzugeben. Wie sollte sich eine Witwe selbst verteidigen oder ihr Recht einklagen, das irgendwo in fernen Gesetzbüchern in der nächsten Stadt aufgeschrieben steht?

Willkür und Korruption

Obwohl Grace wusste, dass sie kaum eine Chance hatte, zwang sie sich, es um ihrer Kinder willen zu versuchen. So ging sie zur Polizeistation im nächsten Dorf, die für Mangaliba verantwortlich war. Doch der Beamte wimmelte sie ab und behauptete, dass er dafür nicht zuständig sei. Grace entschloss sich, bei der nächst höheren Behörde in der etwas weiter entfernten Kleinstadt um Hilfe zu bitten. Sie lief an einem Tag zu Fuß hin und zurück 40 Kilometer. Ihre Füße schmerzten, doch noch mehr schmerzten sie die Worte des anderen Polizeibeamten. Auf ihre

Bitte hin, sie und die Kinder vor ihrem gewalttätigen Schwager zu schützen, antwortete er, er sähe sich ihren Fall nur an, wenn sie ihm jetzt und sofort Geld zahle. Doch Grace hatte keinen Schilling in der Tasche. Die Reaktion des Polizeibeamten konfrontierte sie mit der Korruption, die im gesamten Land die Polizei käuflich machte. Ihr Schwager hatte inzwischen bereits mit dem Polizisten telefoniert und ihm Geld geboten, wenn er Grace wegschicken würde. Die gleiche Summe forderte der Polizist nun von Grace, um seine Meinung zu ändern. Doch Witwen wie Grace können nicht für Schutz zahlen.

Trotzdem gab sie nicht auf. Einige Tage später ging sie erneut zu der Polizeibehörde und bat um Hilfe. Schiere Verzweiflung trieb sie, für das Überleben ihrer Familie zu kämpfen. Tatsächlich berichteten ein Viertel der betroffenen Frauen, die in der bislang einzigen Studie über Landraub in Uganda befragt wurden, dass sie in dem Jahr nach dem Raub ihres Landes ein Kind wegen Unterernährung verloren hatten. Hier im Mukono Distrikt ist es für Familien Alltag, von einer Mahlzeit am Tag leben zu müssen. Fast zwei Drittel der betroffenen Frauen berichteten, dass sie nach dem Landraub nicht mehr in der Lage waren, sich und die Kinder regelmäßig, also dieses eine Mal am Tag, zu versorgen.

Die Lebensgefahr ist real und ließ deshalb auch Grace auf der Suche nach Gerechtigkeit Hunderte Kilometer laufen. Doch nach zwei Monaten war sie keinen Schritt weiter gekommen. „Ich war geschwächt und krank von den langen Wegen. Ich wollte nur noch sterben", erinnert sie sich. Doch sie wusste, dass sie nicht für sich, sondern für ihre Kinder kämpfte. Die Familie ihres Mannes hatte auch die Kinder verstoßen und ihre älteste Tochter war noch nicht einmal zehn Jahre alt. Ihr Überleben hing allein von Grace ab.

Als IJM von Graces Fall hörte, nahm Anwalt Byron ihren Fall sofort an und versprach ihr, für einen offiziellen Besitznachweis ihres Landes zu kämpfen und ihren Schwager vor Gericht zu ziehen. Er klärte sie über ihre Rechte auf und gestand ihr seine Hochachtung, dass sie bereits so unermüdlich nach Hilfe und Recht gesucht hatte. Sie war im Recht und deswegen wollte er ihr jetzt unter die Arme greifen. Zwei Sozialarbeiterinnen kümmerten sich um die Kinder. Die Ältesten waren seit Wochen nicht mehr zur Schule gegangen, weil Grace das Busticket und die Schreibhefte nicht bezahlen konnte. IJM sorgte dafür, dass die Kinder am nächsten Tag wieder im Unterricht saßen.

Byron wusste, dass es nicht leicht werden würde, Graces Besitzrecht offiziell nachzuweisen und den Schwager entweder zu überzeugen, nachzugeben oder ihn anzuzeigen. Das lag zum einen an der Korruption, die Grace bereits schmerzlich erlebt hatte, und zum anderen schlichtweg an der Unkenntnis vieler Beamter. Sie kannten das Gesetz nicht genau und wussten nicht, wie sie vorgehen sollten. Oft trauten sie sich auch nicht, gegen die Täter vorzugehen, die im gleichen Dorf wie sie wohnen konnten, da die Dorfgemeinschaft traditionell das Recht der männlichen Erben höher wertete als die Rechte der Frau.

Byron legte den Fall dem zuständigen Gericht in der Stadt Mukono vor. Ermittler von IJM hatten in Graces Fall die Polizeiarbeit übernommen und Beweise gesammelt, die das Gericht anerkennen musste. Doch die Abläufe vor Gericht zogen den Prozess über drei Jahre hinweg in die Länge: Personalmangel, zeitweiser Verlust der Akte, handschriftliche Protokolle, die der nachfolgende Richter nicht entziffern konnte, und verschobene Anhörungen waren immer wiederkehrende Probleme. Byron und Grace mussten 43-mal in Mukono beim Gericht erscheinen und 16-mal in Kampala. Zahllose Stunden saßen sie beim Grundbuchamt. Diese Behörde war dafür zuständig, einen fairen und den Gesetzen entsprechenden Eigentumsübergang an die rechtmäßigen Erben zu gewährleisten. Sämtliche Akteure im Strafverfolgungssystem waren involviert.

Dann bekam Grace endlich Recht. Schwarz auf weiß hielt sie das wertvolle Schriftstück in den Händen. Die Erschöpfung wich von ihrem Gesicht, die Schwermut von ihrem Herzen und sie jubelte. Ihre Freude wurde noch größer, als Byron mit dem Schwager eine Einigung aushandelte, gemäß welcher er Grace das Land sofort überließ und jeden weiteren Versuch der Wegnahme unterließ.

Byron und seine Kollegen arbeiten weiter mit den Polizisten, Anwälten und Richtern zusammen, die sie im Fall Grace kennengelernt haben. Sie werden aufgeklärt und geschult, damit Witwen wie Grace zu ihrem Recht kommen – auch ohne die Hilfe von IJM.

Heute stehen in Graces Garten wieder Tomaten und Bohnen. Sie lebt mit ihren Kindern in dem Haus, das sie immer an ihren Mann erinnern wird. Er hatte es für seine Familie gebaut und deshalb sieht es heute so aus wie eh und je. „Endlich ist der Albtraum vorbei. Ich habe viel Hilfe erfahren, als ich nicht mehr weiterwusste", sagt Grace.

Die Sozialarbeiterinnen von IJM stehen ihr bis heute regelmäßig zur Seite. Grace nahm ebenfalls an einem Training für effektivere Techniken zum Anbau von Gemüse teil. Zusammen mit anderen Frauen lernte sie auch Grundkenntnisse im Rechnen und im Umgang mit Finanzen, damit sie das Familieneinkommen noch selbstständiger sichern kann. Graces älteste Tochter ist gut in der Schule und hilft ihrer Mutter gerne beim Verkaufen auf dem Markt. Sie ist stark, weil sie an ihrer Mutter sieht, dass es sich lohnt zu kämpfen, zu hoffen und niemals aufzugeben.

Video: www.ijm-deutschland.de/grace

Kapitel 4

„Wir könnten die Sklaverei ausrotten. Die nötigen Gesetze existieren. Die internationalen Großkonzerne, die Welthandelsorganisationen, die Vereinten Nationen könnten den Handel mit Sklaven beenden, aber sie werden es nicht tun, wenn wir es nicht einfordern."

Kevin Bales, Professor für Soziologie an der
University of Roehampton, London,
und weltweit führender Experte zum Thema
moderne Sklaverei

Im Einsatz gegen Menschenhandel und Zwangsprostitution

Bereits vor 200 Jahren setzte sich der englische Christ und Politiker William Wilberforce gegen den Handel mit Sklaven ein. Heute ist er bekannt durch Bücher und den Spielfilm „Amazing Grace". Doch nur wenige wissen, dass es in der Menschheitsgeschichte niemals zuvor so viele Sklaven gab wie heute. Moderne Sklaverei hat viele Gesichter: In Indien, Pakistan, China und anderen Schwellen- und Entwicklungsländern werden Kinder, Frauen und Männer als Arbeitssklaven beispielsweise in Reismühlen, Textilfabriken und Steinbrüchen ausgebeutet. Viele von ihnen leben seit mehreren Generationen in Schuldknechtschaft, obwohl das in allen Ländern der Erde verboten ist. Unzählige Mädchen und Jungen müssen als Haushaltshilfen Sklavendienste leisten; Tausende Mädchen und Frauen werden in den Metropolen dieser Welt zur Prostitution gezwungen. So wie Wilberforce aus christlicher Verantwortung den Kampf gegen die Sklaverei zu seiner Lebensaufgabe machte, dürfen auch wir unsere Augen nicht vor den modernen Formen der Sklaverei verschließen.

In diesem Kapitel gibt Dietmar Roller zunächst eine Einführung in das Thema, bevor dann verschiedene Aspekte beleuchtet werden. Als ausgewiesene Expertin auf diesem Gebiet stellt Schwester Dr. Lea Ackermann von Solwodi die Problematik und Hintergründe von Zwangsprostitution in Deutschland dar. Judith Kühl beschreibt dann ein konkretes Beispiel von Menschenhandel auf den Philippinen. Weil die betroffenen Personen, meist Frauen und Kinder, oft seelisch schwer verletzt und traumatisiert sind, reicht es nicht aus, sie aus ihrer Zwangslage zu befreien. Die Psychologin Stefanie Enriquez-Geppert und die Erziehungswissenschaftlerin Mareike Wendling stellen deshalb in ihrem Beitrag dar, wie Therapie und Traumabewältigung zur inneren Befreiung und persönlichen Wiederherstellung beitragen können.

Dietmar Roller

Moderne Sklaverei und Menschenhandel

Es gibt heute keinen Staat auf der Welt, der Sklaverei rechtfertigt und gesetzlich schützt. Das haben wir der ersten Sklavenbefreiungsbewegung unter Clarkson, Wilberforce und den Quäkern zu verdanken. Sie haben aus ihrem Glauben heraus die Ebenbildlichkeit Gottes in jedem Menschen gesehen und mit allen Mitteln, die ihnen zur Verfügung standen, dafür gekämpft, dass diese Würde auch allen Menschen zugesprochen wird. Sie haben den seit der Antike bestehenden Missbrauch von Menschen als Ware und die von Staaten geförderte Sklaverei abgeschafft. Dank ihnen gilt Sklaverei bis heute als moralisch und ethisch verwerflich (siehe in Kapitel 2 „Die Sklavenbefreiungsbewegung um William Wilberforce. Über die Wurzeln der modernen NGOs.").

Die Vereinten Nationen definieren Sklaverei und Menschenhandel im Zusatzprotokoll zur Palermo-Konvention heute als „die Ausbeutung einer Person gegen ihren Willen durch eine andere Person mithilfe verschiedener Mittel, wie zum Beispiel Androhung von Gewalt, Täuschung, Betrug oder Missbrauch etc." Oft wird bei Menschenhandel auch von moderner Sklaverei gesprochen, wobei Sklaverei und Menschenhandel einander bedingen, aber doch verschiedene Ausprägungen haben. Menschenhandel umfasst die Beschaffungs- und Logistikstruktur für Sklaverei.

All das heißt aber nicht, dass es heute keine Sklaven und das Phänomen der Sklaverei nicht mehr gibt. Vielmehr nimmt sie im salafistischen Kontext der Terrororganisationen IS (Islamischer Staat) und Boko Haram sogar wieder semistaatliche Formen an. Sklaverei ist heute ein globales Phänomen. Die Mitarbeiter von International Justice Mission sind damit jeden Tag konfrontiert. Unser Kampf ist nicht weniger schwer und langwierig als der erste Kampf für die Abschaffung der Sklaverei.

Natürlich ist Sklaverei heute weltweit von der internationalen Gemeinschaft geächtet, es gibt heute keinen Staat mehr, der Sklaverei rechtlichen verankert, so wie zur Zeit des transatlantischen Sklavenhandels. Wir alle wissen auch, dass Sklaverei ökonomisch nicht notwendig ist und verurteilen den Besitz von anderen Menschen wie eine Ware.

Sklaverei wird heute als ein Zustand definiert, bei dem Menschen als Eigentum anderer behandelt werden. Das geschieht durch Freiheitsberaubung, Erpressung, Nötigung oder durch Schuldknechtschaft. Heute sind mehr Menschen versklavt als jemals zuvor in der Geschichte der Menschheit. Sie leben als „Niemande" völlig isoliert und versteckt, namenlos und ohne Rechte. Sie werden als Ware gehandelt, verkauft und oft bis zum Tod ausgebeutet. Wobei sie häufig jung sterben, denn werden sie krank, lohnt sich eine Behandlung beim Arzt für den Sklavenhalter oft nicht. Es ist billiger, sich ein neues Mädchen oder einen anderen Jungen aus verzweifelten Verhältnissen zu besorgen, als eine Arztrechnung zu bezahlen.

80 Euro für einen Menschen

Sklaven sind heute billig und leicht austauschbar. Kostete ein Sklave in Amerika um 1860 noch umgerechnet etwa 35.000 Euro, sind es heute gerade einmal 80 Euro, die man zahlt, um einen Menschen zu kaufen und zu besitzen. Wie viele Menschen heute versklavt sind, lässt sich wissenschaftlich schwer schätzen. Anerkannte Hochrechnungen von Experten wie Kevin Bales gehen von etwa 35 Millionen Menschen aus, die nach der anerkannten Definition in Sklaverei leben. Rechnet man diese Zahl von 35 Millionen Sklaven auf Deutschland um, dann sind das etwa so viele Menschen wie in Bayern, Baden Württemberg, Niedersachsen und Hessen zusammen leben.[1]

Knapp 80 Prozent dieser Menschen sind Arbeitssklaven: Kinder, Frauen und Männer, die in Haushalten, der Fischindustrie, Bauindustrie, Landwirtschaft, Textilindustrie, Bergwerken, als Kindersoldaten oder Sexsklavinnen ausgebeutet werden. Ein Viertel aller versklavten Menschen (26 Prozent) sind Kinder. Mehr als die Hälfte der versklavten Menschen sind Frauen und Mädchen (55 Prozent). Etwa 22 Prozent (hauptsächlich Frauen und Kinder) werden Opfer sexueller Ausbeutung in Zwangsprostitution oder vermehrt in der Cybersex-Industrie. Das bedeutet konkret: Etwa zwei Millionen Kinder werden jeden Tag sexuell ausgebeutet, das sind etwa so viele Kinder wie das Bundesland Thüringen Einwohner hat.

Einige Faktoren begünstigen das Problem von Menschenhandel einschließlich Sexhandel und Sklaverei. Dazu zählen hauptsächlich Armut, starke Urbanisierung, bewaffnete Konflikte, Naturkatastrophen und die Tatsache, dass viele Menschen zur Versorgung ihrer Familie Arbeit im Ausland suchen müssen. Armut ist dabei die Grundursache für Sklaverei. Das trifft in besonderem Maße auf Südostasien zu, weshalb diese Region zu den am stärksten gefährdetsten der Welt gehört. Menschenhändler machen laut ILO (International Labour Organization) etwa 32 Milliarden Dollar Gewinn durch den Handel mit der Ware Mensch. Der Umsatz soll bei etwa 150 Milliarden Dollar liegen.

---

[1] Laut dem Global Slavery Index beläuft sich die Zahl der modernen Sklaven weltweit auf 35,8 Mio. Da die Schattenwirtschaft in der modernen Sklaverei sehr verbreitet ist, entzieht sie sich sowohl der Öffentlichkeit als auch der Politik, deshalb sind alle Zahlen nur Hochrechnungen und darauf beruhende Schätzungen. Nach meiner Einschätzung mit fast 30 Jahren Erfahrung im Bereich Zwangsarbeit, Sklaverei, Schuldknechtschaft ist die Zahl von 35 Millionen eher noch zu gering angesetzt.

Folgen von Migration – Mord, Zwangsarbeit und Vergewaltigung
Die Ursachen für Menschenhandel und Sklaverei sind vielfältig. Oberflächlich betrachtet lässt sich mit der Ware Mensch vergleichsweise leicht Geld verdienen, weil man praktisch keine Investitionen tätigen muss und kein Kapital braucht. Die tiefer liegenden Ursachen sind jedoch in sozialer, politischer und kultureller Ungerechtigkeit verankert.

Migration ist eine davon. Wenn Millionen Menschen vor Armut, Krieg, dem Klimawandel oder Naturkatastrophen fliehen, sind sie besonders gefährdet, Opfer von Sklaverei zu werden. Flüchtlinge haben wenig Schutz und werden in vielen Ländern und fremden Städten praktisch nicht von der Polizei geschützt oder besitzen nicht die Fähigkeiten, bei Behörden Schutz zu suchen. Als Fremde werden sie häufig nicht zur Gemeinschaft gezählt und erhalten deshalb auch keine Solidarität.

Nie zuvor in der Geschichte gab es so viele Flüchtlinge wie heute. Zu ihnen zählt auch Mariam, eine junge Frau, die aus dem Hochland von Burma flüchten musste. Der Konflikt zwischen der Zentralregierung von Myanmar und den Karen trieb zwischen 1995 bis 2010 Hunderttausende in die Flucht. Die Zentralregierung ließ die im Hochland ansässige Minderheit der Karen systematisch ermorden und vertreiben. Wer bleibt, dem droht Zwangsarbeit, Vergewaltigung und andere Repressalien durch das Militär. Mariam floh nach und landete zusammen mit anderen in einem Flüchtlingslager in Thailand.

Als ihr eines Tages das Angebot gemacht wurde, in einem Gasthof zu arbeiten, nahm sie freudig an, denn das war ihre Chance auf ein eigenständiges Leben außerhalb des Camps. Was dann mit ihr passierte, lässt sich in Worten schwer beschreiben. Der Gasthof war ein Bordell, in dem sie verschwand und über Monate kein Tageslicht sah. Jeden Tag musste sie mindestens 20 Freier bedienen, oft sogar mehr.

Sie wurde mehrfach weiterverkauft. Heute lebt Mariam mit ihrem vier Jahre alten Sohn in einer Rehabilitationseinrichtung. Wer der Vater des Jungen ist, kann sie nicht sagen – es sind zu viele, die infrage kämen. „Hoffnung habe ich immer gehabt, ich wusste, eines Tages werde ich frei sein", erzählte sie mir und ein schüchternes Lachen kam über ihre sonst eher verschlossenen Lippen.

Folgen von Diskriminierung – Entwürdigung, Unterdrückung und Versklavung
Diskriminierung ist ein weiterer Grund, warum es so leicht ist, Menschen zur Ware zu machen. In fast allen Epochen wurde das Halten von Sklaven auch ideologisch untermauert. Die Griechen teilten ihre Welt in Menschen und Barbaren ein und natürlich konnte man Barbaren auch versklaven. Barbaren waren alle, die nicht griechisch sprachen. Auch wenn Menschen in Klassen und Rassen eingeteilt werden, nährt das den Boden für Unterdrückung und Sklaverei. Klassen- und Rasseunterscheidungen gehen in der Realität immer mit unterschiedlichen Wertzuschreibungen einher. Die anderen, Fremden werden abgewertet und können damit auch benutzt werden. Diese Diskriminierung – ob mittels Gender, Rasse, Ethnie oder Kaste – schafft soziale Verletzlichkeit und öffnet damit Ausbeutung und Sklaverei die Tür.

Oftmals taucht Diskriminierung auch im Kontext von Stadt und Land auf. Bewohner einer lokalen Metropole sind im Schnitt gebildeter und wohlhabender als Menschen, die in ländlichen Regionen leben. Obwohl alle dieselbe Sprache sprechen, gilt die Landbevölkerung mit weniger Zugang zu Bildung oft pauschal als dumm. Das Einkommens- und Bildungsgefälle solcher Gesellschaften führt dazu, dass sich diskriminierende Vorstellungen entwickeln oder halten. So gilt beispielsweise in Haiti die Bevölkerung des ländlichen Hinterlands praktisch als

Menschengruppe zweiter Klasse: Sie sind arm, werden als rückständig angesehen und sind dafür geboren, einfache Arbeiten zu verrichten – und damit sind sie faktisch auch weniger wert als der Rest der Gesellschaft.

Die Cité Soleil in Port-au-Prince, Haiti, ist eines der größten und gefährlichsten Elendsviertel der Welt. Zusammen mit einem Sozialarbeiter einer lokalen NGO besuchte ich einige Familien, die hier leben. Der Gestank nach Verwesung und Abfall raubte uns den Atem; dunkle Rinnsale voll Abwasser, Kot und Müll flossen die unbefestigten Straßen entlang. Wir waren hier, um mit Kindern zu sprechen, die am untersten Ende der Slumgesellschaft stehen. Sie wurden von armen Familien aus der Cité Soleil gekauft und mussten dann täglich bis zu 15 Stunden als Kindersklaven für sie arbeiten. Laut UNICEF gibt es in Port-au-Prince etwa 250.000 Restavèk-Kinder. „Restavèk" kommt aus dem Französischen von „rester avèc" und bedeutet „bei jemandem bleiben". Sie kochen, putzen und schuften für fremde Familien und bekommen dafür kaum etwas zu essen, schlafen auf der Fußmatte vor der Tür und müssen morgens als Erste aufstehen, um für die Familien Frühstück zu machen.

Etwa 75 Prozent der Kinder sind Mädchen im Alter von 4 bis 14 Jahren. Ihr eigentliches Zuhause liegt irgendwo im Hinterland von Haiti, wo die Menschen noch viel ärmer und hoffnungsloser sind als in der Cité Soleil. Meist vertrauten die verzweifelten Eltern dieser Kinder ihre Sprösslinge einem Menschenhändler an, der versprach, dass die Kinder in der Stadt leichte Arbeit verrichten und in die Schule gehen können. Doch die Wahrheit sieht anders aus. Schläge oder Verbrennungen als Strafe für zu wenig Arbeit sind an der Tagesordnung. Die allermeisten Mädchen werden regelmäßig vergewaltigt, Sex gehört zu der Arbeit, die sie täglich verrichten müssen.

Mathilda ist eine Restavèk und mit ihren 12 Jahren schon viel zu erwachsen. Sie erzählte mir von ihrem Leben, von der absoluten Rechtlosigkeit und wie sie den Launen ihrer Besitzerfamilie schutzlos ausgeliefert war. „Es gibt niemanden, an den ich mich wenden kann, keine Person, Behörde oder Regierung hört auf das, was wir Restavèk-Kinder zu sagen haben." Es gibt auf der Welt viele Mathildas. Wir Mitarbeiter von IJM begegnen ihnen allerdings nicht dort, wo wir Kinder eigentlich treffen wollen: in Kindergärten oder Schulen, auf Spielplätzen oder beim Toben im Freien. Wir begegnen ihnen an Orten, wo Kinder am allerwenigsten etwas zu suchen haben: in Bordellen, auf Baustellen, in Ziegeleien, Fabriken oder Steinbrüchen.

Folgen von Korruption und Straflosigkeit – Schuldknechtschaft
Auch *Korruption und Straflosigkeit* sind schuld an der großen Anzahl von Sklaven heute. In vielen Ländern gehen Sklavenhalter und -händler straffrei aus, weil sie Beamte bestechen und ein Klima der Straflosigkeit schaffen. Dazu kommen Systeme, die faktisch dazu dienen, Menschen zu versklaven und dem Ganzen noch einen rechtlichen Anstrich zu verleihen. Ein Beispiel dafür ist die Schuldknechtschaft. Arme Menschen können nicht zu einer Bank gehen, um sich in der Not Geld zu leihen. Sie gehen zu einem Geldverleiher. Der steckt oft mit einem Sklavenhalter unter einer Decke und vergibt den Kredit so, dass die Familie glaubt, das Darlehen in zwei bis drei Wochen in einem Steinbruch oder in einer Ziegelei abarbeiten zu können. Was die Familie jedoch nicht ahnt, ist, dass der geliehene Betrag täglich wächst, weil der Eigentümer des Betriebs, in dem sie ihre Schulden abarbeiten, jeden Tag mehr für Unterkunft und Verpflegung berechnet, als sie ursprünglich geliehen haben. Zudem verlangen die Geldverleiher horrende Zinsen, sodass das Darlehen in kürzester Zeit größer wird als alles, was sie in ihrem Leben je mit ihrer Arbeitskraft abbezahlen können. In Wahrheit haben sie also keinen Darlehensvertrag unterschrieben, sondern wurden vorsätzlich versklavt.

IJM hat in den vergangenen Jahren rund 400 Menschen aus solcher Schuldknechtschaft befreit. Einige von ihnen waren wegen eines Kredits von ursprünglich weniger als 15 Euro in der dritten Generation versklavt.

Raman aus Indien war in der vierten Klasse, als er die Schule abbrechen musste. Der Junge sollte nicht mehr lernen, sondern von nun an arbeiten, befahl Mr Kandasamy, der Besitzer der Reismühle, in der Ramans Vater arbeitete. Damit besiegelte der indische Unternehmer sein Schicksal als Sklave in seiner Reismühle. Schon Ramans Vater und Großvater waren seine Sklaven gewesen. Jahre zuvor hatte er arme Arbeiter mit einmaligen Vorauszahlungen angelockt. Mr Kandasamy hatte ihnen versichert, dass sie die Darlehen in seiner Fabrik abarbeiten könnten. Tatsächlich war der Vorschuss eine Falle. Der Unternehmer zahlte den Arbeitern nur so viel, dass sie sich gerade so davon ernähren konnten.

Während seiner Gefangenschaft in der Reismühle heiratete Raman eine Sklavin. Seine vier Kinder erbten das schreckliche Schicksal der Sklaverei, so wie er es von seinem Vater geerbt hatte. Ein Unrechtssystem, das vor allem in Indien und Pakistan von Generation zu Generation weitergeht. In einem monotonen Kreislauf aus 18-Stunden-Tagen arbeitete Ramans Familie in der Reismühle. Oft musste er zusehen, wie seine Frau bei der schweren Arbeit vor Erschöpfung zusammenbrach. Nachdem IJM durch verdeckte Ermittler die Zwangsarbeit und Misshandlungen in der Fabrik entdeckt hatte, befreiten die Ermittler Raman und 34 weitere Sklaven mithilfe von lokalen Behörden. Der Sklavenhalter wurde angeklagt und verurteilt. Die befreiten Menschen durchliefen ein zweijähriges Rehabilitationsprogramm. Heute ist Raman Dorfältester; seine Kinder gehen zur Schule. In der ganzen Umgebung warnt er die Menschen vor Schuldknechtschaft und klärt sie über ihre Rechte auf.

Folgen von Armut und Rechtlosigkeit – Menschenhandel und Sklaverei

Armut und Rechtlosigkeit sind mit die schlimmsten Voraussetzungen, um versklavt zu werden. Armut lässt Menschen verzweifeln. Arme klammern sich an jeden Strohhalm, um zu überleben: Da glaubt man einem Bekannten, wenn er vorgibt, für die Töchter in der Metropole leichte Arbeit gefunden zu haben, von der sie sich ernähren können, und sogar Zeit und Geld für die Schule bleibt. Je größer die Verzweiflung, desto größer die Bereitschaft, nach jedem Strohhalm des Entkommens zu greifen.

Selbst wenn Eltern, die ihre Kinder getarnten Menschenhändlern anvertrauten, später Zweifel an ihrem Handeln bekommen, wird ihnen die Polizei kaum helfen. Die meisten Kinder in Slums und abgelegenen Dörfern wurden nie bei den staatlichen Behörden registriert. Doch ohne Geburtsurkunde existieren sie für den Staat zunächst gar nicht. Anträge für eine nachträgliche Registrierung setzen Bildung voraus und kosten Geld. Die Kosten für die Reise in die oft kilometerweit entfernte Stadt, Formulargebühren, Anwaltskosten usw. übersteigen das Jahreseinkommen der betroffenen Familien um ein Vielfaches. So bleibt den Eltern nichts, als zu hoffen, dass die Kinder überleben und sich irgendwann melden. Die vermissten Kinder wiederum sind völlig macht- und mittellos und warten vergeblich auf Hilfe von zu Hause.

Rani war 14 Jahre alt und lebte mit ihren Eltern im indischen Bundesstaat Bihar. Während eines Workshops zum Thema Klimawandel erzählte sie von dem, was vor Kurzem in ihrer Nachbarschaft passiert war. „Durch die Trockenheit und Dürre haben viele Bauern in unserem Dorf alles verloren. Wir sind verzweifelt. Die Verzweiflung hat unsere Nachbarn dazu gezwungen, zuerst ihre jüngste von sechs Töchtern und dann die zweitjüngste zu verkaufen. Wo die beiden jetzt sind, weiß niemand. Das ist seit einigen Jahren nichts Ungewöhnliches in unserer Gegend. Ich hoffe, dass ich nicht auch gehen muss."

Komplexes Unrecht erfordert komplexe Lösungen
Menschenhandel und Sklaverei umfassen ein ganzes Bündel von Menschenrechtsverletzungen wie das Recht auf Freiheit, das Recht auf Leben, Gesundheit und Sicherheit. Vor allem aber wird die Würde des Menschen zutiefst verletzt. Das alles führt bei den Opfern zu schweren Traumata, die von unzähligen psychischen und physischen Verletzungen herrühren. Viele der befreiten Menschen leiden ein Leben lang unter den Folgen der Sklaverei. Als Mitarbeiter von IJM erleben wir aber auch, wie Menschen, die eine gute Rehabilitation durchlaufen, ihr Leben wieder selbstbestimmt gestalten und ein Leben in Würde und Freiheit leben.

Bei IJM wissen wir, dass viele Kinder aus armen Regionen der Erde in Bordellen oder Fabriken in den großen Metropolen Südasiens landen. Der Strom von Kindern und Erwachsenen, die zu allem bereit sind, um zu überleben, scheint endlos. Heute bedient sich eine gut organisierte Industrie des Menschenhandels dieser Verzweifelten und bedient mit ihnen einen Markt, auf dem menschliche Ware schnell und billig umgesetzt werden kann. Und obgleich Sklaven eigentlich eine Billigware sind, sind die Gewinnspannen beträchtlich, denn die Investitionen sind gering, der Nachschub unproblematisch und die Nachfrage groß.

Was können wir tun? Sich nur auf Menschenhandel und moderne Sklaverei zu fokussieren, ohne eine gute soziale Analyse einzubeziehen, birgt die Gefahr von Sensationsgier. Es könnte der Eindruck entstehen, als ob man nur ein paar Gesetze ändern und den Opfern von Menschenhandel und Sklaverei helfen müsste, und schon wäre das Problem gelöst. Doch um Menschenhandel und moderne Sklaverei zu beenden, braucht es einen langen Atem. Mittels Advocacy (Fürsprache und politische Interessensvertretung) müssen die Interessen der Versklavten vertreten werden, damit sich die Gesellschaften dieser Erde systematisch und strukturell verändern – und das fängt bei uns in Europa an.

Wir sind dem Unrecht nicht ausgeliefert
Als IJM Deutschland wollen wir zusammen mit unseren Kollegen in den Projektbüros nicht nur Menschen aus der Sklaverei befreien und ihnen bei der Integration in ein normales Leben helfen. Uns ist es genauso wichtig, dass es zur Transformation der Rechtssysteme in den Ländern kommt, in denen Menschenhandel und Sklaverei blühen. Wir setzen uns auch hier in Deutschland ganzheitlich und global für die Abschaffung von Menschenhandel und Sklaverei ein. Dazu brauchen wir viele Mitstreiter, die sich mit uns engagieren, ihre Stimme erheben und aktive Aufklärungsarbeit leisten.

Über unseren Konsum sind wir, ohne es zu wissen oder zu wollen, Teil des Systems, das Sklaverei erhält. Jedes Smartphone enthält Coltan aus den Minen im Kongo, in denen Kinder und Erwachsene unter sklavenähnlichen Bedingungen arbeiten. Die Schokolade in unseren Geschäften enthält mit hoher Wahrscheinlichkeit Kakao aus westafrikanischen Plantagen, auf denen Kindersklaven arbeiten. Shrimps und Fischereiprodukte aus Asien wurden mit hoher Wahrscheinlichkeit durch versklavte Fischer, Fabrikarbeiter und Kinder bearbeitet. Vorprodukte unserer einfachen Shirts werden ebenso von Sklaven hergestellt wie die Materialien für teure Anzüge. Wurde ein Grabstein fair hergestellt? Sind die Pflastersteine aus Indien deshalb so billig, weil dank Schuldknechtschaft so gut wie keine Arbeitskosten anfallen? Mit absoluter Sicherheit lässt sich das fast nie beantworten. Aber wir können von denen lernen, die die Sklaverei in ihrer früheren Ausprägung schon einmal abgeschafft haben (siehe Kapitel 2 „Die Sklavenbefreiungsbewegung um William Wilberforce. Über die Wurzeln der modernen NGOs.").

Unternehmen müssen dafür sorgen, dass es keine Produkte aus Sklavenarbeit in ihrer Lieferkette gibt. Als Konsumenten können wir vor dem Kauf darauf achten und im Zweifel nachfragen, ob die Waren frei von Sklavenarbeit sind. Und wir können Produkte boykottieren. Außerdem sollte jeder von uns die Vertreter der Zivilgesellschaft unterstützen, deren Hilfsprogramme für Menschen in Sklaverei sich bereits bewährt haben. Organisationen wie IJM bieten Botschafter- und Aktivistenprogramme an. Auf diesem Weg kann jeder Interessierte Teil einer Antisklavenbewegung werden. IJM und andere oft lokale Organisationen befreien nicht nur Sklaven, sondern unterhalten auch Programme zur Rehabilitation. Sie klären die Befreiten über ihre Rechte auf und verschaffen ihnen Zugang zu einer Umschulung oder seriösen Kleinkrediten, damit sie sich eine neue Existenz aufbauen können. Wir schulen Polizei, Staatsanwaltschaft, Sozialarbeiter und Richter und helfen ihnen zu verstehen, dass etwa Schuldknechtschaft kein Kavaliersdelikt ist, sondern eine moderne Form der Sklaverei.

Insgesamt wird Sklaverei von der Weltöffentlichkeit noch viel zu wenig wahrgenommen. Auch das müssen wir ändern. Wir müssen uns als Anti-Sklaverei-Aktivisten noch besser vernetzen. In diesem Punkt können wir von der Antiapartheitsbewegung viel lernen. Natürlich brauchen wir auch Geld, um Kampagnen und Befreiungen, Wiedereingliederung und Schulung der Opfer finanzieren zu können. Jeder ist willkommen und kann mit seinen Gaben dazu beitragen, dass die nächste Generation von uns sagen kann: Sie haben die moderne Sklaverei abgeschafft.

Lea Ackermann

Der Handel mit der Ware Frau

Das Verbrechen mitten unter uns:
Die Käuflichkeit des weiblichen Geschlechts

Worauf sind wir in Deutschland stolz? Auf eine Gesellschaft, die Freiheit, Demokratie und Menschenrechte großschreibt. So räumen wir in unserem Grundgesetz der Würde des Menschen den ersten Platz ein und streben im gesellschaftlichen Miteinander nach der Gleichberechtigung von Mann und Frau. Zumindest offiziell. Doch gleichzeitig duldet und fördert unser Land ein unsägliches Verbrechen: den Handel mit Frauen und Kindern. Seit dem Jahr 2002 ist der Kauf von Körpern zur Befriedigung des sexuellen Verlangens nicht länger sittenwidrig, sondern rechtlich als Dienstleistung anerkannt. Seitdem findet mitten unter uns tagtäglich unbeschreibliches Leid statt, das unter dem Deckmantel der Legalisierung immer weiterwächst. Es ist Zeit, dass wir endlich hinschauen und das Unrecht beim Namen nennen.

Eine von Millionen
Samira ist eine junge Frau und stammt aus Bulgarien. Ihr Vater zwang sie in die Prostitution. Der Grund: Samira ist kognitiv behindert. Mit 25 Jahren wurde sie von ihrem Vater nach Deutschland verkauft, weil sie nicht in der Lage war, für sich und ihn zu sorgen. In Deutschland angekommen, musste die zierliche Bulgarin sich in zwei Bordellen prostituieren, täglich den sexuellen Wünschen deutscher Männer nachkommen und sich ihrem Zuhälter unterordnen.

Samira ist ein Mensch von 4,5 Millionen weltweit, die nach Angaben der Internationalen Arbeitsorganisation ILO durch Privatpersonen oder Unternehmen sexuell ausgebeutet werden. Sie ist auch eine der vielen Tausend Frauen, die in Deutschland in der Prostitution aufs Äußerste missbraucht werden und die kaum jemand kennt. Die Dienstleistungsgewerkschaft Ver.di schätzt, dass täglich 1,2 Millionen Männer in Deutschland die sexuellen Dienste von Prostituierten kaufen. Wie Samira verkaufen Tausende Frauen in unserem fortschrittlichen und aufgeklärten Land täglich ihren Körper und damit ihre Intimität.

Samira ist auch eine der vielen Frauen in der Prostitution, die täglich geschlagen, vergewaltigt und missbraucht werden – von Männern, die meinen, ein Recht auf die Erfüllung ihrer sexuellen Bedürfnisse zu haben. Was die junge Frau in unserem Land erlebt hat, war kein Job unter schlechten Bedingungen. Ihre Tätigkeit als „Dienstleistung" oder „Arbeit" zu bezeichnen, ist ein Verbrechen. Samira wurde in unserem Land völlig entmenschlicht: In dem letzten Bordell, in dem sie sich prostituieren musste, wurde sie wie ein Hund – nackt und auf allen vieren kriechend – an der Leine gehalten. Erst eine Polizeirazzia gab ihr die Möglichkeit, trotz ihrer schlechten Deutschkenntnisse um Hilfe zu bitten.

Doch obwohl die Polizei Samira schließlich befreien konnte, werden die Gewalt und die Schmach, die Frauen wie sie viele Male über sich ergehen lassen mussten, in unserem Land letztlich nicht als solche anerkannt. Denn Prostitution ist in Deutschland keine Straftat, sondern lediglich eine Dienstleistung, ein Tausch von Geld gegen Sex zwischen zwei ebenbürtigen Erwachsenen. Dass die Realität oft gänzlich anders aussieht, beweisen Geschichten wie die von Samira. Und sie ist leider kein Einzelfall.

Die Crux mit der Freiwilligkeit
Folgendes Argument höre ich immer wieder: Dass Frauen in der Prostitution diese Tätigkeit freiwillig wählten. Mehrere Hundert Frauen, die Opfer von Menschenhandel und Zwangsprostitution geworden sind oder aus der Prostitution aussteigen wollen, wenden sich jedes Jahr an SOLWODI. Im Jahr 2014 bezogen sich 468 unserer 1.728 Erstkontakte auf diese Problematiken. Die Biografien der Frauen werden immer komplexer und die Problemlagen immer herausfordernder. Nach über 30 Jahren Erfahrung in der Beratungspraxis und Tausenden Gesprächen kann ich sagen: Es gab bisher nicht eine einzige Frau, die – wenn wir uns die Mühe machten, ihr zuzuhören – gesagt hat, dass sie gerne oder freiwillig in der Prostitution gewesen sei. Es sind diese Gespräche mit den betroffenen Frauen sowie die Forschungsarbeiten qualifizierter Traumatherapeuten, die uns zu der tiefen Überzeugung führen, dass Prostitution niemals ein Beruf sein kann.

Wissenschaftliche Arbeiten belegen, dass Frauen in der Prostitution in deutlich höherem Maße von Gewalt betroffen sind als die weibliche Gesamtbevölkerung in Deutschland: Psychische und physische Gewalt ist bei Prostituierten etwa zwei- bis dreimal und sexuelle Gewalt fast fünfmal so häufig wie beim Durchschnitt der weiblichen Bevölkerung in Deutschland. Zudem sind Frauen in der Prostitution überdurchschnittlich stark dem Risiko von Geschlechtskrankheiten, HIV oder einer ungewollten Schwangerschaft ausgesetzt. Einer Studie von Melissa Farley zufolge leiden etwa zwei Drittel der Frauen in der Prostitution an posttraumatischen Belastungsstörungen, vergleichbar mit denen von Kriegsveteranen, Überlebenden von Vergewaltigungen und Flüchtlingen, die staatlich sanktionierter Folter ausgesetzt waren. Die Untersuchung basiert auf der Befragung von 854 Prostituierten aus neun verschiedenen Ländern.

Etwas, das derart destruktive Folgeerscheinungen verursacht, kann niemals Arbeit sein. Auch dann nicht, wenn ein Staat oder Rechtssystem es zu einer anerkannten Dienstleistung macht. Unsere Gespräche und die Begleitung der Frauen, die aus der Prostitution zu uns kommen, bestätigen das. Selbst nach einer relativ kurzen Zeit in der Prostitution sind sie traumatisiert und nicht selten werden diese Erlebnisse sie (und ihre Kinder) ein Leben lang begleiten.

Ein weiteres Argument lautet oft, dass Frauen, die aus den osteuropäischen Ländern zu uns kommen und dann in Bordellen oder auf dem Strich landen, schon in ihrem Heimatland wussten, worauf sie sich einlassen – und man folglich sagen könne, dass sie sich freiwillig dazu entschieden hätten. Dieses Argument wird sogar durch Zahlen des Bundeskriminalamtes gestützt: Rund 24 Prozent aller Opfer aus Ermittlungsverfahren im Jahr 2014 geben an, „mit der Aufnahme der Prostitutionsausübung einverstanden gewesen zu sein". Doch was häufig verschwiegen wird: Diese Frauen wissen sehr oft nicht, welche Umstände sie in Deutschland erwarten.

Menschenhandel ist ein rücksichtsloses Spiel mit der trügerischen Hoffnung auf ein besseres Leben in einem Land, das für die Frauen wie das Paradies erscheint. In ihrem Heimatland ließen sie sich auf Versprechen von Künstler- oder Modelagenturen ein oder glaubten einem Verwandten, der ihnen einen guten Job mit hohen Einkünften in der Gastronomie versprach. Erst einmal in Deutschland angekommen sehen sich die Frauen aus den osteuropäischen Ländern einem riesigen Schuldenberg (für Reise, Pass, Visum, Unterkunft und Verpflegung) gegenüber. Sie kennen weder ihre Rechte in dem neuen Land noch wissen sie, wo sie Hilfe bekommen könnten. Ohne Kontakte und Sprachkenntnisse und oft durch Gewalt eingeschüchtert, sehen sie dann keinen anderen Weg mehr, als sich den Forderungen ihrer Peiniger zu beugen.

Aber auch die Frauen, die nicht klassische Opfer von Menschenhandel sind, sondern von der Tätigkeit in der Prostitution wussten und sich darauf – infolge ihrer ansonsten aussichtslosen Lage – eingelassen haben, konnten schlicht nicht ahnen, welche unmenschlichen Lebensbedingungen und welche erniedrigenden Handlungen von ihnen erwartet werden würden. Wer sich einmal die „Menükarte" in einem Bordell angesehen hat, muss erkennen: Die hier angepriesenen „Dienstleistungen" haben mit Menschlichkeit nichts zu tun und sind oft nicht weit entfernt von nackter Folter.

Das Geschäftsmodell basiert auf Ausbeutung, was sowohl für die klassische Zwangsprostitution, als auch für die in unserem Land legale „freiwillige" sexuelle Dienstleistung gilt. Und weil Prostitution bei uns eine rechtlich anerkannte Dienstleistung ist, bleibt das Leid dieser Frauen so oft unentdeckt. Hinter den Wänden der legalen Bordelle in Deutschland werden sie Tag für Tag, Nacht um Nacht entmenschlicht und ausgebeutet. Von Männern, die meinen, dass das Bezahlen von Geld ihnen das Recht auf Frauenkörper gewährt.

In unserem Grundgesetz sind die Menschenwürde genauso wie die Gleichheit von Mann und Frau fest verankert. Die Menschenwürde und die Gleichwertigkeit ist aber nicht der Beliebigkeit des Einzelnen überlassen, sondern gehört zum Menschsein dazu. Prostitution und Gleichwertigkeit von Mann und Frau sind – genauso wie Prostitution und Menschenwürde – unvereinbar.

Nackte Zahlen der nackten Realität

Die einzigen regelmäßig erscheinenden Zahlen zum Menschenhandel in Deutschland werden vom Bundeskriminalamt im jährlich erscheinenden *Bundeslagebild Menschenhandel* veröffentlicht. Hier werden jedoch nur Ermittlungsverfahren aufgeführt – also die Fälle, die angezeigt und ermittelt wurden und die somit lediglich die Spitze des Eisberges darstellen. Wie groß das Dunkelfeld ist und wie viele Fälle für immer unentdeckt bleiben werden, weiß niemand. 392 Ermittlungen im Bereich Menschenhandel zur sexuellen Ausbeutung in Deutschland zählte das Bundeskriminalamt für das Jahr 2014. Wie schon in den Jahren davor stammten auch 2014 wieder mehr als zwei Drittel der Opfer aus Ost- und Südosteuropa.

Menschenhandel ist also kein Problem der armen Länder in der Dritten Welt, sondern findet direkt vor unserer Haustür statt. Die Frauen, die unter schlimmsten Bedingungen in unseren Bordellen anschaffen gehen, werden größtenteils aus anderen EU-Ländern zu uns gebracht. Dabei ist auch ein wichtiger Aspekt, dass 48 Prozent der Opfer unter 21 Jahre alt waren – und das sind nur die offiziellen Zahlen.

Die Opfer – vor allem die Minderjährigen – kommen zunehmend auch aus Deutschland. Auch in unserem Land werden Frauen und Töchter verkauft. Selbst vor Kindern machen die Täter nicht halt – schließlich geht es hier um viel Geld. Ein Beispiel ist Lisa – sie lernte ihren Zuhälter mit elf Jahren kennen. Der 46-jährige Reitlehrer des Mädchens sollte später ihr Zuhälter werden.

Als Lisa 14 wurde, machte der Mann sie zu seiner „Geliebten". Sie träumten von einer gemeinsamen Zukunft, er versprach ihr eine eigene Pferdefarm – ihr Kindheitstraum. Dann erzählte er ihr, dass dieser Traum von einer gemeinsamen Zukunft nur möglich würde, wenn Lisa für ihn Geld verdiente – als Prostituierte. Nach und nach isolierte er sie völlig von ihren Freunden und ihrer Familie und begann sie zu „trainieren". Er zeigte ihr diverse Sexpraktiken und nahm sie mit zu Bordellbesuchen.

Lisas liebevoller und väterlicher Reitlehrer war zum klassischen Loverboy geworden, von dem das Mädchen bereits vollkommen abhängig war. Mit 17 Jahren rannte sie mit ihm von zu Hause weg. Er brachte sie in ein Bordell und seine ursprünglichen Versprechen von einer schönen gemeinsamen Zukunft wichen Schlägen, Vergewaltigungen und Demütigungen. Für Lisa folgten zehn Jahre in Bordellen quer durch Deutschland, mit 20 bis 40 Freiern pro Tag. Immer wieder wurde sie von ihrem Zuhälter, dem Reitlehrer, geschlagen und vergewaltigt. Ihre Verdienste behielt er allesamt ein. Die Narben trägt sie heute noch.

Weltweit werden 1,8 Millionen Kinder pro Jahr zur Prostitution und Pornografie gezwungen. Das belegt eine UN-Studie über Gewalt gegen Kinder. Das *Bundeslagebild Menschenhandel* bestätigt, dass 10 Prozent der Opfer aus den Ermittlungsverfahren in Deutschland im Jahr 2014 minderjährig waren. Bei uns sind Berlin, Hamburg und Stuttgart die wichtigsten Ziele für Kinderhändler. Auch der Sextourismus ist längst nicht mehr auf Thailand und andere asiatische Länder beschränkt. Inzwischen kommen ganze Busse mit Sextouristen nach Deutschland, die sich hier die Sehenswürdigkeiten ansehen und Sex zu Discounterpreisen konsumieren möchten. Deutsche Männer gehen als Sextouristen vorrangig an die deutsch-tschechische Grenze nahe Cheb. Dort verhandeln nicht nur Kinder über Sexualpraktiken und Preise mit deutschen Freiern. Sogar Mütter bieten den Sextouristen ihre Säuglinge an. Säuglinge! Das Grauen kennt keine Grenzen.

Milliardengeschäft mit der Ware Mensch

Was in unserem Land als fortschrittliche Entwicklung und Emanzipation der Frau gefeiert und verteidigt wird, nennen viele internationale Menschenrechtsaktivisten die „weiße Sklaverei". Der Menschenhandel, zu dem auch der Kauf und Verkauf von Frauen- und Kindern gehört, ist neben dem Drogen- und Waffenhandel nicht nur eines der lukrativsten Geschäfte aus der organisierten Kriminalität weltweit. Der Handel mit Menschen ist auch einer der Hauptmotoren für Korruption und eine der wichtigsten Einnahmequellen für Bürgerkriegsarmeen, Rebellen und fundamentalistische Bewegungen wie die Taliban oder der IS.

Es gibt kaum einen ertragreicheren Wirtschaftszweig, da beim Menschenhandel nur ein geringer „Kapitaleinsatz" (die Menschen) erforderlich ist, die Gewinne aber im Milliardenbereich liegen. Weltweit liegen die Gewinne aus der Zwangsarbeit bei rund 138 Milliarden Euro pro Jahr, schätzt die ILO. Mehr als 90 Milliarden Euro werden dabei mit Zwangsprostitution erwirtschaftet. Die Gewinne aus der Zwangsprostitution sind nach Angaben der ILO die höchsten von allen Bereichen des Menschenhandels. Dies ist auf die hohe Nachfrage und die Bereitschaft der Kunden, dafür zu bezahlen, zurückzuführen.

Diese Fakten sind nicht nur global gesehen, sondern auch auf Bundes- und lokaler Ebene real: Prostitution ist ein einträgliches Geschäft. So prahlt beispielsweise das Kölner Bordell *Pascha* auf seiner Webseite damit, dass „Besucherrekordzahlen von 30.000 pro Monat keine Seltenheit" sind. Rund 1.000 Besucher pro Tag – die Nachfrage ist groß. Und dieser Handel mit Menschen funktioniert nach den Gesetzen der Marktwirtschaft: Die Nachfrage bestimmt das Angebot. Und die steigt dort, wo Prostitution rechtlich nicht verboten ist. Zugleich sinken die Preise – auch eine Folge davon.

Eine höhere Nachfrage führt zu mehr Angebot. Sinken dann noch die Preise, steigt die Nachfrage umso mehr – und das Angebot wird ebenfalls aufgestockt. Das heißt: Vor allem die Zahl der Zwangsprostituierten steigt, da eine derartige Nachfrage nicht mit Frauen gedeckt werden kann, die Prostitution als für sie erfüllenden Beruf erleben. Der deutsche Gesetzgeber hat deswegen mit dem Prostitutionsgesetz von 2002 (ProstG 2002), das Prostitution anderen Dienstleistungen gleichstellte, eine Grundlage geschaffen, die den Handel mit Frauen und Kindern faktisch legitimiert und fördert. Auch wenn die Absicht war, Menschen in der Prostitution besser zu schützen und ihnen den Zugang zu Sozialleistungen zu ermöglichen (was nicht gelungen ist), hat das ProstG 2002 vor allem eines bewirkt: Es hat Bordellbetreiber, Zuhälter und Menschenhändler zu angesehenen Geschäftsleuten gemacht, die seitdem millionenschwere Unternehmen führen – auf dem Rücken der Frauen und ganz legal. Doch obwohl die Bundesregierung in ihrer Evaluation des Prostitutionsgesetzes im Jahr 2007 bereits feststellen musste, dass das Gesetz seine Ziele nicht erreicht hat, hält sie weiterhin an der Legalisierung fest.

Und nicht nur das: Selbst Amnesty International, eine Organisation, von der wir bis dato dachten, sie sei eine der führenden Menschenrechtsorganisationen, hat in einer Grundsatzposition im August 2015 entschieden, sich zukünftig für eine Entkriminalisierung der Prostitution und ihres Umfeldes einzusetzen.

Das Unsichtbare sichtbar machen
Armando Garcia Schmidt schreibt in seinem Artikel „Menschenhandel: Europas neuer Schandfleck": „Menschenhandel ist unsichtbar: Nicht nur die Verbrechen, auch die Opfer sind unsichtbar. [...] Obwohl es sich um eklatante Menschenrechtsverletzungen handelt, gibt es keine politische Lobby der Opfer. In der öffentlichen Wahrnehmung der meisten europäischen Gesellschaften findet das Verbrechen nicht statt." Das Verbrechen, das an den Frauen (und Männern) begangen wird, ist unsichtbar. Viele Menschen wissen nichts davon, viele wollen davon nichts wissen. Bei uns in Deutschland kommt hinzu, dass dieses Verbrechen aufgrund der Gesetzeslage umgedeutet und damit nicht nur akzeptiert, sondern auch gefördert wird. Menschenhandel, Zwangsprostitution, Prostitution, sexuelle Ausbeutung – all das ist eng miteinander verknüpft. Es ist nicht möglich, das eine zu legitimieren, ohne zu bewirken, dass das andere gefördert wird.

Es ist deswegen mein größtes Anliegen, dass immer mehr Menschen aufwachen und lernen, hinzusehen. Dass wir das

Geschehen in unserer Umgebung und unserer Gesellschaft mitverfolgen und gegen Unrecht, das mitten unter uns stattfindet, aufstehen. Das gilt auch und insbesondere für uns Christen sowie für alle gläubigen Menschen, die einen Gott anerkennen, der Schöpfer aller Menschen ist und keines seiner Geschöpfe hilflos und dem Verbrechen ausgeliefert sehen will. Es ist unsere Aufgabe und Verantwortung, für die einzutreten, die keine Stimme haben. Nicht, um für sie zu sprechen, sondern um ihnen wieder eine Stimme zu geben – damit sie irgendwann wieder für sich selbst sprechen können.

Ich bin nach meiner 30-jährigen Erfahrung zutiefst überzeugt, dass nur ein bundesweites Sexkaufverbot den Frauen eine effektive Hilfe sein kann. Nicht die Frauen in der Prostitution dürfen kriminalisiert werden. Stattdessen muss die Gesetzgebung eine Ächtung von Sexkäufern und allen anderen Profiteuren aus dem Sexgeschäft beinhalten, denn sie sind diejenigen, die einen Markt für die Kommerzialisierung des sexuellen Missbrauchs schaffen. Es ist an der Zeit, dass der deutsche Gesetzgeber einen Schlussstrich zieht, weil wir als Gesellschaft sagen: Diese Ausbeutung darf nicht länger geduldet werden. Der Kauf von Sex muss verboten werden. Andere Länder sind da bereits weiter: So ist in Schweden, Norwegen, Canada bspw. der Kauf von Sex nicht erlaubt und wird von der Gesellschaft mittlerweile auch geächtet.

Ein langer Weg in die Freiheit

Der Weg zurück in die Freiheit ist für viele Frauen ein sehr langer und beschwerlicher. Eine Razzia, ein Notruf oder die Kontaktaufnahme mit einer Beratungsstelle sind dabei nur der erste, aber dennoch der wichtigste Schritt. Ein Schritt, der auch Samira und Lisa schlussendlich den Weg in die Freiheit ebnete. Samira wurde bei der Razzia von der Polizei in eine der SOLWODI-Schutzwohnungen gebracht. Sie gewöhnte sich schnell an ihre neue Umgebung, brauchte aber bei fast allem Hilfe. Alltägliche Dinge wie beispielsweise Zähneputzen waren für sie fremd. SOLWODI kümmerte sich darum, dass sie eine dauerhafte Aufenthaltsgenehmigung und eine Unterbringung in einer sozialtherapeutischen Einrichtung bekam.

Auch Lisa fand den Weg in ein neues Leben. Sie schaffte es, durch ein Bordellfenster zu fliehen und die Notrufnummer zu wählen, nachdem ihr Zuhälter sie beinahe totgeschlagen hatte. Nach vielen Stunden schmerzhafter polizeilicher Befragungen und einem Gerichtsprozess wurde ihr Zuhälter letztendlich zu neun Jahren Haft verurteilt. Doch wie für viele Frauen war auch für Lisa das Gerichtsurteil nicht das Ende der Geschichte. Für sie fing der lange Weg der Wiederherstellung und Rehabilitation gerade erst an.

Selbst wenn die Polizei bei Razzien Opfer von Zwangsprostitution befreien kann, sind diese danach nicht frei. Für sie beginnen dann Jahre größter emotionaler und psychischer Qual, da die Angst vor den Drohungen ihrer Peiniger und ihre Traumata ständige Begleiter sind. In unserem Rechtssystem ist die Verurteilung der Täter leider immer noch zwingend von der Aussage des Opfers abhängig. Das bedeutet, dass die Frauen, die in unserem Land häufig jahrelang ausgebeutet wurden, diese schrecklichen Erlebnisse erneut und in aller Öffentlichkeit durchleben müssen – nur um hinterher zu erfahren, dass die Täter, die ihnen mit dem Tod von Angehörigen gedroht hatten, oft nur eine Strafe von ein bis zwei Jahre auf Bewährung bekommen. Das ist Unmenschlichkeit und Unrecht in seiner höchsten Form. Unrecht, das wir nicht länger dulden dürfen. Es ist höchste Zeit, dass immer mehr Menschen dagegen aufstehen.

Judith Kühl

In der Falle des Menschenhandels auf den Philippinen

Erwachen in der Dunkelheit

Charito sitzt auf einer bröseligen Schaumstoffmatratze in einem kleinen fensterlosen Raum. Es riecht modrig. Das schwache Licht, das durch die Türritzen dringt, lässt das 14-jährige Mädchen nur erahnen, was sich sonst noch in dem Zimmer befindet. Ob sie seit Stunden oder schon seit Tagen hier ist, weiß Charito nicht. Ihr fehlt jede Orientierung. Sie hat Angst und mit jeder weiteren Minute wird sie größer. Irgendetwas sehr Schlimmes musste geschehen sein.

Vor der Tür hört sie aufgebrachte Mädchenstimmen und lautes Männergebrüll. Sie versteht die Worte nicht, aber manche Mädchen scheinen um etwas zu betteln oder zu flehen, andere klingen rebellierend und wütend. Sie muss herausfinden, wo sie ist und warum. Fieberhaft versucht sie sich zu erinnern, was zuletzt geschehen ist. Vor ihren Augen sieht sie das Gesicht einer Frau, die sie nicht kennt. Die Lippen der Fremden bewegen sich und dann wird alles schwarz.

Nach und nach kehrt Charitos Erinnerung zurück: An den Bahnhof, wo sie auf einer Bank am Gleis saß. Ohne Zugticket und ohne Ziel. Meilenweit von zu Hause entfernt wusste sie nicht, wohin sie gehen sollte. Um ihre Eltern und jüngeren Geschwister finanziell zu unterstützen, hatte sie die Schule schon mit zwölf Jahren abbrechen müssen. Für die neue Arbeit war sie in eine kleine Stadt gezogen, fünf Stunden von ihrer Heimat entfernt. Dort arbeitete sie als Kinder- und Hausmädchen bei einer wohlhabenden Familie. Anfangs hatte sie genug zu essen und eine saubere Unterkunft bekommen. Sie konnte sogar jeden Monat etwas Geld nach Hause schicken. Doch plötzlich zahlte ihr Arbeitgeber nicht mehr und versuchte, sie gewaltsam im Haus festzuhalten – bis Charito fliehen konnte.

Ein böser Engel
Die Flucht endete am Bahnhof. Von hier aus wusste das Mädchen nicht weiter. Nach Hause konnte sie nicht, denn ihre Eltern konnten sie nicht versorgen. Im Gegenteil: Sie brauchten ihre finanzielle Hilfe. Da sprach sie eine Frau an. Es war die Fremde, deren Gesicht ihre letzte deutliche Erinnerung ist. „Brauchst du Arbeit?", fragte die Unbekannte. Charito konnte ihr Glück kaum fassen. Die Frau erschien ihr wie ein Engel, der sie aus ihrer verzweifelten Lage retten konnte. „Ich arbeite sieben Stunden von hier entfernt in Cebu", fuhr die Frau fort. „Dort besitze ich mehrere Restaurants und es gibt immer viel zu tun." Charito schöpfte neue Hoffnung.

Zusammen machten sich die Frau und Charito auf den Weg nach Cebu. In der zweitgrößten Stadt der Philippinen angekommen, fuhren sie mit einem bunten Jeepney, einem landestypischen Kleinbus, durch den chaotischen Feierabendverkehr. Bei einem Straßenhändler kaufte die Frau zwei Limonaden. Sie öffnete sie und bot Charito eine davon an. Durstig von der langen Reise nahm Charito einen großen Schluck. Dann wurde alles schwarz.

Nun sitzt Charito in der Dunkelheit. Plötzlich geht die Tür auf. Licht fällt in den Raum und blendet das Mädchen. Sie erkennt zwei Männer vor sich; der eine gibt dem anderen Geld. Er geht auf sie zu, zieht sie auf die Matratze und vergewaltigt sie. Charito schreit vor Schmerz, doch niemand reagiert. Stundenlang weint sie vor Angst und Verzweiflung. Das hier kann kein

Restaurant sein. Dann kommt der andere Mann wieder und zerrt sie an den Haaren aus dem Raum heraus in einen schmalen Gang. Dort befinden sich ein Waschbecken und ein Spiegel. Der Unbekannte zwingt Charito, die Unterwäsche anzuziehen, die dort liegt. Dem Mädchen dämmert es: Sie ist in einem Bordell. Die Frau muss sie belogen haben.

Menschenhandel ist ein weit verbreitetes Verbrechen auf den Philippinen. Junge, arme und von ihrem sozialen Umfeld abgeschnittene Mädchen wie Charito sind besonders gefährdet. Oft sind es Frauen, die ihnen Hoffnung und Mut zusprechen, indem sie ihnen einen Job anbieten und damit in Aussicht stellen, dass die Mädchen endlich auf eigenen Beinen stehen oder ihre Familie finanziell besser unterstützen können. Doch irgendwann auf dem Weg zu dem „neuen Job" betäuben die Menschenhändlerinnen die ahnungslosen Mädchen und verkaufen sie an einen Klub- oder Bordellbetreiber.

Eine Hölle auf Erden
Der kleine fensterlose Raum wird für die nächsten Jahre Charitos Schlafplatz. Wenn sie nicht schläft, sitzt sie im oberen Stockwerk des Bordells an der Bar. Dort muss sie warten und lächeln, wenn ein Kunde kommt, mit dem der Bordellbetreiber einen Preis für sie verhandelt. Es folgt Vergewaltigung auf Vergewaltigung, bis zu 20 Mal am Tag. In dem Bordell werden noch andere Mädchen gegen ihren Willen festgehalten und brutal missbraucht. Wer sich verweigert, wird geschlagen, bedroht oder anderweitig bestraft. Charito versucht zu „überleben", zu funktionieren. Fände sie einen Weg zu fliehen, würde sie es wagen. Doch wenn sie nach einem weiteren grausamen Tag versucht, einzuschlafen, überfällt sie die Verzweiflung wie ein schreckliches Monster, das flüstert: „Niemand weiß, dass du hier bist, niemand wird nach dir suchen. Du bist vergessen; du wirst für immer hierbleiben müssen."

Charitos Horrorszenario wird nicht wahr. Im Januar 2006 führt eine Spezialeinheit der philippinischen Polizei eine Razzia in dem Bordell durch und befreit Charito und 26 andere Mädchen aus den Händen des Zuhälters. Im gleichen Jahr eröffnet International Justice Mission (IJM) ein Büro in Cebu. Laut Schätzungen der philippinischen Regierung und verschiedener Nichtregierungsorganisationen werden rund 20.000 bis 100.000 Kinder im Land in der kommerziellen Sexindustrie ausgebeutet.

In Kooperation mit der Bill und Melinda Gates Stiftung macht IJM es sich zum Ziel, innerhalb der nächsten vier Jahre die Zahl der Kinder, die in Metro Cebu in der Sexindustrie ausgebeutet werden, um 20 Prozent zu reduzieren. In einer parallel laufenden Studie namens „Projekt Laterne" werden die Entwicklungen erfasst und ausgewertet. Für einen Erfolg ist eine enge Zusammenarbeit mit der Regierung und den Behörden notwendig. Gemeinsam mit ihnen will IJM betroffene Kinder befreien, Täter verhaften lassen und strafrechtlich zur Verantwortung ziehen.

Die rechtlichen Definitionen zu Menschenhandel, Prostitution und Minderjährigkeit auf den Philippinen sind sehr präzise, doch in der Praxis sind diese Definitionen den zuständigen Beamten oft unklar oder ihre Relevanz wird infrage gestellt. Jede Razzia, jede Anklage und jede Verurteilung ist dabei ein Fortschritt, weil sie der gesamten Rotlichtszene signalisiert, dass die Ausbeutung von Kindern nicht straffrei bleibt.

Der Fall von Charito und den anderen Mädchen, die mit ihr befreit wurden, gehört zu einem der ersten Fälle, die IJM übernimmt. Von der Sache erfahren die IJM-Ermittler durch Polizeibeamte aus Cebu. Denn nach der geglückten Befreiung wird der Bordellbetreiber zwar verhaftet und angeklagt, doch dann legt der Staatsanwalt den Fall auf Eis. Der Hauptgrund dafür ist schlicht Überforderung – vor Gericht warten viel zu viele Fälle darauf, von viel zu wenigen Staatsanwälten bearbeitet zu werden. So kommt es nur in den Fällen zum Prozess, bei denen es um viel Geld geht oder in denen politische Dringlichkeit besteht. Auf die ausgebeuteten Mädchen traf in den Augen des Staatsanwaltes beides nicht zu.

Wunder geschehen

Während IJM-Anwälte den Fall wieder aufrollen, begleiten Sozialarbeiterinnen von IJM Charito und die anderen Mädchen bei der Verarbeitung der schweren Folgen der traumatischen Erlebnisse. Obwohl Charito Opfer sexuellen Missbrauchs war und nicht verantwortlich, empfindet sie Schuld und tiefe Scham. IJM-Mitarbeiterinnen ermutigen sie, in eine Nachsorgeeinrichtung zu ziehen, in der Betroffene von sexueller Gewalt in einer sicheren Wohngemeinschaft zusammenleben und von Fachpersonal betreut werden.

In Einzel- und Gruppentherapien wird Charito bewusst, was tatsächlich geschehen war. Die Mechanismen von Menschenhandel und Ausbeutung waren ihr nicht klar, obwohl sie diese am eigenen Leib erfahren hatte. Jetzt versteht sie, dass die Frau, die ihr von den Restaurants in Cebu erzählt hatte, eine Menschenhändlerin war, die sie gezielt ausgesucht und an dieses Bordell verkauft hatte. Charito versteht, dass es nicht ihre Schuld ist, dass sie verschleppt wurde.

Über mehrere Jahre wohnt sie in der Einrichtung und saugt die Liebe und Fürsorge der Menschen um sie herum auf wie ein trockener Schwamm. Dort findet sie auch zum Glauben an Gott. „In der Vergangenheit habe ich gedacht, dass alle Menschen schlecht sind. Ich fühlte mich hoffnungslos und verloren. Doch Gott hat Menschen in mein Leben gestellt, die mir gezeigt haben, dass er mich liebt! Ohne Gott hätte ich das Trauma niemals überwunden. Vermutlich wäre ich im schmerzhaftesten Moment einfach stehen geblieben", erzählt Charito.

Der Anwalt von IJM, der Charito und die anderen Mädchen vor Gericht vertritt, ist regelmäßig mit ihr in Kontakt. Der Prozess läuft nur schleppend und zieht sich aufgrund von bürokratischen Hürden über Jahre hin. Als ein wichtiger Termin vor Gericht ansteht, fragt der Anwalt Charito, ob sie als Zeugin aussagen würde. Das Mädchen ist sofort dazu bereit, auch wenn das für sie bedeutet, dem Täter im Gerichtssaal gegenübertreten zu müssen. Mutig erklärt sie im Rückblick: „Ich sagte aus, um ein Stück Gerechtigkeit zu erreichen, nicht nur für mich, sondern für alle Kinder, die verschleppt und ausgebeutet werden!"

Gerechtigkeit ist möglich
In dem Zeitraum von 2006 bis 2010 kämpft IJM an zahlreichen Fronten für Gerechtigkeit. Zusammen mit der Polizei werden 259 Kinder aus dem Sexhandel befreit. In den drei Jahren zuvor konnte die Polizei lediglich 27 Opfer befreien. Über 100 Täter werden wegen Menschenhandels und sexueller Ausbeutung angeklagt. Durch die Schulungen von IJM für Polizisten sind sie stärker motiviert und haben eine deutlich höhere Erfolgsquote in der Aufklärung der Fälle. Die von der Bill und Melinda Gates Stiftung finanzierte Studie „Projekt Laterne" zeigt 2010, dass im Vergleich zu 2006 79 Prozent weniger Minderjährige in der kommerziellen Sexindustrie in Metro Cebu ausgebeutet werden. Ein voller Erfolg für IJM und die Polizei!

Am 4. Juni 2013 kommt der große Tag für Charito und IJM: Nach einem sechsjährigen Prozess erklärt das Gericht den Bordellbetreiber für schuldig und verurteilt ihn zu einer mehrjährigen Haftstrafe.

Charito holt während ihrer Zeit in der Nachsorgeeinrichtung die Schule nach. Mittlerweile studiert sie Soziale Arbeit. Das eingeschüchterte, einsame 14-jährige Mädchen von damals, das verzweifelt und unwissend in die Falle des Menschenhandels tappte, ist in der jungen Frau von heute nicht wiederzuerkennen. Ihre Energie, die es ihr ermöglicht, für andere da zu sein, ist kaum zu bündeln. Ihre Fröhlichkeit gründet in ihrem Glauben, dass Gott gute Pläne für ihr Leben hat.

Stefanie Enriquez-Geppert und Mareike Wendling

Freiheit und Gesundheit

Worauf es bei der psychosozialen Versorgung von Betroffenen schwerster Menschenrechtsverletzungen ankommt

Kampala. Auf dem Heimweg von der Schule flüchtet der zehnjährige Bilaal unvermittelt in ein Haus am Wegesrand, versteckt sich unter dem Fenster, springt auf und gestikuliert, als hätte er ein Gewehr in der Hand und würde hinausschießen. Dabei hält er weder eine Waffe noch ist draußen jemand zu sehen. Er ist wie zurückversetzt in seine Zeit als Kindersoldat.

Mumbai. Die zwanzigjährige Leela schreckt mitten in der Nacht auf. Seit einigen Monaten wohnt sie wieder bei ihrer Familie in ihrem Heimatdorf. Doch regelmäßig wird sie von den gleichen Albträumen geplagt. Dann fallen die Männer, denen sie in ihren Jahren als Zwangsprostituierte ausgeliefert war, wieder über sie her. Und sie spürt, wie die Bordellbesitzerin mit Kabeln auf sie einschlägt, wenn sie sich nicht fügt. Eine Bekannte hat ihr einen Job in einem Restaurant vermittelt. Doch sie schafft es einfach nicht, morgens pünktlich aufzustehen und alltägliche Dinge wie Einkaufen gehen selbst zu erledigen. Sie fühlt sich leer. Leelas Freundin Jaya hat Ähnliches erlebt. Trotzdem hat sie keine Schwierigkeiten mit den Anforderungen des Alltags.

Istanbul. Nergiz ist mittlerweile 50 Jahre alt. Nur noch selten denkt sie an ihre illegale Verhaftung zurück. Damals rissen sie uniformierte Männer mitten in der Nacht aus dem Bett, sperrten sie in ein Gefängnis und folterten sie, weil sie anders dachte, als es das türkische Militärregime Mitte der 1980er-Jahre tolerierte. In der Öffentlichkeit galt sie lange als verschwunden. Heute ist Nergiz glücklich verheiratet, hat zwei fast erwachsene Kinder und arbeitet als Fotografin in ihrem eigenen Studio.

Berlin. Der Unterricht in der Klasse 2a ist vorbei. Während ihre Mitschüler freudig aufspringen und aus dem Klassenraum stürmen, duckt sich die achtjährige Zahra beim Läuten der Pausenglocke hastig unter ihren Tisch. Das Mädchen schwitzt, ihr Herz schlägt schnell, die Augen sind weit aufgerissen. Noch vor einem halben Jahr schrillte ein ganz ähnlich klingender Alarm, wenn in dem Kriegsgebiet, aus dem das Kind stammt, wieder Bomben vom Himmel fielen. Hunderte Kilometer entfernt und Monate später beginnt für Zahra beim Läuten der Schulglocke erneut der Boden unter den Füßen zu beben. Sie hört Schreie, sieht Trümmer und Blut.

Menschen, die schwerste Verletzungen ihrer Menschenrechte erfahren haben, sind nach ihrer Befreiung aus einer Gewaltsituation in den seltensten Fällen wirklich frei. Die Erlebnisse beeinträchtigen ihre psychische Gesundheit und ihre Funktionsfähigkeit im Alltag häufig nachhaltig. Eine rechtzeitige und professionelle psychosoziale Versorgung bietet in vielen Fällen die Chance auf Heilung. Welche unterschiedlichen Auswirkungen schwerste Menschenrechtsverletzungen auf die Psyche haben und welche Konsequenzen sich hieraus für die psychosoziale Versorgung in der Praxis ergeben sollten, wird im Folgenden dargestellt.

Gesundheit als Ziel psychosozialer Versorgung
Psychosoziale Versorgung hat die Gesundheit des Betroffenen zum Ziel. Doch was heißt eigentlich Gesundheit? Im Gegensatz zu früheren Ansätzen wird heute in der Gesundheitspsychologie unter Gesundheit mehr als die Abwesenheit von Krankheit

verstanden. Gesundheit wird umfassender beschrieben als ein „Zustand des vollständigen körperlichen, geistigen und sozialen Wohlbefindens" (Lippke und Renneberg, 2010). Damit ist nicht nur das *körperliche*, sondern auch das *psychische* und *soziale* Wohlbefinden gemeint, wie etwa die Leistungsfähigkeit, Selbstverwirklichung, Sinnfindung und Lebenszufriedenheit. In Übereinstimmung damit fordert der UN-Ausschuss gegen Folter unter dem Schlagwort *Rehabilitation* eine vollständige Eindämmung der negativen Folgen von traumatischen Erlebnissen (General Comment Nr. 3, November 2012). Rehabilitation wird dabei nicht verstanden als Wiederherstellung der ursprünglichen Lebensumstände des Betroffenen, sondern hat das Ziel der „maximale[n] Unabhängigkeit". Rehabilitation umfasst damit soziale und berufliche Fähigkeiten sowie Inklusion und Partizipation in allen Bereichen des Lebens (Positionspapier Forum Menschenrechte, 2014). Der umfassende Gesundheitsbegriff erfordert deshalb, neben medizinischen und psychotherapeutischen Maßnahmen, häufig zusätzliche sozialpädagogische und rechtliche Versorgung und Betreuung. Eine damit einhergehende Verbesserung der ursprünglichen Lebensumstände kann zudem die Anfälligkeit für erneute Menschenrechtsverletzungen senken (WHO; 2010).

Individuelle Folgen traumatischer Erlebnisse
Die Bandbreite der Folgen von schwersten Menschenrechtsverletzungen reicht von beschwerdefrei bis zu komplexen Mehrfacherkrankungen. Häufige Krankheiten sind *posttraumatische Belastungsstörungen*, *Depressionen* sowie *Angst-* und *Suchterkrankungen* (Courtois, 2004; Knaevelsrud et al. 2012). Bilaal (Kampala), Leela (Mumbai) und Zahra (Berlin) zeigen als Symptome belastendes, unkontrolliertes Wiedererleben von traumatischen Ereignissen, Antriebslosigkeit sowie starke Angstreaktionen. Hingegen ist Nergiz *(Istanbul)* trotz schwerster Menschenrechtsverletzung gesund und erfolgreich.

Diese unterschiedlichen Auswirkungen werden in dem bekannten Stressmodell von Lazarus (1999) damit erklärt, dass belastende Ereignisse (*Stressoren*) nicht unmittelbar zu einer Reaktion führen, sondern indirekt wirken durch sogenannte *moderierende Variable*. Die entscheidenden Faktoren für die individuelle Reaktion auf einen Stressor auf der physiologischen, emotionalen, kognitiven und Verhaltens-Ebene sind:

1. Typ und Dimension des Stressors
2. Personeneigenschaften und eigene Ressourcen, die der Stressbewältigung zur Verfügung stehen
3. Bewertung von Stressoren und den eigenen Ressourcen durch den Betroffenen

Stressoren, die sich von „normalem" Alltagsstress (z. B. Examensstress, Umzug) unterscheiden und als besonders gravierend erlebt werden, bezeichnet man als *traumatische Ereignisse*. Schwerste Menschenrechtsverletzungen heben sich deutlich von alltäglichen Stresssituationen ab, da sie häufig intensiv und lang anhaltend sowie unvorhersehbar sind und oft durch Gewalttaten von Menschen an Menschen gekennzeichnet sind.

Die Betroffenen wiederum unterscheiden sich anhand ihrer physiologischen, psychischen und kulturellen Merkmale sowie ihrer Ressourcen, die ihnen zur Bewältigung zur Verfügung stehen. Diese können im Einzelnen als Schutz- oder auch als Risikofaktoren wirken. Als Risikofaktoren für gravierende Stressreaktionen gelten (Green, 1996; McNally, 2003):

1. fehlende soziale Unterstützung
2. zusätzlicher Stress in der Lebensführung
3. direkte psychophysiologische Reaktionen
4. eine frühere psychiatrische Krankheitsgeschichte
5. geringe Bildung
6. junges Lebensalter

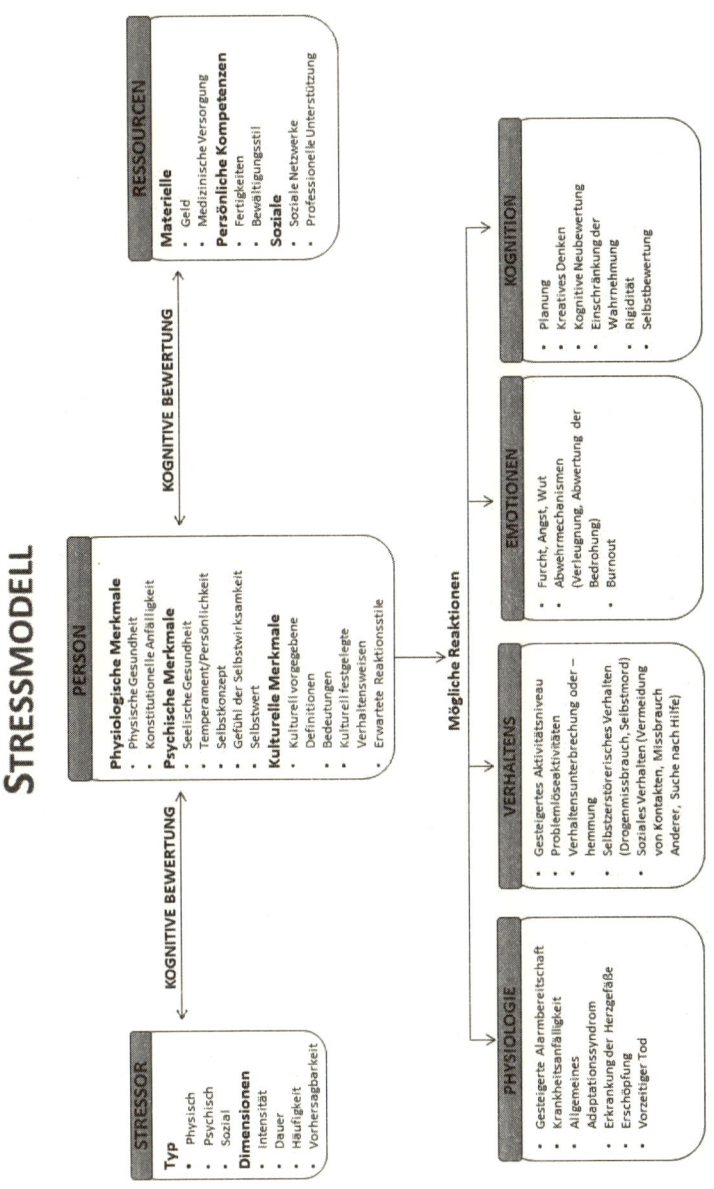

Abbildung 1: Stressmodell nach Gerrig und Zimbardo (2008)

Allerdings entscheidet nicht nur das *objektive* Vorliegen eines Stressors oder einer Personeneigenschaft über die Stressreaktion. Relevant ist ebenfalls die *subjektive* Bewertung dieser Größen durch den Betroffenen selbst (Fontana et al., 1992). Weitere, auf einer individuellen Bewertung des Stressors bzw. der eigenen Ressourcen beruhende Risikofaktoren sind:

1. Erleben von Todesangst
2. Sich-Aufgeben
3. Wahrnehmung ungünstiger Reaktion anderer Menschen

Beispielsweise verringert sich das Risiko einer psychischen Erkrankung, wenn der Betroffene einen Sinn in seinem Leiden sieht (vgl. Basoglu et al., 1994). Dies könnte auch der Grund dafür gewesen sein, dass Nergiz im Fallbeispiel *Istanbul* nicht krank geworden ist. Denn sie wusste, dass sie für etwas gefoltert wird, wofür sie kämpft.

Bausteine einer umfassenden psychosozialen Versorgung
Je nach Dauer und Art der Gewalterfahrung und deren Verarbeitung auf der Grundlage der Persönlichkeit und Widerstandsfähigkeit der jeweiligen Person muss eine psychosoziale Versorgung unterschiedliche Elemente umfassen und individuelle Schwerpunkte setzen. Ein einheitliches, universelles Versorgungsprogramm, das generell auf jeden Betroffenen angewendet wird, gibt es nicht. Die wesentlichen Bausteine psychosozialer Versorgung zeigt folgende Abbildung:

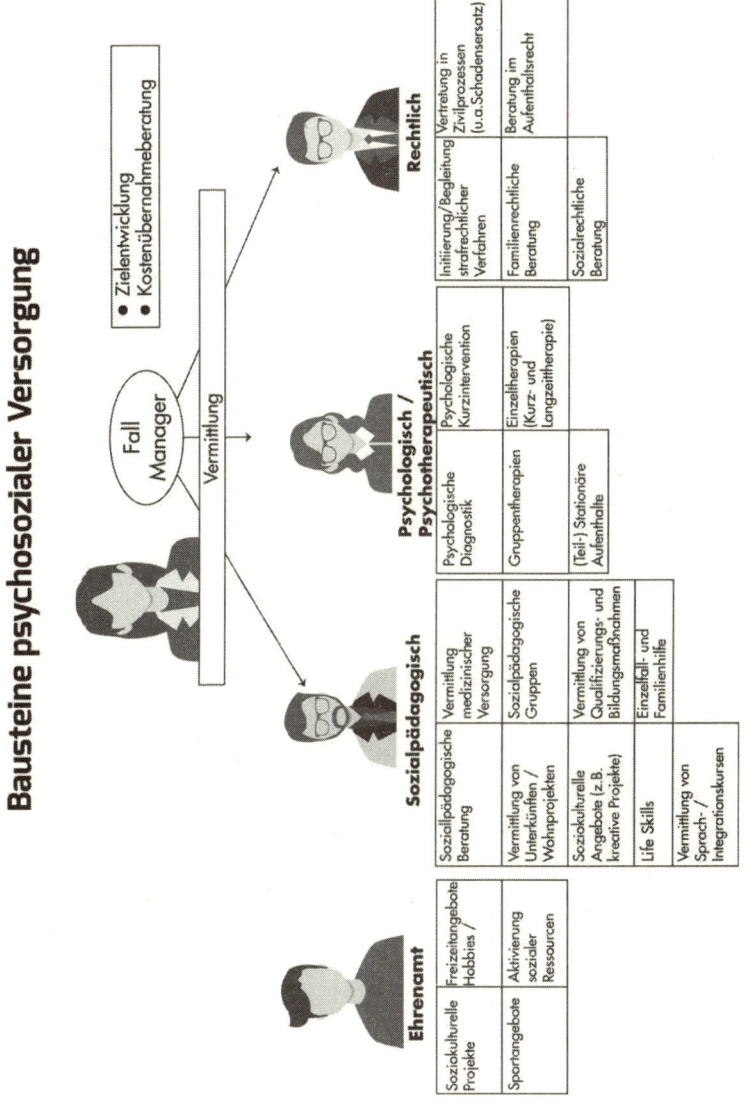

Abbildung 2: Bausteine psychosozialer Versorgung. Die Darstellung der Bausteine innerhalb der unterschiedlichen Professionen erhebt keinen Anspruch auf Vollständigkeit.

In der psychosozialen Versorgung ist interdisziplinäre Zusammenarbeit von besonderer Bedeutung. Eine solche Struktur wird auch von erfahrenen, gemeinnützigen Organisationen wie beispielsweise dem *Behandlungszentrum für Folteropfer e.V. (bzfo)* in Berlin berücksichtigt. Bei der psychosozialen Versorgung tragen alle Maßnahmen (sozialpädagogische, psychologische, psychotherapeutische und rechtliche) zur Wiederherstellung und Wahrung psychischer Gesundheit im Sinne des umfassenden Gesundheitsbegriffs bei. Zum Beispiel kann die Gesundung eines traumatisierten Flüchtlings enorm erschwert werden, solange dieser Angst vor einer Rückführung hat (Silove, 2006) bzw. bei einem Betroffenen von sexueller Gewalt, solange der Täter noch nicht gefasst wurde. Zudem soll die Anfälligkeit des Betroffenen für erneute Menschenrechtsverletzungen gesenkt werden (s. o.).

Im Idealfall gibt es einen Verantwortlichen, der die verschiedenen Fachbereiche anhand eines Hilfeplans individuell zusammenstellt und koordiniert. Bei der Menschenrechtsorganisation *International Justice Mission (IJM)* etwa nehmen qualifizierte Sozialarbeiter die Aufgabe eines solchen Fallmanagers wahr. Bislang ist dies bei Nichtregierungsorganisationen selten Standard. Dies mag darauf zurückzuführen sein, dass im Einzelfall Ressourcen fehlen oder dem Thema nicht die angemessene Bedeutung zukommt. Häufig treten die Betroffenen auch nicht in Erscheinung, bevor sie sich einem Spezialisten (etwa einem Psychotherapeuten, Arzt, Lehrer oder Rechtsanwalt) anvertrauen. Dieser Spezialist ist dann der Einzige, der in der Lage ist, den Betroffenen an die anderen Bereiche der psychosozialen Versorgung anzubinden (Knaevelsrud et al., 2012).

Die ersten Interventionen sollten stets Maßnahmen zur Herstellung von Sicherheit und zum Schutz des Betroffenen sein, beispielsweise eine sichere Unterbringung. Diese können im Akutfall bereits von notfallpsychologischen Maßnahmen begleitet werden (Bengel, 2003).

1. Psychologische / Psychotherapeutische Versorgung

Wenn sich Symptome einer Krankheit zeigen, sollte eine sorgfältige psychologische Diagnostik erfolgen. Diese klärt den psychischen Gesundheitsstatus ab und ist Voraussetzung dafür, dem Betroffenen die geeignete Intervention (etwa Kurzzeit-/ Langzeittherapie oder stationärer Aufenthalt) zukommen zu lassen.

Im Falle einer *Posttraumatischen Belastungsstörung* etwa wäre eine kognitive Verhaltenstherapie oder ein *Eye Movement Desensitization and Reprocessing (EMDR)* das Mittel der Wahl zur Behandlung (Bryant et al., 1999). Sie beinhalten Stabilisierungs- sowie Bewältigungsstrategien, Entspannungstrainings, kognitive Umstrukturierung und Konfrontation mit dem traumatischen Ereignis. Für Kriegs- und Folteropfer, Flüchtlinge und in Nach-Konfliktregionen hat sich die *Narrative Expositionstherapie* (NET), ein traumafokussiertes Kurzzeittherapieverfahren, als sehr wirksam erwiesen. Sie ist außerdem empirisch gut belegt (Knaevelsrud et al, 2012).

Das Ziel einer jeden Therapie ist die vollständige *Integration* der traumatischen Erlebnisse, sodass es nicht mehr zur Fehlinterpretation harmloser Reize kommt. Integration bedeutet, dass die Betroffenen das, was ihnen widerfahren ist, benennen können und als Teil ihrer Geschichte verstehen. Sie sollten aber nicht mehr von Emotionen überflutet und dadurch in ihrer Alltagsgestaltung gehindert werden.

2. Ehrenamtliches Engagement

Die sozialpädagogischen, psychologischen und psychotherapeutischen Maßnahmen lassen sich nach einem Stufenmodell (dem sogenannten Stepped-Care-Konzept, siehe Bower und Gilbody 2005) in verschiedene Interventionsstufen gliedern. Diese sind dem Schweregrad der Erkrankung des Betroffenen

angepasst und reagieren auf steigende Beeinträchtigung mit zunehmender Spezialisierung und Professionalisierung. Das Ausmaß der professionellen Unterstützung soll danach in Abhängigkeit des tatsächlichen individuellen Bedarfs gestaltet werden. Die Hilfeleistungen auf der ersten Stufe können im Unterschied zu denen auf der zweiten bis vierten Stufe durch ehrenamtliche Helfer erbracht werden, die keine professionelle Ausbildung als Sozialarbeiter, Psychologe oder Therapeut haben.
Auf der ersten Stufe finden gesundheitsfördernde Maßnahmen statt, etwa:

1. Aktivierung sozialer Ressourcen (z. B. durch soziokulturelle Projekte, Freizeitangebote, Hobbys)
2. Patenschaften (z. B. Bildungs- und Integrationspatenschaften der *Agentur:ehrensache* in Oldenburg oder Sprachpatenschaften)
3. Sportangebote (z. B. das ehrenamtlich organisierte Oldenburger „Sport-für-Frauen-im-Flüchtlingsheim"-Programm)

Diese Stufe bietet somit Raum für das persönliche Engagement ehrenamtlicher Helfer. Forschungsergebnisse belegen, dass solche Maßnahmen direkte Schutzfaktoren gegen Stress darstellen (Kienle et al., 2006). Zum Beispiel haben Sport und körperliche Aktivitäten erwiesenermaßen Auswirkungen auf die psychische Gesundheit, indem das psychische Wohlbefinden, die Stimmung und die kognitiven Funktionen verbessert werden (Lippke und Vögele 2006). Ein Fußballklub oder ein Filmprojekt mit Kindern in einem Flüchtlingsheim wären damit z. B. Beiträge zur psychosozialen Versorgung der Flüchtlinge.

Ausbildungsbezogene, interkulturelle und strukturelle Herausforderungen

In vielen Entwicklungs- und Schwellenländern, in denen es gehäuft zu schwersten Menschenrechtsverletzungen kommt, ist die Qualität der Gesundheitssysteme ungenügend. So existieren häufig entweder überhaupt keine Ausbildungsstrukturen für Psychotherapeuten und Sozialarbeiter oder lediglich kurze Kurse oder Schulungen. Beides beeinträchtigt die Qualität der psychosozialen Versorgung. Werden zur Unterstützung Fachkräfte aus anderen Ländern hinzugezogen, sind andere Herausforderungen zu bewältigen, wie zum Beispiel nicht zu unterschätzende kulturelle Herausforderungen und die Akzeptanz der Therapeuten bei den Betroffenen. Therapieansätze aus westlichen Kulturkreisen können nicht unreflektiert in aller Welt angewendet werden. So spielt zum Beispiel in kollektiven Kulturen die Familie eine zentrale Rolle, die dementsprechend in der Therapie berücksichtigt werden muss (Knaevelsrud et al. 2012).

Aber auch in Deutschland ist es für Betroffene oft nicht leicht, die benötigte Unterstützung zu erhalten. Zunächst wissen viele Betroffene nicht um ihren Anspruch auf gesundheitliche Leistungen und es bestehen lange Wartezeiten. Bei komplexen Fällen ist es zudem schwierig, Psychotherapeuten zu finden, die zur Behandlung bereit sind. Zudem sind Sprachbarrieren von Bedeutung und als weitere Herausforderung kommt die Suche nach einem kompetenten Dolmetscher hinzu.

Nicht außer Acht lassen sollte man, dass Fälle schwerer Menschenrechtsverletzungen auch für erfahrene Sozialarbeiter und Therapeuten belastend sind und somit Austausch und Supervision regelmäßig notwendig sind. Obwohl etwa die Behandlung von posttraumatischen Belastungsstörungen in vielen Fällen sehr erfolgreich ist (Knaevelsrud et al. 2012), etwa 70 Prozent der Betroffenen zeigen nach Ende einer Therapie keine

Symptome mehr, kann die Arbeit mit den übrigen Betroffenen sehr schwierig sein.

Zusammenfassung

Die psychosoziale Versorgung Betroffener von schwersten Menschenrechtsverletzungen stellt alle Beteiligten vor erhebliche Herausforderungen. Dabei sollte Ziel aller Maßnahmen die vollständige *körperliche*, *psychische* und *soziale* Gesundheit sein. Dies erfordert häufig eine Verbesserung der Lebensumstände gegenüber dem ursprünglichen Zustand. Wie gelegentlich verkannt wird, haben traumatische Erfahrungen sehr unterschiedliche Folgen. Es entwickeln bei Weitem nicht alle Betroffenen psychische Krankheiten. Zur Gewährleistung einer umfassenden psychosozialen Versorgung wäre in zunehmendem Maße der Einsatz von Fallmanagern zur Koordination der Fachbereiche wünschenswert. Nützlich und stabilisierend kann der Einsatz von ehrenamtlichen Helfern bei gesundheitsfördernden Aktivitäten wie Sport- oder kulturellen Angeboten sein. Bei der Übertragung westlicher Methoden ist kulturelle Sensibilität gefragt. Politik und Zivilgesellschaft sollten sich für eine Stärkung der Gesundheitssysteme, einschließlich der Ausbildungsstrukturen in den jeweiligen Ländern, einsetzen.

Kapitel 5

„Wenn wir diese Entwicklung nicht anhalten, wird es in fünf, sechs Jahren weltweit bis zu 100 Millionen Klimaflüchtlinge geben, die die Politik vor schwere Probleme stellen."

Leonardo Boff, katholischer Theologe, 2001

Migration und Asyl als Chance

Die Welle von Flüchtlingen, die heute nach Europa kommen, stellt unsere Politik, die Zivilgesellschaft und auch die christlichen Kirchen vor große Herausforderungen. Dabei ist Migration kein neues Phänomen. Schon die Bibel berichtet davon, dass Abraham, Jakob, Moses und andere aus wirtschaftlichen Gründen Zuflucht in Nachbarländern suchten. In der Thora, dem alttestamentlichen Gesetzbuch, gibt es zahlreiche Bestimmungen zum Schutz von Fremdlingen, die in Israel lebten. Selbst Maria, Josef und Jesus waren Flüchtlinge. Auch in der deutschen Geschichte gab es zahlreiche Wanderungsbewegungen. Im 19. Jahrhundert wanderten Millionen von Deutschen aus wirtschaftlichen und politischen Gründen nach Nordamerika aus. Zu Beginn des 20. Jahrhunderts kamen polnische Bergleute ins Ruhrgebiet und wurden dort integriert. Schalke 04 galt deshalb als „Polakenverein". Nach dem Zweiten Weltkrieg wurden im zerstörten Deutschland die Vertriebenen aus den ehemaligen deutschen Ostgebieten aufgenommen, und wenige Jahre später warb man „Gastarbeiter" aus Südeuropa, der Türkei und

Nordafrika an. Trotzdem haben sich deutsche Politiker bis in die 1990er-Jahre dagegen gewehrt, Deutschland als Einwanderungsland zu verstehen.

Das hat sich heute grundsätzlich verändert. Zum einen ist klar, dass unsere immer älter werdende Gesellschaft auf den Zustrom von jüngeren Menschen angewiesen ist. Zum anderen setzt sich immer mehr das Bewusstsein durch, dass sich Europa nicht von den Krisengebieten in Afrika und dem Nahen und Mittleren Osten abschotten kann. Die Aufnahme von Flüchtlingen ist beides: eine Verantwortung und gleichzeitig eine Chance. Die Herausforderungen und Folgen des Zustroms von Flüchtlingen und Arbeitssuchenden sind heute aber noch kaum abzusehen. Klar ist, dass die Integration dieser Menschen eine der großen Aufgaben der nächsten Jahre sein wird. Der Prozess wird unsere Gesellschaft verändern. Das gilt auch, und in besonderer Weise, für christliche Gemeinden. Christen gehören zu einer Gemeinschaft, die über soziale, kulturelle und nationale Grenzen hinausgeht (Gal 3,28) und den Auftrag hat, Gottes Liebe und seine gute Nachricht Menschen aus allen Völkern nahezubringen.

Die Beiträge in diesem Kapitel wollen dazu ermutigen, diese Herausforderungen anzunehmen und die Chancen zu ergreifen. Dazu ist Verständnis für die rechtlichen Rahmenbedingungen nötig, auch wenn sich diese aufgrund der aktuellen Situation verändern. Die Artikel von Reinhard Schott und Birgit Neufert bieten einen Einstieg und Überblick über dieses Thema. Der aus dem Sudan stammende Yassir Eric gibt aufgrund seiner umfangreichen Erfahrung Einblicke in die Situation von Flüchtlingen und konkrete Hinweise zum praktischen Engagement. Bianca Dümling und Matthias Ehrmann zeigen, dass Migranten nicht nur eine Aufgabe, sondern vielmehr eine Bereicherung für christliche Gemeinden sein können. Die Autorinnen und Autoren wollen uns helfen, Fremde nicht als Bedrohung, sondern als Geschenk zu sehen, damit wir den Auftrag wahrnehmen, den Gott uns in dieser geschichtlichen Situation gibt.

Reinhard Schott

Flüchtlinge auf der Suche nach Heimat – theologische Herausforderungen und rechtlicher Rahmen

Eine wesentliche Sehnsucht eines jedes Menschen ist die nach Heimat – einem Ort der Geborgenheit und des Schutzes. So einen Ort hat Gott für den Menschen geschaffen, einen Garten (Gen 2,18ff). Seit dem Bruch der Beziehung zu Gott hat der Mensch diesen Raum verloren. Wir leben Jenseits von Eden (Gen 3,23ff). In dieser Fremde bebaut der Mensch seinen Acker und schafft sich so sein Land. Gott bezeichnet es gegenüber Abraham und dem Volk Israel als *dein* Land (Gen 12,1).

Heimat und Fremde als theologische Herausforderung

Heimat und Fremde im Alten Testament

Die Bibel ist voll von Erzählungen, dass Gott dem Menschen zumutet, sein Land (Gen 12,1ff) oder seine Stadt (Jona 1-4) zu verlassen, weil er mit dem Betroffenen etwas vorhat, und zwar zum Wohl der anderen. Das Alte Testament verwendet für unser Wort „Fremde" zwei Begriffe: Zum einen „nachri", das seltener vorkommt und in seiner Zuspitzung jemanden meint, der Israel in götzendienerischer und auch unsozialer Absicht gegenübersteht und deshalb von Israel abgelehnt wird. Der zweite Wortstamm lautet „ger-gawar". Das Verb dieses Wortstammes hat die Bedeutung sich als Fremder, und zwar als Gast und

Schützling, irgendwo niederzulassen, so auch in Gen. 12,10 bei Abraham.

In zwei Büchern des Alten Testaments rückt der Auftrag Israels an den „Fremden" in den Mittelpunkt: Jona muss nach Ninive und die Fremden, die Feinde Gottes waren, werden gerettet. Aus dem „nachri" wird „ger-gawar". Jona aus dem Volk Israel wird als Bote Gottes zum Segen für die Fremden. Das Buch Ruth schildert, wie eine Fremde, eine, die zu „nachri" gehört, zur Stammmutter des Retters der Welt wird. „Aber Ruth sprach: Dringe nicht in mich, dich zu verlassen, hinter dir weg umzukehren; denn wohin du gehst, will ich gehen, und wo du weilst, will ich weilen; dein Volk ist mein Volk, und dein Gott ist mein Gott" (Ruth 1,16). Die Fremde wird zum Segen für das Volk Israel und für die ganze Welt.

Heimat und Fremde im Neuen Testament

Mit Pfingsten werden die nationalen, ethnischen und kulturellen Grenzen gesprengt (Apg 2,8ff). Die Gemeinde Jesu wird in ihrer Geburtsstunde eine multinationale, multiethnische und multikulturelle Einheit. Was das bedeutet, buchstabiert die Gemeinde Jesu bis heute, mal deutlicher mal weniger deutlich, mal gelingt es ihr, mal scheitert sie und versagt. Christen besitzen ein neues Bürgerrecht, wir sind Mitbürger der Heiligen und Gottes Hausgenossen (Eph 2,19). Christen sind Bürger des Himmels (Phil 3,20), deshalb sind wir in dieser Welt wie Ausländer, Durchreisende und Gäste.

Heimat und Fremde – die Herausforderung für Christen im 21. Jahrhundert

Die christliche Gemeinde bejaht ihr Fremdsein in dieser Welt, sie kennt das Fremdheitsgefühl und kümmert sich um die Fremden (Jer 29,7), indem sie behilflich ist, das Fremdsein zu überwinden und Teil eines Neuen, eines Ganzen zu werden. Ziel der Integration ist es, eine gemeinsame, neue Ebene der kulturellen-sozialen Gemeinschaft zu schaffen, natürlich unter Berücksichtigung der Verschiedenheit und Vielfalt anderer Kulturen und Religionen. Integration bejaht diese Vielfalt.

Die Grenzen der Bejahung des Andersseins sind dort erreicht, wo die Menschenwürde verletzt wird und die Freiheit des anderen unverhältnismäßig eingeschränkt wird. Integration will gestaltet und kann nicht dem Zufall überlassen werden. Integration ist eine beidseitige Aufgabe, sowohl eine Aufgabe für die Migranten als auch eine Aufgabe für die aufnehmende Gesellschaft.

Christen wissen um die gestalterische Macht des Evangeliums (Gal 3,28), wodurch Grenzen überwunden werden können. Es gibt Grenzen aufgrund von Geschlecht, Nation, Volk und Klasse, aber diese Grenzen werden in der Gemeinde Christi relativiert durch die Gemeinschaft in Jesus Christus. Die eigene Fremdheit ermöglicht die Begegnung mit dem Fremden und setzt Kräfte frei für den Einsatz für die Fremden. Christen tragen dazu bei, dass in ihrem Verantwortungsbereich die Willkommenskultur nicht nur eine Sonntagsrede bleibt, sondern praktisch gelebt wird.

Rechtliche Rahmenbedingungen und ihre Grenzen

Grundlegendes zum Asylrecht in Deutschland

Die rechtlichen Rahmenbedingungen für die Aufnahme von Flüchtlingen in Deutschland beruhen auf drei Säulen: der Genfer Flüchtlingskonvention, dem Grundgesetz und den gesetzlichen Regelungen der Bundesrepublik Deutschland unter Beachtung Europäischer Richtlinien. Das „Abkommen über die Rechtsstellung der Flüchtlinge" – wie der eigentliche Titel der Genfer Flüchtlingskonvention (GFK) lautet – wurde am 28. Juli

1951 verabschiedet und ist bis heute das wichtigste internationale Dokument für den Flüchtlingsschutz.

Die Konvention legt klar fest, wer ein Flüchtling ist, welchen rechtlichen Schutz, welche Hilfe und welche sozialen Rechte sie oder er von den Unterzeichnerstaaten erhalten sollte. Sie verbietet es, Flüchtlinge in Gebiete auszureisen, in denen ihr Leben oder ihre Freiheit wegen ihrer Rasse, Religion, Staatsangehörigkeit, ihrer Zugehörigkeit zu einer bestimmten sozialen Gruppe oder wegen ihrer politischen Überzeugung bedroht sein würde (Art. 33 GFK). Insgesamt 147 Staaten sind bisher der Genfer Flüchtlingskonvention bzw. dem Protokoll von 1967 beigetreten. Die UN-Flüchtlingsorganisation hält die Genfer Flüchtlingskonvention für unverzichtbar (UNHCR o. J.).

Das Asylrecht hat in Deutschland Verfassungsrang. Nach Artikel 16a des Grundgesetzes (GG) der Bundesrepublik Deutschland genießen politisch Verfolgte Asyl.

Seit Langem gibt es auf EU-Ebene Bemühungen, ein einheitliches Asylrecht zu schaffen. Dieses ist bis heute nicht gelungen. Deshalb bedient man sich auf europäischer Ebene Verordnungen, welche bestimmte Bereiche im Asylrecht regeln. Die zurzeit wohlbekannteste, wie aber auch problematische Regelung ist die Dublin-III-Verordnung.

Gesetzliche Regelungen für Flüchtlinge in Deutschland

Zu den wichtigsten Regelungen für das Asylverfahren zählen das Aufenthaltsgesetz (AufenthG), das Asylgesetz (AsylVfG) und das Asylbewerberleistungsgesetz (AsylbLG). Hinzu kommen weitere gesetzliche Bestimmungen und Regelungen wie etwa die Beschäftigungsverordnung, die den Zugang zum Arbeitsmarkt regelt. Am Asyl- und Aufenthaltsverfahren sind zwei Behörden beteiligt: das Bundesamt für Migration und Flüchtlinge (BAMF) und die Ausländerbehörde (ABH). Das führt zu zwei unterschiedlichen Zuständigkeiten: Für das BAMF ist das

Bundesministerium des Innern zuständig, für die ABH sind die Länder zuständig, in der Regel die Innenminister der Länder.

Verfahren beim Bundesamt für Migration und Flüchtlinge (BAMF)
Der Schutz suchende Flüchtling meldet sich selber bei einer Erstaufnahmestelle für Flüchtlinge, welche in der Regel bei einer Außenstelle des BAMF eingerichtet ist. Hier geht es um die Feststellung der Personalien, Erstunterbringung (in der Regel bis zu sechs Monaten) und medizinische Untersuchung bzw. Versorgung bei Bedarf im Rahmen des AsylbLG. Hier wird auch entschieden, in welches Bundesland der Asylbewerber verteilt wird. Für die Verteilung gilt der Königsteiner Schlüssel (BAMF 2015). Der Schutz Suchende muss zeitnah bei der Außenstelle des BAMF einen Asylantrag stellen. Bei der Antragstellung ist ein Dolmetscher anwesend, sodass die Angaben in der vertrauten Sprache gemacht werden können. In der Regel finden hier auch die „ersten Befragungen" statt, nämlich die Fragen zur Identität des Asylbewerbers und den Fluchtwegen.

Dublin III Regelung
Bei dieser Befragung soll geklärt werden, welches Land nach der EU-Zuständigkeitsverordnung (Dublin III VO) zuständig ist, bzw. ob die betroffene Person nicht bereits einen Schutzstatus in einem anderen europäischen Land (Dublin-Raum: EU-Staaten, Norwegen, Island, Liechtenstein, Schweiz) hat. Alle Personen, die bei der illegalen (eine legale Einreise ist für Asylbewerber in der Regel nicht möglich) Einreise oder bei illegalem Aufenthalt aufgegriffen werden oder einen Asylantrag stellen, müssen in den Ländern des Dublin-Raumes Fingerabdrücke abgeben. Diese werden in einer europaweiten Datei (EURODAC) gespeichert und können somit EU-weit abgeglichen werden.

Wenn die EURODAC Überprüfung ergibt, dass ein Asylsuchender einen Kontakt zu einem anderen Dublin-Staat hatte bzw. dieser zuständig ist (EU 2013:Art 7-17), wird in der Regel ein Verfahren zur Überstellung eingeleitet.

Liegt ein EURODAC-Treffer vor, so wird dem Antragsteller mitgeteilt, dass ein Ersuchen zur Überstellung an das Land in die Wege geleitet wurde. Nach der Zustimmung des angefragten Landes wird vom BAMF ein Bescheid über die Nichtzuständigkeit der Bundesrepublik Deutschland erlassen, in der Regel mit der Anordnung der Abschiebung in das für das Asylverfahren zuständige Land.

Gegen diese Entscheidung kann beim zuständigen Verwaltungsgericht innerhalb von 14 Tagen eine Klage eingereicht werden. Diese Klage hat jedoch keine aufschiebende Wirkung. Soll eine aufschiebende Wirkung der Klage erreicht werden, so ist innerhalb von 7 Tagen ein Antrag auf vorläufigen Rechtsschutz beim zuständigen Verwaltungsgericht zu stellen.

Asylverfahren beim BAMF
Liegt kein EURODAC-Treffer vor oder es kann keine Überstellung im Rahmen von Dublin III stattfinden, dann wird das „eigentliche" Asylverfahren eröffnet. Jetzt findet das zweite Interview statt. Hier muss der Antragsteller alle Gründe nennen, warum er Schutz sucht. Ein nachträglicher Vortrag von Asylgründen findet nur unter besonderen Voraussetzungen bei der Entscheidung eine Berücksichtigung. Die Anhörung findet mit Unterstützung eines Dolmetschers statt. Hier kann es geboten sein, auf das Geschlecht des Dolmetschers und des Anhörenden besonderen Wert zu legen, gerade wenn es um geschlechtsspezifische Asylgründe geht. Die Aussagen werden in deutscher Sprache zu Protokoll gebracht. Der Antragsteller hat am Ende der Anhörung die Möglichkeit, das Tonband-Protokoll anzuhören und sich übersetzen zu lassen sowie, wenn nötig, um Klar-

stellung zu bitten. Nach der Verschriftlichung wird das Protokoll dem Antragsteller oder seinem Rechtsanwalt zugesandt, auch hier besteht die Möglichkeit, eine Ergänzung oder Korrektur des Protokolls innerhalb von 14 Tagen zu beantragen. Auf der Grundlage des Protokolls trifft das BAMF seine Entscheidung und teilt diese dem Antragsteller oder Rechtsanwalt mit.

Positive Entscheidungen durch das BAMF
Die Prüfung beim BAMF findet in einer bestimmten Reihenfolge statt. Je nachdem, welche Voraussetzungen erfüllt sind, gibt es unterschiedliche Anerkennungen mit unterschiedlichen Folgen in Bezug auf den Aufenthaltsstatus und die Leistungsberechtigungen.

Flüchtling nach GFK
Die Flüchtlingseigenschaft wird zuerkannt, wenn die Voraussetzungen nach § 3 AsylG vorliegen. Bei „... begründeter Furcht vor Verfolgung wegen seiner Rasse, Religion, Nationalität, politischen Überzeugung oder Zugehörigkeit zu einer bestimmten sozialen Gruppe außerhalb des Landes (Herkunftsland)" wird die Anerkennung als Flüchtling zuerkannt.

Asylberechtigter nach Art. 16a GG
Diese Zuerkennung setzt voraus, dass der Antragsteller neben den Voraussetzungen nach § 3 AsylG auf einem direkten Weg nach Deutschland eingereist ist. Diesen Nachweis können nur wenige Flüchtlinge erbringen, sodass diese Anerkennungsquote sehr gering ist.

Internationaler subsidiärer Schutz
Ein internationaler subsidiärer Schutzstatus wird erteilt, wenn die Voraussetzungen nach § 4 AsylG vorliegen. Stichhaltige Gründe können sein „die Verhängung oder Vollstreckung der Todesstrafe, Folter oder unmenschliche oder erniedrigende Behandlung oder Bestrafung oder eine ernsthafte individuelle Bedrohung des Lebens oder der Unversehrtheit einer Zivilperson infolge willkürlicher Gewalt im Rahmen eines internationalen oder innerstaatlichen bewaffneten Konflikts".

Zuerkennung von Abschiebungsverboten
Im § 60 Abs. 5 und Abs. 7 AufenthG ist geregelt, in welchen Fällen ein Abschiebungsverbot erteilt werden kann. „Ein Ausländer darf nicht abgeschoben werden, soweit sich aus der Anwendung der Konvention vom 4. November 1950 zum Schutze der Menschenrechte und Grundfreiheiten (BGBl. 1952 II S. 685) ergibt, dass die Abschiebung unzulässig ist. ... Von der Abschiebung eines Ausländers in einen anderen Staat soll abgesehen werden, wenn dort für diesen Ausländer eine erhebliche konkrete Gefahr für Leib, Leben oder Freiheit besteht."

Negative Entscheidungen durch das BAMF
Trifft keine der obengenannten Voraussetzungen zu, so erhält der Antragsteller einen ablehnenden Bescheid. Der Antrag kann als unbegründet oder offensichtlich unbegründet abgelehnt werden. Diese Bescheide beinhalten dann eine Abschiebeanordnung oder eine Abschiebeandrohung. Gegen diese Entscheidung kann beim zuständigen Verwaltungsgericht eine Klage eingereicht werden. Die Fristen auf den Bescheiden sind zu beachten. In der Regel muss der abgelehnte Antragsteller dann innerhalb von 30 Tagen nach der Rechtskraft des Bescheides ausreisen. Sollte er der Verpflichtung einer freiwilligen Ausreise nicht nachkommen, ist Abschiebung möglich. Zur Durchsetzung der Abschiebung kann die Person in Abschiebegewahrsam, im Volksmund „Abschiebehaft", genommen werden.

Weitere Verfahren unter Beteiligung des BAMF
Das BAMF ist mitbeteiligt bei der Aufnahme von Kontingentflüchtlingen. Unabhängig von einem Asylverfahren kann die Regierung festlegen, dass in besonderen Fällen Kontingente von Flüchtlingen aufzunehmen sind und diese hier einen eigenen Aufenthaltsstatus zuerkannt bekommen. In den letzten Jahren gab es Kontingente für Flüchtlinge aus dem Irak und Syrien. Ebenfalls ist das BAMF beteiligt bei der Aufnahme im Rahmen von „Resettlement". So hat die Innenministerkonferenz für das Jahr 2015 beschlossen, in diesem Rahmen 500 Flüchtlinge aufzunehmen. Der Begriff „Resettlement" bezeichnet die dauerhafte Neuansiedlung besonders verletzlicher Flüchtlinge in einem zur Aufnahme bereiten Drittstaat, der ihnen vollen Flüchtlingsschutz gewährt und ihnen die Möglichkeit bietet, sich im Land zu integrieren. Auch diese Personen erhalten einen bestimmten Aufenthaltstitel.

Verfahren bei der Ausländerbehörde
Die Ausländerbehörden sind an die Entscheidungen des BAMF gebunden und erteilen den entsprechenden Aufenthaltstitel. Bis zur Entscheidung über den Asylantrag erteilt die Ausländerbehörde eine Aufenthaltsgestattung. Es handelt sich hierbei um einen Aufenthaltstitel.

Erteilung von Aufenthaltstiteln
Nach einer positiven Entscheidung des BAMF erteilt die Ausländerbehörde einen befristeten Aufenthaltstitel abhängig von dem Anerkennungsstatus (siehe oben). Dieser Aufenthalt kann dann beim Vorliegen der notwendigen Voraussetzungen verlängert werden oder die Betroffenen können eine Niederlassungserlaubnis erhalten. In der Regel sind damit der freie Zugang zum Arbeitsmarkt und der Bezug von staatlichen Leistungen verbunden.

Erteilung einer Duldung
Nach einer negativen Entscheidung des BAMF kann die Ausländerbehörde zuerst einmal nur eine Duldung erteilen. In der Regel kann die Duldung höchstens für sechs Monate erteilt werden. Duldung ist kein Aufenthaltstitel. Der Zugang zum Arbeitsmarkt kann unter bestimmten Voraussetzungen untersagt werden. Duldungen können immer wieder verlängert werden, sodass es zu Kettenduldungen kommt. Es gibt eine besondere Form von Duldungen zu Ausbildungszwecken, diese kann jeweils für ein Jahr erteilt werden.

Die Ausländerbehörde ist bei Geduldeten auch aktiv an der Aufenthaltsbeendigung beteiligt. Ist vom BAMF eine Abschiebeanordnung mit dem Bescheid erteilt worden, gibt es für die Ausländerbehörde keinen Ermessensspielraum. Bei einer Abschiebeandrohung kann es unter bestimmten Voraussetzungen ein Ermessen der Ausländerbehörde geben.

Bei einer Duldung können die betroffenen Personen jederzeit mit einer Aufenthaltsbeendigung rechnen. Die bedeutendste Ausnahme ist die Duldung zu Ausbildungszwecken (AufenthG §60a). Wenn ein ausländischer Jugendlicher vor der Vollendung des 21. Lebensjahres eine qualifizierte Berufsausbildung aufnimmt, kann er eine Duldung bis zu einem Jahr erhalten. Diese Duldung kann jeweils verlängert werden, wenn die Ausbildung noch fortdauert und in einem angemessen Zeitraum mit einem Abschluss zu rechnen ist. Ausgeschlossen von dieser Regelung sind Jugendliche, welche aus einem sicheren Herkunftsstaat kommen. Nach einer abgeschlossenen Ausbildung kann unter bestimmten Voraussetzungen ein Aufenthaltstitel erteilt werden.

Aus der Kettenduldung in einen gesicherten Aufenthalt
Zurzeit (Anfang 2016) gibt es vier Möglichkeiten, unter bestimmten Voraussetzungen aus der Kettenduldung in einen Aufenthalt zu kommen.

1. Ergeben sich während der Duldungszeit neue Sachverhalte, welche zu einer positiven Entscheidung führen können, dann kann ein Asylfolgeantrag gestellt werden. Während der Folgeantrag geprüft wird, bleibt die Person in der Duldung.
2. Erteilung eines Aufenthaltstitels nach längerem Aufenthalt mit einer Duldung, wenn die Ausreise aus rechtlichen oder tatsächlichen Gründen nicht möglich ist, oder die Abschiebung seit 18 Monaten ausgesetzt ist. Eine fehlende Mitwirkung des Ausreisepflichtigen schließt die Erteilung eines Aufenthalts nach dieser Regelung im § 25 Abs. AufenthG aus.
3. Erteilung eines Aufenthaltstitels nach dem Bleiberecht, hier gibt es unterschiedliche Fristen zu beachten und bestimmte Voraussetzungen müssen erfüllt sein. Bei gut integrierten Jugendlichen und Heranwachsenden beträgt diese Frist vier Jahre, während der sie sich ununterbrochen erlaubt, geduldet oder mit einer Aufenthaltsgestattung in Deutschland aufgehalten haben. Der Antrag muss vor der Vollendung des 21. Lebensjahres gestellt werden (§25a AufenthG). Ist der Jugendliche minderjährig, kann den sorgeberechtigten Eltern ein Aufenthaltstitel erteilt werden. Langzeitgeduldete Personen können nach acht Jahren einen Aufenthaltstitel erhalten, Familien mit minderjährigen Kindern nach sechs Jahren. Auch hier gelten bestimmte Voraussetzungen (§25b AufenthG).
4. Ein ausreisepflichtiger Ausländer kann sich auch an die Härtefallkommission des jeweiligen Bundeslandes wenden und ein Mitglied der Härtefallkommission bitten, für ihn ein Ersuchen an die jeweils zuständige Behörde zu richten. Die Adresse der Härtefallkommission erhält man bei dem für das Aufenthaltsrecht zuständigen Ministerium des Landes. Gegen die Entscheidung der Härtefallkommission und deren Umsetzung sind Rechtsmittel ausgeschlossen.

Taufbegehren von Asylsuchenden und Kirchenasyl
Die Zahl der Asylbewerber, welche zum christlichen Glauben konvertiert sind, ist in den letzten Jahren angestiegen. Dieses ist mit einer besonderen Herausforderung für die christlichen Kirchen und das BAMF verbunden. Das Kirchenamt der Evangelischen Kirchen (EKD) und die Vereinigung Evangelischer Freikirchen (VEF) haben eine gemeinsame Handreichung herausgegeben mit hilfreichen Tipps und Anregungen für die Gemeinden vor Ort (EKD & VEF 2013).
Auch die Zahl der Kirchenasylfälle nahm in den letzten Jahren wieder deutlich zu. Das Kirchenasyl hat in Deutschland eine lange Tradition. Durch Kirchenasyl soll sichergestellt werden, dass alle rechtlichen Möglichkeiten zugunsten des Schutz Suchenden ausgeschöpft werden.

Yassir Eric

Flüchtlinge verstehen und aufnehmen

51,2 Millionen Menschen sind nach Angaben des UN-Hochkommissars für Flüchtlinge momentan weltweit auf der Flucht. Das ist die größte Zahl an Flüchtlingen seit dem Ende des Zweiten Weltkrieges. 33,3 Millionen davon sind Binnenflüchtlinge, d. h. sie sind innerhalb ihres Heimatlandes in Flüchtlingslagern untergebracht. Ein Großteil der anderen findet in den direkten Nachbarländern Zuflucht. In den meisten Fällen sind diese Länder selbst entweder arm oder besitzen kein funktionierendes Rechtssystem. Deshalb ist für viele die Flucht nur ein Umzug in eine weitere humanitäre Katastrophe. Deutschland ist eines der reichsten und sichersten Länder der Erde. Viele wünschen sich, in einem solchen Land leben zu können, doch nur wenige können das momentan.

Wieso flüchten Menschen?
Kein Flüchtling ist deshalb unterwegs, weil er Abenteuer sucht oder Lust auf Veränderung hat. Wer seine Heimat, seine Freunde und seine Familie verlässt und meist auch sein komplettes Vermögen dafür einsetzt, der muss einen dringenden und quälenden Grund dafür haben. Menschen fliehen aufgrund von (Bürger-)Kriegen, religiöser, politischer oder ethnischer Verfolgung oder Diskriminierung oder aufgrund von Terror und Folter. Vielen fällt die Entscheidung zur Flucht nicht leicht. Zum einen wissen sie um die Schwierigkeiten und eventuellen Komplikationen auf dem Weg, zum anderen wissen sie, dass sie

höchstwahrscheinlich sehr lange, vielleicht dauerhaft, nicht in ihre Heimat zurückkehren können. Nur denjenigen, die sowohl die finanziellen Mittel als auch die notwendigen Kontakte und Informationen haben, gelingt die Flucht nach Europa. Zu der Angst vor den Gefahren der Fluchtroute und dem Schmerz des Abschieds von der Heimat gesellen sich bei vielen Schuldgefühle. Schuldgefühle, die Freunde und Familienmitglieder im Stich gelassen zu haben. Schuldgefühle, nicht für die Verbesserung in ihrer Heimat gekämpft zu haben. Und doch haben sie sich entschieden zu fliehen, weil ihr Leben in Gefahr war. Wie groß muss die Angst, die Not oder die Ungerechtigkeit sein, dass ein Mensch dies alles auf sich nimmt?

Zweierlei Verpflichtung
Dass Menschen fliehen, ist kein neues Phänomen. Die ganze Menschheitsgeschichte kennt Migrations- und Fluchtbewegungen. Die Generalversammlung der Vereinten Nationen hat deshalb am 10. Dezember 1948 in der „Allgemeinen Erklärung der Menschenrechte" auch das Recht, „Asyl zu suchen und zu genießen" (Art. 14, Abs.1) festgelegt. Jedem Menschen ist es somit freigestellt, sein Land zu verlassen und in einem anderen um Asyl zu bitten, wenn er mindestens ein Menschenrecht in seinem Heimatland gefährdet sieht. Menschen Asyl zu gewähren ist demnach kein gnädiger Akt, sondern eine Selbstverpflichtung eines jeden Staates, der die Erklärung unterschrieben hat. Bis geklärt ist, ob dem Asylsuchenden Asyl zusteht, gilt für ihn, was in Art. 11, Abs. 1 festgelegt ist: die Unschuldsvermutung. Das heißt in diesem Fall, dem Asylsuchenden darf nicht vorgeworfen werden, unrechtmäßig um Asyl gebeten zu haben. Und in jedem Fall gilt, dass auch in der Zeit der Prüfung alle anderen Menschenrechte für ihn bestehen bleiben.

Gerade wenn sich Christen mit der Notwendigkeit des Engagements für Flüchtlinge beschäftigen, sollten sie einen weiteren Aspekt bedenken. Denn auch die Bibel berichtet von Flucht- und Vertreibungsgeschichten (zum Beispiel 1. Mo 37; 1. Mo 42-47; 1. Sam 19-21). Jesus selbst wurde bedroht und noch im Kleinkindalter zum Flüchtling (Mt 2,13-15). Gleichzeitig erlebte das Volk Gottes auch immer wieder Zeiten, in denen es selbst Flüchtlinge aufnahm. Das hebräische Wort *ger (Fremder)*, das mehrfach im AT auftaucht, bezeichnet jemanden, der nicht unter seinen Blutsverwandten lebt. Da es in der damaligen Zeit nicht üblich war, seinen Klan zu verlassen, kann man annehmen, dass unter den Fremden (gerim) auch solche sind, die von ihrer Familie geflohen sind oder aus sonstigen Gründen (unfreiwillig) von ihrer Familie getrennt wurden.

Zum Umgang mit den Fremden finden sich viele und konkrete Angaben. Gott möchte, dass sie vor dem Gesetz gleichgestellt sind (5. Mo 1,15-17), dass sie frei wählen können, welcher Religion sie folgen (2. Mo 12,48-49) und dass ihre Grundversorgung gesichert ist (5. Mo 24,17-21). Außerdem fordert er sein Volk dazu auf, die Fremden nicht zu unterdrücken (2. Mo 23,6-9; 3. Mo 19,33), sondern vielmehr sie zu lieben (3. Mo 19,34; 5. Mo 10,19). Und auch im Neuen Testament verweist uns die Bibel immer wieder darauf, die Fremden aufzunehmen und zu lieben. Jesus geht so weit, sich selbst mit dem Fremden zu identifizieren. Wer den Fremden nicht aufnimmt, der nimmt Jesus nicht auf (Mt 25,35.43.45).

Handlungsmöglichkeiten für die Gemeinde

In den Flüchtlingen Menschen sehen
Der Grund, warum Menschen aus ihrer Heimat fliehen, ist, dass eines oder mehrere Menschenrechte nicht gewährleistet sind. Sie sind auf der Suche nach einem Ort, an dem sie frei und sicher leben können, ohne Angst vor Hunger, Verfolgung oder gar Tod. Durch die Umstände in ihrer Heimat wurden sie

zu Flüchtlingen, doch bleiben sie immer auch etwas anderes: Menschen. So banal sich das anhört, so wichtig ist es, das zu betonen. Denn in der Diskussion um die großen Flüchtlingszahlen geht dieses oft im Bewusstsein verloren. Man übersieht, dass es sich um Schicksale von Einzelpersonen mit Gefühlen, Wünschen, Familie, Freunden, einer Vergangenheit, Hoffnungen, Rechten und Würde handelt. Eines oder mehreres davon haben sie subjektiv oder objektiv verloren. Als Erstes kann man als Gemeinde also einen Raum bieten, wo Flüchtlinge wieder Menschen sein dürfen. Denn Gemeinschaft erleben, Interesse spüren und Wertschätzung erlangen, das sind Elemente, die jeder Mensch braucht. Ganz konkret kann das beispielsweise in einem Café International stattfinden oder durch Besuche zu Hause. Man benötigt hier nicht viel, um viel zu bewirken.

Flüchtlingen eine Stimme geben
Menschenrechte sind in Deutschland allgemein anerkannt und werden jedem hier Lebenden zugestanden. Gerade deshalb flüchten so viele hierher und beantragen Asyl. Schaut man sich aber das Asylverfahren (siehe Artikel „Flüchtlinge auf der Suche nach Heimat – theologische Herausforderungen und rechtlicher Rahmen" von Reinhard Schott) genauer an, dann liegt der Verdacht nahe, dass auch hier Menschenrechte nicht immer in vollem Umfang gewährt werden, wie sie in der UN-Menschrechtskonvention festgehalten wurden. Dort ist in Art. 13, Abs. 1 das Recht auf Freizügigkeit innerhalb eines Staates festgeschrieben. Asylsuchende allerdings dürfen sich während ihres Verfahrens nur in dem Gebiet aufhalten, das in ihrem Aufenthaltstitel vermerkt ist. Dies kann sich auf ein Bundesland, aber auch auf einen Landkreis oder gar nur eine Stadt beziehen. Wer sich außerhalb befindet, macht sich strafbar.

Neben der Freizügigkeit legt Art. 13, Abs.1 auch fest, dass

jeder seinen Wohnort frei wählen darf. Asylsuchende aber werden im Laufe ihres Verfahrens Landkreisen und später Kommunen zugeteilt und haben keinerlei Einfluss darauf, wohin sie geschickt werden.

Weiter besitzt nach Art. 23, Abs.1 jeder das Recht auf Arbeit und freie Berufswahl, doch innerhalb der ersten drei Monate dürfen Asylsuchende keiner Arbeit nachgehen. Zwischen dem 3. und 15. Aufenthaltsmonat werden sie nachranging behandelt. Das bedeutet, dass sie nur dann eine Stelle antreten können, wenn sich für diese kein Deutscher oder ein anderer Ausländer mit einem langfristigen Aufenthaltsrecht findet. Selbst wenn der Arbeitgeber den Asylsuchenden anstellen möchte, darf er das nur mit Genehmigung. Erst nach 15 Monaten ist der Arbeitsmarkt frei zugänglich.

Ein anderes Menschenrecht ist bezüglich der Unterbringung in Gefahr. Denn Art. 12 besagt, dass die Privatsphäre geschützt werden muss. Wo allerdings bleibt die Privatsphäre, wenn man in Mehrbettzimmern untergebracht wird mit Menschen, die man nicht kennt? Ebenso muss man hinterfragen, ob ein „Lebensstandard, der seine und seiner Familie Gesundheit und Wohl gewährleistet" (Art. 25, Abs.1) vorliegt, wenn lediglich akute Schmerzbehandlung und begrenzter Wohnraum bereitgestellt werden.

Menschen fliehen, weil ihre Menschenrechte nicht beachtet werden. Und sie kommen in ein Land, in dem auch nicht alle dieser Rechte für sie erlebbar und greifbar sind. Dazu kommt nun, dass sie die Sprache, die Kultur und die örtlichen Gesetze nicht kennen und meist durch die Flucht sehr geschwächt, manche sogar traumatisiert, sind. Viele können nicht äußern, was sie wirklich brauchen oder wo ihnen Unrecht zugefügt wurde. Christen sollten sich dafür einsetzen, dass diese Menschen eine Stimme bekommen. Sie sollten sich dafür engagieren, dass die Lebensbedingungen verbessert werden. Sie sollten Asylsuchende auf Ämter oder zu Ärzten begleiten, bzw. ihnen Termine vermitteln. Oftmals wissen die Flüchtlinge nicht, welche Rechte sie haben oder an wen sie sich wenden müssen. Deshalb sollten Christen aufmerksam sein für Fälle, wo ein Eingreifen nötig ist.

Flüchtlinge in unseren Gemeinden aufnehmen
Viele der Flüchtlinge sind Christen. Für einige ist das sogar der Grund ihrer Flucht. Sie erhoffen sich von Deutschland, dass sie hier ihren Glauben frei ausleben können. Einige haben die Vorstellung, dass alle Deutschen Christen sind. Wenn sie nun hier ankommen und zunächst nur Kontakt zu den Ausländerbehörden haben, dann sind viele überrascht, enttäuscht oder verwirrt. Was sie dringend benötigen, ist ein Ort, an dem sie geistlich auftanken können und aufgefangen werden. Die deutschen christlichen Gemeinden können ein solcher Ort sein. Doch ergeben sich aus der Miteinbeziehung von Flüchtlingen auch einige Herausforderungen.

Eine offensichtliche Diskrepanz zwischen deutschen Gottesdiensten und den Flüchtlingen ist die Sprache. Wenn sie an einem Sonntagmorgen kommen, verstehen sie nichts von der Liturgie oder der Predigt und kennen auch die Lieder und Gebete nicht. Doch nicht nur die Sprache ist ein Hinderungsgrund dafür, dass die Brüder und Schwestern aus anderen Ländern in Deutschland schwer Heimat finden können. In jeder Kultur wird auch der christliche Glaube anders gelebt. In vielen Ländern sind die Gottesdienste sehr viel bunter und freier in der Gestaltung. Was in Deutschland als feierlich und andächtig erlebt wird, wirkt auf Christen aus anderen Kulturen starr, traurig und tot.

Dennoch ist es möglich, die Gemeinde interkulturell zu öffnen und das Gemeindeleben so zu gestalten, dass sich Menschen aus unterschiedlichen Kulturen wohlfühlen (siehe Artikel „Bereicherung für die Gemeinde – was wir von Flüchtlingen und Migranten lernen können" von Bianca Dümling). Doch bevor man sich als Gemeinde an konkrete Umsetzungspläne macht, sollte man sich eine geistliche Wahrheit bewusst machen. Lesen wir 1. Kor 12 mit Blick auf die Flüchtlinge, dann lernen wir, dass alle Christen dieser Erde den einen Leib Christi bilden. Dieser Leib besteht aus vielen Gliedern. Jedes Glied wiederum hat bestimmte Aufgaben, bestimmte Stärken und bestimmte Schwächen. Die Christen in Deutschland sind eines dieser Glieder, aber sie sind nicht der ganze Leib. Kirche ist mehr als die Gottesdienste in Deutschland. Jesu Kirche ist eine weltweite. Und so können Christen aus anderen Kulturen uns ein neues Verständnis von Gottes Größe, seiner Vielfalt und seinem Wesen zeigen. In dem, wie sie ihren Glauben leben und ausdrücken und welche Themen ihnen besonders wichtig sind, können wir vielleicht ganz neue Aspekte der Gottesbeziehung kennenlernen – und sie ebenso von uns. Wenn wir unseren Geschwistern mit dieser Haltung begegnen und sie uns, dann wird es leichter fallen, gemeinsame Wege zu finden, wie wir Gott anbeten können. Welche Form dafür gewählt wird, muss jede Ortsgemeinde für sich entscheiden. Aber der Weg kann nur über Jesus gehen. Denn er ist es, der uns miteinander durch seinen Geist verbindet, und so wird auch sein Geist uns in der Begegnung und dem gemeinsamen Ringen leiten.

Bianca Dümling

Bereicherung für die Gemeinde

Was wir von Flüchtlingen und Migranten lernen können

Afrikanische Familien auf dem Weg zum Gottesdienst – Frauen und Mädchen in bunten Kleidern, die Jungen und ihre Väter im Anzug mit einer Bibel in der Hand. Eine gewöhnliche Szene Sonntag morgens in Bussen und Bahnen vieler Städte. Während die deutschen Gottesdienstbesucher schon beim Mittagessen sitzen, sammeln sich Christen mit Migrationshintergrund in denselben Kirchen und feiern ihren Gottesdienst, ohne dass eine Begegnung stattgefunden hat. In urbanen Zentren besuchen mehr Menschen mit Migrationshintergrund einen Gottesdienst als die einheimische Bevölkerung.

Bundesweit sind über 50 Prozent der Zuwanderer Christen. Syrisch-orthodoxe Gläubige, finnische Lutheraner, brasilianische und nigerianische Pfingstler, koreanische Presbyterianer und polnische Katholiken bereichern den weltweiten Leib Christi in Deutschland. Nur ein geringer Prozentsatz dieser Christen besucht eine deutsche Gemeinde. Viele fühlen sich dort nicht wohl. Sie gründen ihre eigenen Gemeinden. Kulturelle und theologische Aspekte spielen dabei eine große Rolle, aber auch die Erfahrung, nicht willkommen zu sein.

Migrationskirchen – so sind Gemeinden zu bezeichnen, die von einem Pastor mit Migrationshintergrund gegründet wurden, deren Hauptsprache nicht Deutsch ist und in denen mehr als 75 Prozent der Mitglieder einen Migrationshintergrund haben.

Viele Migrationskirchen entwickeln sich meist unbemerkt

aus Gebetskreisen oder Bibelstunden. Sie werden oft erst entdeckt, wenn sie sich auf der Suche nach Gottesdiensträumen an deutsche Gemeinden wenden.

Große Vielfalt
Migrationskirchen treten in unterschiedlicher Ausprägung auf. Manche sehen es als ihre primäre Aufgabe an, eine geistliche und soziokulturelle Heimat für die jeweilige christliche Diaspora zu schaffen. Für andere steht die Evangelisation von Mitgliedern aus „geschlossenen Herkunftsländern" im Mittelpunkt. Der größte Teil der pfingstlich-charismatischen Gemeinden afrikanischer Herkunft sieht Deutschland als Missionsland und möchte Deutsche mit dem Evangelium erreichen (Währisch-Oblau 2005, 19ff).

Neben der geistlichen Dimension erfüllen Migrationskirchen für ihre Mitglieder verschiedene Aufgaben. Sie sind Heimat in der Fremde, hier finden ihre Mitglieder Unterstützung und Orientierung. Migrationskirchen nehmen ebenfalls eine wichtige Integrationsfunktion für sie ein. Die Beziehungen untereinander helfen ihnen, in Deutschland anzukommen und sich im Alltag zurechtzufinden (Dümling 2011, 28ff). Spielen denn Migrationskirchen auch eine Rolle für die kirchliche Landschaft in Deutschland, für die einheimischen Christen und Gemeinden?

Flüchtlinge als Segen
Die verheerenden Bedingungen in ihrer Heimat sowie die oft traumatische Fluchterfahrung verleiten leicht dazu, Flüchtlinge und Migranten nur als Schutz- und Hilfsbedürftige zu sehen. Die Unterstützung und Fürsorge für den Fremdling ist in der Tat der biblische Auftrag (zum Beispiel 3. Mo 19,33-34). Gleichzeitig darf das nicht die einzige Sichtweise auf Migranten sein.

Die biblischen Geschichten berichten fortlaufend davon, wie Vertriebene und Flüchtlinge zum Segen in der Fremde wurden. Josef wurde von seinen Brüdern als Sklave nach Ägypten verkauft. Dort deutete er den Traum des Pharaos und verhinderte dadurch eine große Hungersnot. Ruth heiratete einen Fremden in Moab, ihrer Heimat. Als dieser starb, kehrte ihre verwitwete Schwiegermutter nach Bethlehem zurück. Ruth begleitete sie – als Fremde, verwitwet, ohne Mittel und Status. Dort in der Fremde fand Ruth eine neue Heimat und wurde eine direkte Vorfahrin von Jesus.

Flucht- und Migrationsgeschichten wurden zu Segensgeschichten. Haben wir auch heute die Sichtweise, dass Flüchtlinge und Migranten zur positiven Entwicklung unseres Landes, unserer Kirchen beitragen können?

Das Bild des Leibes Christi in 1. Kor 12 bestärkt, dass wir zusammengehören und einander brauchen. Dabei sind die „Glieder des Leibes, die die schwächeren zu sein scheinen, ... umso notwendiger" (1. Kor 12,22). Ist es nicht so, dass wir unsere Geschwister mit Migrationshintergrund oft als die Schwächeren sehen? Diese Sichtweise führt häufig dazu, dass sie zum Beispiel in gemeinsamen Gottesdiensten singen, aber nicht predigen dürfen. Mit der Begründung, dass der Akzent des afrikanischen Pastors nicht verständlich sei. Durch diese Haltung verpassen wir jedoch die Chance, von ihnen zu lernen, uns von ihnen beschenken und segnen zu lassen.

Voneinander lernen

In Deutschland ist die soziale Absicherung und Lebensqualität für deutsche Bürger in der Regel sehr hoch. Die Situation von Migranten und Flüchtlinge sieht oft ganz anders aus. Sie kämpfen häufig mit finanziellen und sozialen Schwierigkeiten und treffen aufgrund ihrer Herkunft auf viele strukturelle Herausforderungen. Dennoch oder gerade deshalb halten sie an

Gottes Verheißungen fest und setzen ihre ganze Hoffnung auf ihn. Sie erwarten und vertrauen, dass Jesus Gebete beantwortet, Krankheiten heilt und ganz konkret im Alltag eingreift. In ihren Geschichten ist Gottes Handeln und seine Versorgung immer wieder zu erkennen. Die Erfahrung der Geschwister aus aller Welt gibt Hoffnung und von ihrem Glauben können wir lernen.

Des Weiteren gibt es klassische Beispiele, wenn es darum geht, was Deutsche von Migranten lernen können: Flexibilität und Gastfreundschaft. Oder was Migranten von Deutschen lernen können: Pünktlichkeit, Organisation und Effizienz. Die Stärke einer interkulturellen Gemeinschaft besteht darin, beides zu verbinden, ohne das eine dominieren zu lassen.

Bevor eine deutsche Gemeinde beispielsweise ein Projekt beginnt, muss jedes Detail geklärt sein und es braucht mehrfache Absicherung. Diese hohen Hürden können neuen Ideen oft im Wege stehen. Im interkulturellen Kontext besteht mehr Flexibilität, Projekte werden gestartet, ohne jedes Detail geplant zu haben. Vieles ist provisorisch und entsteht im Moment, basiert nicht auf materiellen Ressourcen, sondern auf Gottvertrauen und Improvisation. Dies kann jedoch auch dazu führen, dass Projekte sich nach kurzer Zeit auflösen, da wichtige Details nicht beachtet wurden. In der Zusammenarbeit liegt eine Kraft, die es noch zu entdecken gibt und die neue Türen des Erlebens und Glaubens öffnen kann.

Wertschätzende Beziehungen entwickeln

Die Grundlage, um voneinander zu lernen, liegt in den Beziehungen zwischen Geschwistern mit und ohne Migrationshintergrund. Gerade in der interkulturellen Zusammenarbeit findet man oft die Einstellung, Veranstaltungen und Hilfen für Flüchtlinge und Migranten organisieren zu wollen. Warum nicht eine Lernhaltung einnehmen und die vielen geistlichen und sozialen Ressourcen, die unsere Geschwister mitbringen, wertschätzen und von ihnen lernen? Interkulturelle Begegnung findet nicht im luftleeren Raum statt, sondern wird durch den gesellschaftlichen Kontext geprägt. Der ungleiche Zugang zu Ressourcen, sozioökonomische Unterschiede und Alltagsrassismus beeinflussen ebenfalls die Beziehungen im christlichen Kontext. Diese gesellschaftliche Realität muss anerkannt, reflektiert und wo möglich auch verändert werden, zum Beispiel durch die Selbstverpflichtung, Projekte und Veranstaltungen nur mit gleichberechtigten interkulturellen Vorbereitungs- und Leitungsteams durchzuführen.

Letztlich kommt es vor allem auf eines an: Bei jedem Projekt ist der Weg, also der Vorbereitungsprozess in einem interkulturellen Team, genauso wichtig wie das Ergebnis. Dieser Weg lehrt uns, einander zuzuhören, ohne zu bewerten, Vertrauen zu gewinnen und Vorurteile abzubauen. All das ist grundlegend, um Beziehungen zu bauen. Ohne persönliche und tragfähige Beziehungen bleibt jede interkulturelle Begegnung oberflächlich und ohne Auswirkung.

Gelungene Begegnungen – Drei Beispiele aus der Praxis

Zu Hause in Deutschland
Die kulturelle Vielfalt der Nachbarschaft der Josua Gemeinde in Spandau nahm zu. Immer wieder kamen Menschen unterschiedlicher Kulturen in den Gottesdienst. Aus diesem Grund begaben sich die Gemeindemitglieder auf die Suche nach Möglichkeiten, wie die Gemeinde Zugewanderte unterstützen kann, besser in Deutschland anzukommen. Der Wunsch, dass die Menschen verschiedener Kulturen in der Gemeinde besser zusammenwachsen können, führte zu dem Kurs „Zu Hause in Deutschland". An sechs Abenden konnten sich Teilnehmende mit Migrationshinter-

grund mittels eines Inputs und im Gespräch mit Einheimischen mit verschiedenen Aspekten der deutschen Kultur und Gesellschaft auseinandersetzen, zum Beispiel Alltagskultur, Schulsystem, Polizei und deutsches Recht. Der Kurs bezog zugleich Einheimische ein, denn um eine Willkommenskultur zu schaffen, müssen die Einheimischen Einblicke in die Lebensrealität der Zugewanderten bekommen. Das gemeinsame Essen und der persönliche Austausch an den interkulturell besetzten Tischen war dabei ein entscheidender Aspekt, um Beziehungen zu bauen und das Zusammenwachsen zu fördern (Dümling 2015, 37ff).

Interkulturelle Gottesdienste
Interkulturelle Gottesdienste sind ebenfalls ein Rahmen, der interkulturelle Begegnung fördern kann, sofern sie gleichberechtigt vorbereitet und durchgeführt werden. Der internationale Gospelgottesdienst in Hamburg ist dafür ein gelungenes Beispiel. Zur erfolgreichen Durchführung eines interkulturellen Gottesdienstes empfehlen die Verantwortlichen, dass Vertrauen und Beziehungen vor der Organisation eines Gottesdienstes wachsen müssen. Ein konstantes Planungsteam begünstigt den Erfolg. Dialogpredigten erweisen sich als ideal, da sie die guten Beziehungen und die Gleichberechtigung zwischen Pastoren mit und ohne Migrationshintergrund demonstrieren. Außerdem sollte ein Gleichgewicht zwischen Planungssicherheit und der Freiheit des Geistes gefunden werden. Des Weiteren hilft das Erklären von „Ungewohntem", die Unsicherheit der Gottesdienstbesucher zu reduzieren. Weitere Aspekte, die einen Gottesdienst zu einem Begegnungs- und Lernort werden lassen, sind die Beteiligung der Gottesdienstbesucher, Gesprächsgruppen nach der Predigt, gute Musik und die Möglichkeit der Begegnung am Schluss, bevorzugt mit gemeinsamem Essen (Degenhardt 2015, 51ff).

Interkulturelle Bibelarbeiten
Wir lesen alle die Bibel durch unsere kulturelle Brille. Gemeinsames Bibellesen gibt daher einen Einblick in den Glauben des jeweils anderen und schafft eine Möglichkeit des Lernens. Doch fällt es uns oft schwer, dem anderen und seiner kulturell geprägten Interpretation der Bibel zuzuhören, da wir unsere Meinung meist stark vertreten. Interkulturelle Bibelarbeiten nach der Methode des „Bibel-Teilens" (Kahl 2011, 210ff) ermöglichen hingegen einen gleichberechtigten Dialog. Sie folgt einer einfachen Liturgie, bei der jeder zu Wort kommt und darauf geachtet wird, dass Aussagen nicht gleich kommentiert werden dürfen.

Fazit
Im Herbst 2015, während dieser Artikel entstand, wurde die Stimmung in Deutschland gegenüber Flüchtlingen immer angespannter, Flüchtlingsheime brennen und rassistische Bemerkungen scheinen immer gesellschaftsfähiger zu werden. Die deutschen Gemeinden sind hier herausgefordert, Stellung zu beziehen. Es reicht nicht aus, abgetragene Kleidung im Flüchtlingsheim abzugeben, um das kulturelle Zusammenleben positiv zu gestalten. Als Gemeinden haben wir die einmalige Chance, wertschätzende Beziehungen zu Flüchtlingen und Migranten, unseren Geschwistern, bauen zu können, die es ermöglichen, voneinander zu lernen. So können wir Vorbilder für unsere Gesellschaft und ein Gegenpol zu den Tönen um uns herum sein.

Birgit Neufert

„Zuflucht ist ein menschliches Wesen."

Warum Kirchenasyl recht hat

Familie Selim wohnte seit 12 Jahren in Deutschland – Vater, Mutter, sechs Kinder. Sie sind Jesiden und somit Angehörige einer religiösen Minderheit in ihrem Herkunftsland. Die älteste Tochter bereitete sich gerade auf ihren Hauptschulabschluss vor, die beiden jüngsten Söhne, die in Deutschland geboren wurden, gingen noch in die Grundschule. Jahrelang hatten sie als „Geduldete" hier in Deutschland gelebt – das heißt, dass ihre Abschiebung „vorübergehend ausgesetzt" wurde. Dann plötzlich, an einem ganz normalen Mittwoch im September, erhielten sie keine weitere „Duldung" mehr, sondern einen Brief der Ausländerbehörde mit dem Datum ihrer Abschiebung. Sie sollten zurück in ihre „Heimat" – wo ihnen Verfolgung und Folter gedroht hätten. Für die Familie stand fest: Sie würde alles in Bewegung setzen, um nicht abgeschoben zu werden. Sie kontaktierte eine Kirchengemeinde, bat um Hilfe. Zunächst ohne Erfolg. Doch nach vielen weiteren Telefonaten fand sich eine Gemeinde, deren Pfarrhaus seit Längerem leer stand. Dort konnte die Familie erst einmal wohnen. Im Kirchenasyl.

Was ist Kirchenasyl?
Durch Kirchenasyl werden Menschen, die akut von einer Abschiebung in lebensgefährliche oder menschenrechtsverletzende Zustände bedroht sind, geschützt. Sie werden für einen begrenzten Zeitraum von einer Kirchengemeinde aufgenommen. Sie werden untergebracht, mit Lebensmitteln versorgt, bei den weiteren rechtlichen Schritten begleitet, werden Teil der Gemeinschaft. So wird Zeit gewonnen, damit zusammen mit Anwältinnen und Anwälten alle in Betracht zu ziehenden rechtlichen, sozialen und humanitären Gesichtspunkte neu geprüft werden können. Damit soll eine Entscheidung zugunsten der Geflüchteten erreicht werden, was in den meisten Fällen gelingt.

„Ich war fremd und ihr habt mich aufgenommen." Eine Debatte
Das Thema war nicht neu für die Pastorin, die Mitglieder des Kirchengemeinderats und die ehrenamtlich Mitarbeitenden der Gemeinde. Schließlich hatten sie oft genug von Geflüchteten, ihren Schicksalen und Kämpfen in der Zeitung gelesen. Und doch überraschte sie die Anfrage. Plötzlich ging es nicht mehr um ein Thema, das irgendwo weit weg ist, sondern um Menschen, die hier sind.

Die Entscheidung, Kirchenasyl zu gewähren, fiel dem Kirchengemeinderat nicht leicht. Und doch musste sie innerhalb kürzester Zeit getroffen werden. Per Telefon, E-Mail und in einer spontan einberufenen außerordentlichen Sitzung führten sie intensive Diskussionen. Sie debattierten über Solidarität, Grenzen und Menschenrechte. Über Europa, Christentum und Verantwortung. Und über den vielfach zitierten Satz aus der Bibel: „Ich war fremd und ihr habt mich aufgenommen" (Mt 25,35). Unterschiedlichste Fragen, Argumente, Gegenargumente, laute und leise Stimmen waren zu hören. Es gab diejenigen, die Familie Selim bei ihrer Anfrage bereits kennengelernt hatten und sich eindeutig für ein Kirchenasyl aussprachen. Und es gab diejenigen, die das Ganze sehr skeptisch sahen und anmerkten, dass „wir hier auch nicht alle aufnehmen können". Es ging aber nicht um alle. Es ging um genau acht Menschen. Um eine Familie. Am Ende entschied der Kirchengemeinderat sich mit neun Ja-Stimmen, einer Gegenstimme und einer Enthaltung für das Kirchenasyl.

Kirchenasyl als Menschenrecht
Es gibt zwar kein geschriebenes Recht auf Kirchenasyl, aber es gibt ein „Recht auf Leben und körperliche Unversehrtheit" (Art. 2,2 GG). Und es gibt die unantastbare Würde des Menschen (vgl. Art. 1,1 GG), die für alle Menschen gilt: „Alle Menschen sind frei und gleich an Würde und Rechten geboren" (Art. 1 AEMR, UN 1948).

Die Verknüpfung von Menschenrechten und Migrationspolitik ist wahrlich keine Erfindung der Kirchenasylbewegung. Sie sollte eine Selbstverständlichkeit sein. Auch das Bundesverfassungsgericht brachte es 2012 in seinem Urteil zum Asylbewerberleistungsgesetz auf den Punkt: Die „Menschenwürde ist migrationspolitisch nicht zu relativieren" (BverfG 2012:Abs.121).

So selbstverständlich dies zu sein scheint, so anders sieht die Realität aus. Immer wieder werden Menschen in Obdachlosigkeit, Hunger, fehlende medizinische Versorgung, Folter und Lebensgefahr abgeschoben. Das nehmen Christinnen und Christen nicht einfach so hin. Sie stellen sich schützend an die Seite ihrer Mitmenschen, indem sie Kirchenasyl gewähren. Es sind die ganz grundsätzlichen Menschenrechte, die einen Menschen schutzwürdig machen. Es ist das Menschsein an sich, das einen Menschen schutzwürdig macht: „Zuflucht ist kein Ort. Es ist ein Mensch. Jeder Mensch ist ein Heiligtum, eine Stätte der

Zuflucht. ... Jeder Mensch ist allein dadurch, dass er Sohn oder Tochter des Menschengeschlechts ist, eine lebende Zufluchtsstätte, in die niemand eindringen darf" (Wiesel 1993:17). Dieses Menschsein rechtfertigt Kirchenasyl nicht nur, es macht es sogar notwendig.

„Aber die Bilder im Kopf bleiben." Ein Rückblick

Bis sie Recht bekommen würden, würde es für Familie Selim noch ein weiter Weg sein. Doch immerhin hatte er durch das Kirchenasyl begonnen. Bald fanden sich einige ehrenamtliche Unterstützerinnen und Unterstützer, die die Familie regelmäßig besuchten. Es waren Menschen aus der Kirchengemeinde, aus der Nachbarschaft, aus deren Freundeskreisen. Sie trafen sich zum Teetrinken. Doch es war nicht so gemütlich, wie es zunächst klingen mag.

Es waren schwere Stunden, die sie teilten, und vor allem schwere Stunden, die hier wieder auflebten. Nach und nach erzählte die Familie ihre Geschichte. „Aber die Bilder im Kopf bleiben", sagte die älteste Tochter. Und die anderen stimmten ihr mit einem stillen Kopfnicken zu. Dennoch wurden sie nicht müde, ihre Geschichte in allen Einzelheiten zu erzählen – in der Hoffnung, dass ihnen eines Tages jemand glauben würde und sie hierbleiben dürften. Sie erzählten von Drohungen, Inhaftierung, Folter und den Rückenschmerzen, die den Vater bis heute begleiten. Von dem riskanten Plan zu fliehen und von der tatsächlichen Flucht. Von weiten Wegen und von Jahren voller Unsicherheit. Sie erzählten auch von ihrer Ankunft in Deutschland. Von Massenunterkünften, Sprachkursen und Diskriminierungen. Und wieder von Jahren voller Unsicherheit. Da, wo sie Schutz suchten. Mitten in Europa.

Kirchenasyl als umkämpfter Raum des Rechts
Die Debatten über die Aufnahme von Geflüchteten, die im Kleinen, in einzelnen Kirchengemeinden geführt werden, werden immer wieder auch im Großen diskutiert. In Deutschland fand ab Herbst 2014 eine solche Diskussion zwischen dem Bundesamt für Migration und Flüchtlinge (BAMF), dem Bundesinnenminister und den Kirchen statt. Zu viele Kirchenasyle, zu viel Systemkritik – so lauteten die Vorwürfe, die der Kirchenasylbewegung gemacht wurden. Und: Kirchen seien schließlich keine rechtsfreien Räume. Auch dort herrsche geltendes Recht. Die Kirchen dürften nicht einfach bestehende Gesetze unterwandern. Doch genau das tun sie nicht. Wenn Gemeinden Kirchenasyl gewähren, tun sie das, gerade weil sie ein Raum des Rechts sind. Kirchenasyl dient nicht dazu, sich über Recht hinwegzusetzen, sondern Recht durchzusetzen. Es stellt behördliche Entscheidungen und somit die Rechtspraxis infrage. Das erscheint geradezu selbstverständlich, denn kein Rechtsstaat – und kein Behördenmitarbeiter, der in seinem Dienst arbeitet – ist unfehlbar. Kirchenasyl führt in den meisten Fällen dazu, dass Menschen doch nicht abgeschoben werden, sondern hierbleiben können. Und zwar im Rahmen geltender Gesetze, nicht über sie hinweg. So schützt Kirchenasyl sowohl einzelne Menschen als auch die Demokratie, die diese Gesellschaft sein möchte.

Nicht nur in politischen Debatten, auch in der alltäglichen Praxis herrscht in der Frage, wie rechtmäßig Kirchenasyl sei, keine Einigkeit. Es ist und bleibt eine umkämpfte Praxis. Auch wenn Kirchenasyle in den meisten Fällen von den Behörden toleriert werden: Dann und wann werden sie von der Polizei geräumt, wie in Augsburg im Februar 2014 (BAG 2014). Derartige staatliche Eingriffe sorgen immer für Aufruhr. Zum einen kommt dann die Kirche als – machtvolle – Institution ins Spiel: Dann äußern sich Bischöfinnen und Bischöfe und andere

Menschen, die in verantwortungsvollen Positionen der Kirche beschäftigt sind, veröffentlichen Pressemitteilungen, sind im Radio zu hören oder verhandeln hinter verschlossenen Türen mit den zuständigen Politikern und Politikerinnen darüber, wie solche gewaltsamen Maßnahmen in Zukunft vermieden werden können. Zum anderen – und vor allem – werden dann Menschen vor Ort mobilisiert: In der konkreten Situation, in der die Polizei versucht, in eine Kirche einzudringen, sind es Gemeindemitglieder, Pastorinnen und Pastoren, Nachbarinnen und Nachbarn, die sich schützend vor die Kirchentür stellen.

„Mensch, da hat das Ganze ja doch irgendwie einen Sinn." Ein Ausblick.

Wenn das passiert, wenn Kirche sich in Bewegung bringen lässt, wenn Menschen hinsehen und aufstehen und handeln, dann verändert das das Leben vieler Menschen – manchmal sogar ganze Nachbarschaften. Kirchenasyl ist dadurch viel mehr als „Hilfe in Not", viel mehr als ein Aufeinandertreffen von „Hilfesuchenden" und „Helfenden". Es ist eine Gemeinschaft, in der Menschen die Chance haben, einander auf Augenhöhe zu begegnen, voneinander zu lernen. Es ist auch eine Gemeinschaft voller Widersprüchlichkeiten, weil kein Kirchenasyl über die Abhängigkeiten, Machtverhältnisse und Ungerechtigkeiten dieser Welt hinwegtäuschen oder sie gar überwinden kann. Aber es kann sie infrage stellen und nach neuen Wegen suchen.

Diese Wege sind mitunter überraschend. Eine Ehrenamtliche, die Familie Selim mit unterstützte, hatte beispielsweise sonst wenig mit Kirche zu tun. Aber sie kannte einen der anderen Unterstützer und war durch ihn auf das Kirchenasyl aufmerksam geworden. „Ich bin in keiner Weise religiös und ich war auch vorher nie in der Kirche", erzählte sie. „Aber das ist das erste Mal in meinem Leben, dass ich sage: Mensch, da hat das Ganze irgendwie ja doch einen Sinn."

Und so ist Kirchenasyl nicht zuletzt eine Einladung, wach und in Bewegung zu bleiben. Angesichts globaler Verhältnisse, die sich immer weiter verändern werden, braucht auch die Praxis des Kirchenasyls immer wieder neue Visionen. Menschen, die größer und weiter denken, größer und weiter träumen und doch in der Gegenwart beginnen, diesen Traum auch tatsächlich zu leben. Und das geht. Weil wir Menschen sind: „Die Zuflucht ist ein menschliches Wesen. Die Zuflucht ist ein Traum. Und deshalb sind wir hier, und deshalb bin ich hier. Wir sind unseretwegen hier, einer wegen des anderen" (Wiesel 1993:21).

Matthias Ehmann

„Reverse Mission": Deutschland als Missionsland

Gerade saß ich mit unserer Gemeindeleitung beim Mittagessen. Mit dabei: Reg. Er kommt aus Kenia und hat dort in einem Vorort von Mombasa verschiedene Projekte für Kinder und Jugendliche aufgebaut. Eine tolle Sache, die den Kids eine echte Chance im Leben bietet. Während seiner Zeit in einer Jüngerschaftsschule in Tansania lernte Reg jemanden aus unserer Gemeinde kennen. Bei einem Besuch vor einigen Jahren wuchs der Kontakt. Jetzt sitzen wir zusammen beim Essen, reden über die Projekte und freuen uns darüber, uns gegenseitig besser kennenzulernen.

Wir merken, die Begegnung bereichert uns. Gegenseitige Besuche lassen Verständnis wachsen und die unterschiedlichen Perspektiven helfen uns, unsere eigenen blinden Flecken besser zu erkennen. Aber wir merken auch, dass das gar nicht so leicht ist. Unsere Lebenswirklichkeiten unterscheiden sich radikal, unsere Frömmigkeitsstile sind sehr verschieden und auch unser Blick auf die Gemeinde und die Projekte sind ganz anders. Manchmal ist das frustrierend.

Diese Begegnung zeigt, dass das Christentum sich verändert hat. Während das europäische Christentum in der Krise ist, wächst es in vielen Ländern Afrikas rapide. Und wir, im nachchristlichen Europa, können davon lernen, uns anstecken lassen, und unsere eigene Kultur besser verstehen. Das bedeutet auch, Deutschland als Missionsland zu sehen.

Neue Schwerpunkte des weltweiten Christentums
Das Christentum nahm seinen Anfang im Mittleren Osten. Schon in seinen ersten Jahren breitete es sich im gesamten Mittelmeerraum aus, welcher damals vom römischen Imperium beherrscht wurde. Neben Rom und dem Mittleren Osten wurde bald Nordafrika eine Kernregion des antiken Christentums. Viele Kirchenväter wirkten hier, wie etwa Augustinus. Aber auch darüber hinaus breitete sich das Christentum nach Afrika aus und fasste besonders im heutigen Äthiopien und in Eritrea Fuß. Nach der Ausbreitung des Islam im frühen Mittelalter wurde das Christentum in Äthiopien isoliert. Es überdauerte jedoch bis heute, genau wie die altorientalischen Kirchen in Ägypten und im Mittleren Osten.

Nichtsdestotrotz setzte mit der Zeit eine Schwerpunktverschiebung ein. Europa wurde das Zentrum der Weltchristenheit. Daran änderte sich über die Jahrhunderte kaum etwas. Einige Christen wanderten in die sogenannte „Neue Welt" aus. Nordamerika wurde zu einem zweiten Zentrum der Weltchristenheit. Mit den Entdeckungsreisenden der frühen Neuzeit, später dann mit den Sklavenhändlern und den europäischen Kolonialreichen breitete sich das Christentum langsam auch in anderen Regionen der Welt aus – teils durch Überzeugung, teils durch Gewalt und Zwang. Aber Europa und Nordamerika blieben für Hunderte Jahre das Zentrum der Weltchristenheit.

1910 trafen sich Christen aus Nordamerika und Europa mit einzelnen Christen aus anderen Teilen der Welt zu einer Weltmissionskonferenz in Edinburgh. Dort gaben sie – motiviert durch vorangegangene Erfolge der kirchlichen und unabhängigen Missionen – das optimistische Ziel aus, dass in den nächsten 100 Jahren alle Menschen Christen werden sollten. Viele Missionsgesellschaften waren schon gegründet und immer neue kamen hinzu. Das christliche Europa und Nordamerika wollten den Heiden das Evangelium bringen. Und das taten sie auch. Vieles daran war gut; vieles war nicht so gut. Neben der Guten Botschaft brachten sie auch einiges an westlicher Sitte und Moral mit.

Der Schwerpunkt des Christentums lag damals im Norden. 1910 waren etwa 66 Prozent der weltweiten Christen Europäer und 15 Prozent Nordamerikaner. Auf diesen beiden Kontinenten waren fast alle Einwohner Teil einer christlichen Kirche. Wenige gehörten dem Judentum, keiner Religion oder anderen Religionen an. Vorangegangene Missionsbewegungen in Asien und Südamerika und europäische Auswanderer hatten damals schon dafür gesorgt, dass auch in Lateinamerika (12 Prozent) und Asien (4,5 Prozent) größere Gruppen der Weltchristenheit lebten. Der Anteil der historischen Kirchen im Mittleren Osten (0,7 Prozent) und der Christen in Afrika südlich der Sahara (1,5 Prozent) an der weltweiten Zahl der Christen war Anfang des 20. Jahrhunderts sehr gering. Doch innerhalb von drei bis vier Generationen hat sich die Welt, auch die des weltweiten Christentums, komplett gewandelt.

Hundert Jahre nach der Weltmissionskonferenz in Edinburgh stellte das „PEW Forum on Religion & Public Life", welches auch die Zahlen für 1910 erarbeitet hat, Zahlen zur Weltchristenheit im Jahr 2010 vor. Lebten 1910 noch zwei Drittel aller weltweiten Christen in Europa, ist es heute noch ein Viertel. Ebenfalls ein Viertel der Weltchristenheit lebt heute in Lateinamerika und der Karibik. Der Anteil der Christen im Mittleren Osten und Nordafrika ist ebenso leicht gesunken, wie der der Christen in Nordamerika. Dabei ist zu beachten, dass nicht unbedingt die absolute Zahl der Christen in den Regionen gesunken ist, sondern ihr Anteil am weltweiten Christentum. Wenn man so will, ist der Kuchen größer geworden: Die Christenheit ist gewachsen, aber die Stücke sind anders verteilt. Das Christentum in Asien nahm zu, genau wie in Lateinamerika und in der Karibik. Aber die massivste Verschiebung gab es in

Afrika. Lebten 1910 gerade einmal 1,5 Prozent der weltweiten Christen in Subsahara-Afrika, sind es heute 24 Prozent und damit etwa genauso viele wie in Europa oder Lateinamerika. Mit anderen Worten, der Schwerpunkt hat sich verschoben – vom Norden in den Süden und besonders in Richtung Afrika.

Die Gründe dafür sind vielfältig. Manche der in Edinburgh beschlossenen Missionsbemühungen haben Früchte getragen. Gott ist Menschen begegnet, durch Missionare und ohne. Bevölkerungswachstum, Migration und Kriege haben ebenfalls erheblichen Einfluss auf diese Entwicklung genommen. Gleichzeitig sind längst nicht mehr alle Europäer und Nordamerikaner Teil einer christlichen Kirche. Kommunismus und eine säkulare Gesellschaft haben zu Kirchenaustritten geführt.

Genauso vielfältig wie die Gründe für die Verschiebung der Weltchristenheit nach Süden sind die Auswirkungen dieser Entwicklung. Vielleicht ist die Berufung des Argentiniers Jorge Mario Bergoglio zum Papst Franziskus die offensichtlichste. Er ist der erste Südamerikaner, der das Amt innehat und so die größte christliche Kirche der Welt leitet. Bis dahin hatten Europäer das Amt dominiert. Aber die Auswirkungen gehen weit über die Besetzung symbolischer Positionen hinaus. So arbeiten Missionsgesellschaften heute oft partnerschaftlich mit Kirchen aus dem Süden zusammen. Und es entstanden viele neue Kirchen in Lateinamerika, Asien und Afrika.

Das Christentum in Asien, Südamerika und Afrika

Das Christentum ist in den letzten hundert Jahren bunter geworden. Nicht nur in Deutschland entstehen immer wieder neue Ortsgemeinden, Initiativen, Gemeindebünde und Kirchen, sondern auch weltweit. In Afrika haben sich etwa neben den afrikanischen Ablegern uns vertrauter Kirchen wie der römisch-katholischen, der lutherischen oder methodistischen und baptistischen auch Kirchen gebildet, welche von

Afrikanern unabhängig von bestehenden Kirchen gegründet wurden. Diese sogenannten „African Independent Churches" verbinden das Christentum mit vielen Elementen der traditionellen afrikanischen Kultur. Sie breiteten sich besonders seit den 1930er-Jahren in Afrika aus, sind in Deutschland oft unbekannt, zählen aber zu den größten Kirchen auf dem Kontinent. Ab den 1970er-Jahren erlebten die charismatische Bewegung und die Pfingstkirchen ein großes Wachstum. Gerade in Westafrika entwickelten sich sowohl große Gemeindebünde als auch Ortsgemeinden. Einige von ihnen versammeln einige tausend Menschen zu ihren Gottesdiensten. Heute finden sich die verschiedensten kirchlichen Strömungen gleichzeitig in Afrika – traditionelle Kirchen, African Independent Churches und Pfingstkirchen.

Ähnliche Entwicklungen wie in Afrika gibt es auch in Lateinamerika und in Asien. So ist das Wachstum der Pfingstkirchen in Brasilien inzwischen auch in Deutschland recht bekannt. Gleichzeitig ist fast unbekannt, dass etwa die Philippinen zu den Ländern mit der größten Anzahl an Katholiken weltweit gehören.

Das Wachstum der Kirchen hat sowohl Auswirkungen auf die Zusammensetzung von kirchlichen Gremien als auch auf die Theologie. Viele Jahrhunderte prägte Theologie aus Europa und gerade auch aus Deutschland das Christentum. Die theologischen Erkenntnisse der Reformation haben nicht nur unseren Kontinent verändert. Damals fanden Luther, Calvin und die anderen Reformatoren in der Bibel Einsichten und Antworten auf drängende Fragen ihrer Zeit und ihres Lebensumfelds. Heute entwickeln sich auf der ganzen Welt neue christliche Theologien. Sie suchen nach Einsichten, Antworten und Lebensweisen für ihre Zeit und ihre Lebenswirklichkeit. So entstehen verschiedene asiatische, afrikanische und lateinamerikanische Theologien. Sie beantworten nicht immer die Fragen, die sich uns in Europa und in Deutschland stellen. Gleichzeitig helfen sie, unser eigenes Land, unsere Kirchen und unser Leben aus einer anderen Perspektive zu betrachten. Und manchmal helfen sie uns auch, zurückzufinden zum Kernanliegen der Reformation: solus Christus.

Deutschland, ein Missionsland
Im Gespräch mit Christen aus der ganzen Welt wird deutlich: Deutschland ist zu einem Missionsland geworden. Nie haben in Deutschland alle Menschen an den Gott der Bibel geglaubt, aber im Kontakt mit den wachsenden christlichen Kirchen auf der Welt wird deutlich: Wir sind ein Missionsland.

Vor hundert Jahren sandten deutsche Kirchen und Missionsgesellschaften viele Missionare in die Länder aus, die heute zu den neuen Kernregionen der Weltchristenheit gehören. Nach dem Ende der Kolonialzeit und mit der Unabhängig vieler Länder des Südens ist die Zahl der Missionare ab den 1960er-Jahren deutlich zurückgegangen. Aber auch heute befinden sich viele Christen aus Deutschland als Evangelisten, Lehrer, Entwicklungshelfer und in andern Aufgaben auf der ganzen Welt, um von Gottes Liebe zu zeugen.

In den letzten hundert Jahren hat sich allerdings auch die kirchliche Landschaft in Deutschland erheblich verändert. Schon zu Beginn des Jahrhunderts gab es gerade unter der Arbeiterschaft in den Großstädten kleine Austrittswellen aus den Kirchen. Die Kirche war in den rapide wachsenden Stadtteilen nicht mehr automatisch Teil des sozialen Gefüges. Gleichzeitig pluralisierte sich das Angebot an Kirchen. Neben die Landeskirchen und die römisch-katholische Kirche traten zumindest in den großen Städten und einigen ländlichen Regionen eine Vielzahl von Freikirchen und christlichen Vereinigungen. Diese Entwicklung zur kirchlichen Vielfalt setzt sich bis heute in Deutschland fort.

Die größere Zahl von Kirchen und Gemeindebünden führte

aber nicht dazu, dass der Anteil der Christen an der deutschen Bevölkerung wuchs. Zur Zeit des Nationalsozialismus verließen viele Menschen die Kirche, manche aus völkischer Überzeugung und andere aus Opportunismus. Im Nachkriegsdeutschland konnten die christlichen Kirchen ihre Position behaupten. Viele Menschen sahen in der Kirche eine der letzten intakten moralischen Instanzen. Anders sah die Lage im Gebiet der DDR aus. Der Staat versuchte systematisch, die Kirchen an den Rand zu drängen und das christliche Leben zu unterbinden. Dies geschah nachhaltig: Während 1990 im Ostteil des Landes etwa zwei Drittel der Bevölkerung keinem Glauben angehörte, bekannten sich zum selben Zeitpunkt im Westteil des Landes drei Viertel der Bevölkerung zum Christentum. Vor dem Hintergrund der Lösung sozialer Bindungen, der fortschreitenden Säkularisierung und durch Migration schrumpfte der Anteil der Christen an der Gesamtbevölkerung aber auch im Westen seit den 1970er-Jahren erheblich.

Bis heute hat sich dieser Trend nicht geändert, viele Missionsbemühungen der Nachwendezeit in Ostdeutschland hatten genauso wenig flächendeckenden Erfolg wie Mitgliederkampagnen der großen Kirchen in Westdeutschland. Im vereinigten Deutschland setzte sich der Trend verstärkt fort, beschleunigt durch kirchliche Skandale und die Beschränkung des kirchlichen Handlungsfeldes auf wenige soziale Milieus. So bleiben am Ende mehr Beerdigungen als Taufen und etwa 300.000 Kirchenaustritte im Jahr. Heute gehören noch etwa 60 Prozent der Menschen in Deutschland einer christlichen Kirche an, 5 bis 6 Prozent zählen sich zu einer anderen Religion und etwa 35 Prozent gehören keinem religiösen Bekenntnis an (Sekretariat der Deutschen Bischofskonferenz 2015; Evangelische Kirche in Deutschland (EKD) 2015).

Über die bloßen Mitgliedszahlen hinaus hat jedoch ein wohl deutlich tieferer Wandel stattgefunden. Christen aus dem Süden sind häufig enttäuscht und entsetzt, wenn sie an einem

Sonntag die Kirchen in Deutschland besuchen. In den großen, historischen Kirchengebäuden verlieren sich häufig nur ein paar Dutzend Menschen, um zusammen Gottesdienst zu feiern. Zwar gibt es innerhalb und außerhalb der großen Kirchen durchaus einzelne Gemeinden, in denen sich viele Menschen zum Gottesdienst versammeln – doch meist sind es nur wenige. Gerade in den Städten besucht häufig nur ein geringer Teil der Kirchenmitglieder regelmäßig einen Gottesdienst oder nimmt sonst am kirchlichen Leben teil. Unter diesem Eindruck beten Christen in vielen Teilen der Welt für eine Erweckung oder eine neue Reformation in Deutschland. Viele sind dankbar für die Impulse, die das Christentum in den letzten 500 Jahren durch Deutschland erfahren hat. Aber jetzt ist Deutschland in ihren Augen zur christlichen Diaspora geworden, zu einem Missionsland.

Die Notwendigkeit von Mission sehen auch die Kirchen in Deutschland vermehrt. War in den 1970er- und 1980er-Jahren Mission in Deutschland meist kein zentrales Thema der Kirchen, ändert sich das seit dem neuen Jahrtausend. Auf ihrer Synode in Leipzig 1999 beschäftigte sich die Evangelische Kirche in Deutschland intensiv mit der Notwendigkeit, das Evangelium in Deutschland ganzheitlich zu verkünden. Neben vielem anderen werden in den evangelischen Kirchen beispielsweise vermehrt Glaubensgrundkurse genutzt, um das Evangelium zu erklären und zu verkünden. Im Jahr 2010 wurde durch Papst Benedikt XVI. der „Päpstliche Rat zur Förderung der Neuevangelisierung" eingesetzt. Er fasst die Bemühungen zur erneuten Evangelisierung ehemaliger christlicher Kernregionen, wie etwa Deutschland, zusammen. Und auch die Freikirchen in Deutschland bemühen sich intensiv um Mission in ihrer ganzen Vielfalt. Sie nutzen häufig Gemeindegründungen, um Menschen mit dem Evangelium zu erreichen.

Reverse Mission: globale Mission in Deutschland
Nicht nur die Kirchen in Deutschland sehen die Notwendigkeit zur Mission in Deutschland. Gerade in den Freikirchen in Deutschland gibt es schon lange Missionare aus anderen Ländern. Über viele Jahrzehnte waren das hauptsächlich Christen aus Nordamerika, Australien und anderen europäischen Ländern. Aber in den letzten Jahren rückte ein neues Phänomen in den Fokus. Christen aus den Ländern, in die Deutschland und andere europäische Länder seit über hundert Jahren Missionare ausgesandt haben, kommen nach Europa. Die Gründe sind verschieden. Manche wurden von ihren Kirchen als Missionare ausgesandt, andere kamen zum Studium, als Arbeitskräfte oder als Flüchtlinge. Manche wussten um die Lage des Christentums in Deutschland, hatten Deutschland vielleicht schon zuvor besucht. Andere waren bei ihrer Ankunft erschüttert, als sie merkten, dass im Land der Reformation kaum Menschen Gottesdienste besuchten oder aktiv und missionarisch ihren Glauben leben. Manche Kirchen versuchen ihren Mangel an pastoralem Personal durch Christen aus Asien, Lateinamerika und Afrika auszugleichen. So unterschiedlich die Hintergründe und Beweggründe auch sind, allen ist eins gemeinsam: Der Wunsch, Gottes Liebe zu dieser Welt und zu den Menschen in Deutschland sichtbar zu machen – Mission.

In der Debatte um missionarische Strategien, um Migration und um die Entwicklung der kirchlichen Landschaft in Europa hat sich dafür das Schlagwort „reverse mission" herausgebildet. Der Begriff versucht zu beschreiben, dass nun Christen aus den ehemaligen Empfängerländern von Missionaren, in Afrika, Asien und Lateinamerika nach Europa kommen, um ihrerseits Teil der Mission Gottes in Europa zu sein.

Gerade in den Ländern, die eine ausgeprägte koloniale Vergangenheit in Afrika haben, prägen heute Menschen mit afrikanischen Wurzeln entscheidend das Bild des Christentums mit.

Viele engagieren sich in den Kirchen, in denen sie auch schon in Afrika verwurzelt waren. Sie besuchen Gottesdienste, sie leiten Gemeinden und manche sind Pastoren geworden. Andere gründen neue Gemeinden. Entweder unterstützt von Kirchen in Afrika, die sie als Muttergemeinden ausgesandt haben, oder unabhängig davon.

Gemeinden wie das „Kingsway International Christian Centre" in London oder die „Embassy of the blessed Kingdom of God for All Nations" in Kiew sind uns in Deutschland kaum geläufig. In ihnen feiern jeden Sonntag mehrere Tausend Menschen Gottesdienste und sie gehören zu den größten Ortsgemeinden in Europa. Auch in Deutschland gibt es spätestens seit der Jahrtausendwende in fast jeder größeren Stadt eine oder mehrere Gemeinden, die von afrikanischen Missionaren gegründet wurden. Manche von ihnen haben mehrere Standorte und senden inzwischen auch Missionare in alle Welt, wie etwa die von Dr. Abraham Bediako von Hamburg aus geleitete „Christian Church Outreach Mission". Daher ist es fraglich, ob die Missionsbewegung der neuen Kernregionen des Christentums nach Europa angemessen mit „reverse mission" beschrieben ist. Während Missionare aus traditionellen deutschen Kirchen nach Afrika gesandt werden, kommen Missionare aus Afrika und gründen Gemeinden im Missionsland Deutschland. Diese Gemeinden senden inzwischen selbst wieder Missionare in verschiedenste Regionen der Welt. Mission ist heute eine Bewegung von allen Enden der Erde zu allen Enden der Erde. Jedes Land ist Missionsland und Christen aus jedem Land können Teil der Mission Gottes in dieser Welt sein. Wir erleben heute ein Zeitalter der globalen Mission.

Herausforderungen und Chancen der globalen Mission
Dieses Zeitalter bringt für alle Christen – und sicher auch für Menschen, die nicht dem christlichen Glauben angehören –

Herausforderungen und Chancen mit sich. Genau wie die europäischen Missionare in den letzten Jahrhunderten haben auch Missionare in Europa mit der Herausforderung zu kämpfen, die Kultur des Missionslandes zu verstehen. Wir Europäer waren uns dessen nicht zu allen Zeiten bewusst. Heute wissen wir, dass Respekt und Sensibilität gegenüber den Menschen im Missionsland eine ethische Grundlage von Mission sein muss. Im gemeinsamen Dokument der Weltweiten Evangelischen Allianz, des Ökumenischen Rates der Kirchen und des Päpstlichen Rates für den Interreligiösen Dialog „Mission Respekt: Christliches Zeugnis in einer multireligiösen Welt" halten die verschiedenen Strömungen des Christentums die dafür notwendigen Grundlagen gemeinsam fest. Allerdings ist es nicht immer leicht, das gemeinsame Wissen Wirklichkeit werden zu lassen. Das gilt sowohl für deutsche Missionare auf der südlichen Welthalbkugel als auch für Missionare des Südens in Deutschland. Sprach- und Kulturbarrieren sorgen trotz bester Absichten immer wieder für Missverständnisse.

In meinem Stadtviertel gibt es sowohl eine afrikanische Gemeinde, als auch ein alternatives Zentrum. An einem Bauzaun gegenüber des alternativen Zentrums hing eines Tages eine große Werbeplane. Auf ihr wurde für einen „Heilungsfeldzug" eingeladen. In vielen afrikanischen Ländern ein ganz normales und bewährtes Mittel für die Verkündigung des Evangeliums. In speziellen Gottesdiensten wird für die Heilung von Kranken gebetet, häufig gibt es Zeugnisse von Heilungswundern und Menschen kommen zum Glauben. Ich selbst habe gemerkt, wie ich bei dem Wort „Heilungsfeldzug" zusammenzucke. Zum einen ist Heilung in einem Land mit hervorragender medizinischer Versorgung kein ganz so existenzielles Bedürfnis wie in vielen afrikanischen Ländern. Zum anderen ist das Wort Feldzug bei uns durchweg negativ besetzt. In der Kombination mit einem Feldzug bekommt auch das Wort „Heil" einen negativen, höchst problematischen Klang in deutschen Ohren. Am nächsten Tag ging ich wieder an dem Plakat vorbei. Jemand hatte das Plakat mit einer Sprühdose ergänzt. Jetzt stand dort „Heilungsfeldzug" – „bis zum Endsieg!" Ein an sich gutes Anliegen scheiterte an der Kommunikation. Wir werden Ähnliches im Umfeld von Mission nach Deutschland immer wieder erleben und sollten uns dabei bewusst sein, dass wir in anderen Kulturen vermutlich ähnliche Missverständnisse auslösen.

Viele Kirchen und Freikirchen beginnen auf die neuen Herausforderungen zu reagieren. Mit Kursen für Leiter afrikanischer Kirchen versuchen sie, diese auf die kulturelle Situation in Deutschland und die speziellen Herausforderungen in unserem Kontext vorzubereiten. Solche Partnerschaften sind sehr hilfreich. Wahrscheinlich gelingen sie am einfachsten auf der lokalen Ebene. Der Leiter der afrikanischen Gemeinde will in Zukunft im Rahmen der Evangelischen Allianz den Austausch mit anderen Gemeindeleitern pflegen. Dabei darf das Lernen jedoch nicht einseitig sein. Deutsche Kirchen, Gemeinden und christliche Organisationen und ihre Leiter müssen von den Christen, die aus anderen Kulturen zu uns kommen, lernen. Sie helfen uns, einen schärferen Blick auf unser eigenes Land, unsere Form des Christentums und unsere Kirche zu bekommen. An vielen Stellen sind wir mit Sicherheit betriebsblind geworden und die Außenperspektive kann uns helfen. Darüber hinaus ist unser Land dabei, sich radikal zu verwandeln. Deutschland ist ein multikulturelles und multireligiöses Einwanderungsland geworden. Wir brauchen dringend die interkulturelle und interreligiöse Kompetenz von Christen aus anderen Kulturen.

Dafür ist es notwendig einander kennenzulernen, voneinander zu lernen und immer besser zusammenzuarbeiten. Es ist unser gemeinsamer Auftrag, Zeugen des anbrechenden Gottesreiches zu sein – in Einheit. Deutschland ist ein Missionsland. Darum brauchen wir Missionare – aus Deutschland und aus der ganzen Welt.

Kapitel 6

„Wachstum und Entwicklung sind nicht dasselbe."
Fred Luks, Sozialökonom,
zum Thema Nachhaltigkeit

Entwicklung als Menschenrecht

Dass die Lebensbedingungen und Chancen von Menschen weltweit sehr unterschiedlich sind, war den meisten von uns schon immer klar. Aber wir haben versucht, dieses Wissen nur dosiert an uns heranzulassen. Wir hören und sehen im Fernsehen Nachrichten von Kriegen, Naturkatastrophen, Krankheit und Hunger, aber zum Glück geht das Unterhaltungsprogramm danach gleich weiter. Wir sehen Fotos von unterernährten Kindern und lesen Berichte von Hilfsorganisationen, aber wir schaffen es kaum, eine Spende zu überweisen. Wir reisen in ferne Länder, sind aber froh in luxuriösen Hotelanlagen von den lokalen Problemen abgeschirmt zu sein. Eine Entwicklung können wir gegenwärtig allerdings kaum ignorieren: Der massenhafte Zustrom von Flüchtlingen nach Europa konfrontiert uns ganz massiv mit Ungleichheit und Ungerechtigkeit in unserer Welt. Wir müssen uns fragen, welche Verantwortung wir haben und was wir tun können.

Den wirtschaftlichen Wohlstand in Europa versehen wir gerne als das Ergebnis der fleißigen Arbeit unserer Vorfahren und von uns selbst. Wir sehen nicht, was Armut, Hunger und Kriege in den Ländern des globalen Südens mit uns zu tun haben sollten. Aber dieses Bild ist nicht ganz korrekt. Die heutige

Ungleichheit gab es nicht schon immer, sondern sie hat damit zu tun, wie Europäer Einfluss und Macht ausübten, schon lange bevor es das Wort Globalisierung gab. Unser Wohlstand beruht auch auf der Ausbeutung anderer Länder. Viele der aktuellen Kriege und Konflikte sind eine Folge der Grenzziehungen während der Kolonialzeit oder militärischer Interventionen des Westens. Und es wird immer klarer, dass die Folgen der Industrialisierung, die unseren materiellen Wohlstand ermöglichen, in vielen Ländern zu massiven Umweltproblemen führen. (Siehe dazu auch den Artikel von Thomas Kröck in Kapitel 3). Entwicklungszusammenarbeit, Unterstützung für Menschen und Länder, die unter den genannten Problemen leiden, sind deshalb keine großzügigen Geschenke, sondern unsere Verantwortung.

Menschen, die die Bibel als Gottes Offenbarung ernst nehmen, sehen jeden Menschen als Gottes Ebenbild und als seine geliebten und begabten Geschöpfe. Deshalb geht Thomas Kröck in seinem Beitrag auf das Recht auf Selbstbestimmung und die Frage von Macht in der Entwicklungszusammenarbeit ein. Beate Jakob zeigt, wie das Recht auf Gesundheitsversorgung weltweit verwirklicht werden kann. Mit dem Artikel über Selbsthilfegruppen gibt Karl Pfahler einen praktischen Ansatz, um die Rechte von Menschen, die in Armut leben, zu stärken. Gerhard Wiebe und Steve Volke gehen in ihren Beiträgen auf die besondere Rolle von Kindern ein, deren Rechte gestärkt werden müssen, damit es zu nachhaltigen Verbesserungen kommen kann.

Thomas Kröck

Entwicklungszusammenarbeit: Macht ausüben oder Selbstbestimmung ermöglichen?

Seit den 1960er-Jahren ist der Begriff Entwicklungshilfe gebräuchlich und hat im Allgemeinen eine positive Bedeutung. Entwicklung ist etwas Gutes: Wir denken an Kinder, die neue Fähigkeiten entwickeln, an Entwicklung und Wachstum vom Samen zur reifen Frucht und ähnliche Bilder. Auch im Kontext von Menschen und Staaten auf anderen Erdteilen finden wir Entwicklung meistens gut, selbst wenn uns nicht immer klar ist, was wir unter dem Begriff in diesem Zusammenhang genau verstehen sollen. Dieser Artikel soll dazu anregen, darüber nachzudenken, wie wir Entwicklung verstehen und welche Rolle wir als Bewohner des globalen Nordens dabei spielen können.

Erste Anstöße zur Entwicklungshilfe
Die Zeit, in der Entwicklungshilfe aufkam, war geprägt vom Wiederaufbau und Wirtschaftswunder nach dem Zweiten Weltkrieg, dem Erlangen der Unabhängigkeit vieler ehemaliger Kolonien und dem Kalten Krieg zwischen den Staaten mit kapitalistischen Wirtschaftssystemen im Westen und den sozialistischen Staaten des Ostblocks. Die ersten Erfolge des Wiederaufbaus in Europa und der Blick auf die Not in den erstmals sogenannten „unterentwickelten Ländern" gaben den USA und ihren Verbündeten den Anstoß zur Entwicklungshilfe. Eine

wichtige Rolle spielte dabei auch der Wunsch, den Einfluss des Ostblocks in Asien, Afrika und Lateinamerika zu begrenzen. Der amerikanische Präsident Harry S. Truman formulierte dieses Anliegen in seiner Rede zum Beginn seiner zweiten Amtszeit im Januar 1949 folgendermaßen:

„... unsere unwägbaren Ressourcen an technischem Wissen wachsen ständig und sind unerschöpflich. Ich glaube, dass wir die Vorteile unseres technischen Wissens friedliebenden Völkern zur Verfügung stellen sollten, um ihnen zu helfen, ihre Wünsche nach einem besseren Leben zu verwirklichen. Gemeinsam mit anderen Nationen sollten wir Investitionen in Gebieten fördern, die Entwicklung brauchen."
(Truman 1949, Übersetzung durch den Autor)

In diesen Worten wird die Ausrichtung der Entwicklungshilfe deutlich. Es ging darum, technisches Wissen zu vermitteln und durch Investitionen die wirtschaftliche Entwicklung anzustoßen. Die USA und die anderen Industriestaaten meinten, die wissenschaftlichen, technischen und finanziellen Möglichkeiten zu besitzen, um die Probleme der Menschen in den unterentwickelten Erdteilen zu lösen. Nach einigen Jahren wurde deutlich, dass der Versuch einer Industrialisierung nach europäischem Vorbild nicht zum gewünschten Ziel führte, und man suchte nach anderen Entwicklungsansätzen. Dennoch blieb die Überzeugung, dass die westlichen Experten in der Lage seien, die Probleme zu verstehen und Lösungen zu finden. Die Industrieländer waren bereit, etwas von ihrem Wissen und von ihrer Wirtschaftsleistung abzugeben, um den Entwicklungsländern zu helfen. Sie verstanden sich als Überlegene, die die Fähigkeit hatten, Probleme zu analysieren, Lösungen zu finden und diese zu verwirklichen.

Partizipation als Weg und Ziel der Entwicklungszusammenarbeit

Die Rolle der Experten in Entwicklungsprojekten wurde in den 1980er-Jahren von Robert Chambers kritisiert, der selber in der Entwicklungszusammenarbeit tätig war. Er kritisierte, dass die westlichen Experten ein sehr unvollständiges Bild der Lebensbedingungen von Bauern in der sogenannten Dritten Welt haben. Chambers zeigte, dass ihre professionelle und gesellschaftliche Macht die Entwicklungsexperten daran hindert, die Realität der einfachen Menschen wahrzunehmen (Chambers 1997:76ff). Er stellte die Frage, wessen Realität entscheidend ist, die der gut ausgebildeten westlichen Experten oder die der ungebildeten Bauern, die seit Generationen unter schwierigen Bedingungen überleben und die natürlichen, sozialen, wirtschaftlichen und kulturellen Gegebenheiten in ihrer Umgebung genau kennen (Chambers 1997:100f).

Bei seiner Suche nach Alternativen zum vorherrschenden Konzept von Entwicklung konnte Chambers auf Ansätze von Julius Nyerere und Paulo Freire zurückgreifen. Der tansanische Präsident Julius Nyerere betonte, dass Entwicklung nur von den Menschen selber ausgehen könne und nicht einfach von anderen zu übernehmen sei (Nyerere 1974:27). Er hatte in den 1970er-Jahren versucht, diesen Ansatz von „Self-Reliance" in Tansania zu verwirklichen.

Der Brasilianer Paulo Freire kritisierte 1970 mit seinem Buch „Pädagogik der Unterdrückten" die übliche Unterrichtsmethode, bei der ein Lehrer die Köpfe seiner Schüler mit Wissen füllt, als zahle er Spareinlagen auf ein Konto ein. Er stellte dieser „Bankiers-Methode" die „problemorientierte Bildung" gegenüber, bei der Schüler und Lehrer im Dialog die Wirklichkeit reflektieren und durch Aktion verändern (Freire 1998). Auf diesen Ansätzen aufbauend entwickelten Chambers und seine Mitarbeiter partizipative Methoden, durch die Bauern und einfache Leute zu Wort kamen und Entwicklungsexperten von ihnen lernen konnten, wie sie ihre Umwelt verstehen und welche Anliegen sie haben.

Partizipation im Mainstream
Der partizipative Entwicklungsansatz, der zunächst von Nichtregierungsorganisationen entwickelt und angewendet worden war, wurde in den 1990er-Jahren auch von der Weltbank und staatlichen Entwicklungsorganisationen übernommen (World Bank 1996, BMZ 2002). Kritiker vermuten, dass die Weltbank bewusst diesen Begriff aufnahm, um davon abzulenken, dass ihre „Strukturanpassungsprogramme" (SAPs) verschuldeten Entwicklungsländern Maßnahmen vorschrieben, ohne auf deren Bedürfnisse und Vorbehalte einzugehen (Leal 2007). Andere weisen darauf hin, dass sowohl die neoliberalen SAPs dieser Periode als auch der partizipative Entwicklungsansatz staatliche Institutionen eher kritisch sahen und stärker auf privates bzw. zivilgesellschaftliches Engagement setzten (Mohan 2014:132). „Partizipation" wurde jedenfalls ein Gütemerkmal, das als Schlagwort in keinem Projektantrag fehlen durfte.

Was ist Partizipation?
Obwohl der Begriff Partizipation breite Anerkennung fand, ist nicht immer klar, was darunter zu verstehen ist. Geht es darum, dass die Betroffenen bei der Umsetzung von Maßnahmen mitwirken sollen, die Experten für sie geplant haben? Oder können sie von Anfang an bei der Zielsetzung und Projektplanung maßgebende Entscheidungen treffen? Sarah White (1996:7ff) unterscheidet vier Formen von Partizipation, die unterschiedlichen Interessen dienen und verschiedene Funktionen erfüllen:

- Nominale Partizipation, die einem Projekt Legitimation geben soll.
- Instrumentale Partizipation, durch die Projekte effizienter werden sollen, indem ein Teil der Kosten durch Eigenbeteiligung auf die Nutznießer übertragen wird.
- Repräsentative Partizipation, die den örtlichen Beteiligten ein bestimmtes Maß an Mitsprache ermöglicht und so zur Nachhaltigkeit des Projektes beitragen soll.
- Transformative Partizipation, die dazu führen soll, dass die Betroffenen mehr Macht bekommen, ihr Leben zu gestalten und ihre Interessen zu vertreten.

Sicherlich können auch instrumentale und repräsentative Formen von Partizipation die Anliegen der Betroffenen aufnehmen und ihre Ressourcen wertschätzend einbeziehen, damit Projekte effizienter und nachhaltiger durchgeführt werden können. Aber Partizipation soll nicht nur die Effizienz und Nachhaltigkeit von Projekten verbessern, die von Experten ersonnen und geplant wurden. Das Ziel von Entwicklung muss sein, Menschen die Möglichkeit zu geben, ihre Rechte wahrzunehmen, ihr Leben zu gestalten und selber für die Erfüllung ihrer Bedürfnisse zu sorgen. Ein wichtiger Schritt besteht darin, ihnen die Möglichkeit zu geben, Verantwortung zu übernehmen und an der Planung, Durchführung und Auswertung von Projekten, die sie betreffen, mitzuwirken. Partizipation ist also sowohl das Ziel von Entwicklung als auch ein wichtiger Schritt auf dem Weg dahin.

Herausforderungen

Gegenüber dem Ansatz aus den 1960er-Jahren, die Entwicklung der Industrieländer durch den Transfer von Technik und industriellen Investitionen nachzuholen, war der partizipative Entwicklungsansatz ein Schritt in die richtige Richtung. Er trug dazu bei, die lokalen Bedingungen stärker zu berücksichtigen, und machte deutlich, dass es in erster Linie um Menschen geht und Menschen sich nur selber entwickeln können. Aber wie die Kritiker von partizipativer Entwicklung zu Recht hervorheben, reicht es nicht, Partizipation als Schlagwort im Projektantrag zu erwähnen oder einige partizipative Methoden anzuwenden. Es bleiben Herausforderungen, die mit unseren Einstellungen und unserer Hilfepraxis zu tun haben.

Almosen oder Recht auf Entwicklung?
Grundlegend ist die Frage, wie wir Entwicklungshilfe oder Entwicklungszusammenarbeit verstehen. Ist es ein Geschenk, das wir den Armen aus Großzügigkeit zukommen lassen, oder gibt es ein Recht auf Entwicklung und auf ein Leben, das nicht von extremer Armut gekennzeichnet ist?

Während in politischen und wirtschaftlichen Beziehungen oft das Prinzip des Überlebens der Stärksten zu gelten scheint, haben doch viele Kulturen Systeme des Ausgleichs zwischen Schwächeren und Stärkeren, Armen und Reichen entwickelt. In der Bibel finden sich in den Gesetzen Israels im Alten Testament verbindliche Regelungen, die es Armen ermöglichen sollten, sich durch Einsatz ihrer eigenen Arbeitskraft zu versorgen (5. Mo 24,19-22), die ihre Verschuldung begrenzten (5. Mo 15,1-11) und es langfristig möglich machen, die verlorenen Produktionsmittel der Familie wiederzuerlangen (3. Mo 25,10-17). Die Verarmten waren damit nicht unbegrenzt auf Almosen angewiesen, sondern hatten Rechte und die Chance, selbstbestimmt zu leben.

Ein besonderer Meilenstein auf internationaler Ebene war die Erklärung des Rechts auf Entwicklung durch die Vereinten Nationen im Jahr 1986 (UN 1986). Für die von extremer Armut betroffenen Menschen hatte sie zwar zunächst keine direkten Verbesserungen zur Folge, die Erklärung trug aber dazu bei, in der

Entwicklungszusammenarbeit stärker die Verwirklichung der Menschenrechte zu berücksichtigen. Mit der Millenniums-Erklärung zum Beginn des 21. Jahrhunderts und den Millenniums-Entwicklungszielen (UN-Millenniumskampagne o. J.) haben sich erstmals 189 Mitgliedsstaaten der Vereinten Nationen dazu verpflichtet, Hunger und extreme Armut zu bekämpfen. Dieses Anliegen wurde 2015 mit den Nachhaltigkeitszielen (Sustainable Development Goals, SDGs) weitergeführt (Loewe & Rippin 2015). Damit wurde die Beseitigung von Armut in ihren verschiedenen Erscheinungsformen als internationale Verpflichtung und ein Leben frei von extremer Armut als Menschenrecht festgelegt.

Wir müssen uns deshalb von der Vorstellung befreien, dass Entwicklungszusammenarbeit und die Beteiligung von Armen an Fragen und Vorhaben, die sie existenziell betreffen, ein großzügiges Entgegenkommen seien. Auch die Problematik des Klimawandels (siehe Artikel „Klimawandel. Eine Frage der (Un-)Gerechtigkeit"), der vor allem von den Industrieländern verursacht wird und die Länder im globalen Süden am stärksten betrifft, verdeutlicht: Wir sind dazu verpflichtet, Menschen und Länder, die unter Armut leiden, bei der Verbesserung ihrer Lage zu unterstützen.

Gebrauch von Macht
Im gesellschaftlichen und politischen Kontext der Entwicklungszusammenarbeit und zwischen den an Projekten beteiligten Gruppen spielt die Machtfrage eine wichtige Rolle. Auch wenn wir von unseren guten Motiven überzeugt sind, Armut bekämpfen und Nächstenliebe praktizieren zu wollen, üben wir doch gleichzeitig Macht aus – als Spender, als Verantwortliche in Hilfsorganisationen oder als Projektmitarbeiter. Als Vertreter der Seite, die Projekte finanziert, üben wir Macht aus, denn ohne unsere finanzielle Unterstützung oder zumindest unsere

Begleitung bei der Planung und Durchführung können die wenigsten Projektideen verwirklicht werden. Natürlich verstehen wir uns nicht als machtausübende Herrscher, sondern als Diener, deren Anliegen das Wohlergehen der Betroffenen ist. Aber wir setzen Regeln fest, an die sich die Projektpartner halten müssen. Dazu gehören die Wünsche privater Spender oder öffentlicher Geldgeber, in deren Augen das Projekt Sinn machen muss und zeitnah umgesetzt werden soll. Daneben gibt es interne und gesetzliche Vorgaben zu Transparenz, Rechenschaftspflicht und Gemeinnützigkeit. Diese Anliegen sind keineswegs grundsätzlich abzulehnen – sie sind häufig sinnvoll. Aber es sind die Vorgaben der Geber und oft nicht die primären Anliegen der Betroffenen und einheimischen Projektpartner. In diesem Kontext ist es eine große Herausforderung, sich wirklich auf einheimische Partner einzulassen, deren Denkkategorien und Zeitrahmen ernst zu nehmen und bereit zu sein, Macht zu teilen. Das gilt für Verantwortliche in Hilfsorganisationen und Projekten genauso wie für private Spender, die gerne ihre eigenen Ideen und Anliegen verwirklicht sehen wollen.

Überlegenheitsgefühle
Dabei geht es nicht nur um den Gebrauch von finanzieller Macht. Noch weniger bewusst als unsere Machtposition ist uns oft ein unterschwelliges Überlegenheitsgefühl. Werden wir nicht gerade dadurch motiviert, dass wir unsere Lage, unsere wirtschaftliche Situation und unsere Ausbildung als Privileg verstehen und davon denen etwas abgeben möchten, die weniger privilegiert sind? Das betrifft sowohl sozial und entwicklungspolitisch Engagierte aus dem globalen Norden als auch Aktivisten von Hilfsorganisationen in Ländern des globalen Südens, die in der Regel zur Mittelklasse gehören (Mohan 2014:134). Etwas für die Armen zu tun, die sich nicht selbst

helfen können, ist eine starke Motivation, die unsere Bedürfnisse nach Anerkennung und Selbstverwirklichung befriedigen (Kröck 2015:255f). Jayakumar Christian spricht in diesem Zusammenhang vom „Gott-Komplex der Nicht-Armen", die so tun, als ob das Leben und Wohlergehen der Armen von ihnen abhänge und sich anmaßen zu entscheiden, was für die Armen gut sei (Christian 2011:126ff). So verständlich diese Motivation zum sozialen und entwicklungspolitischen Engagement ist, sie steht im Widerspruch zum biblischen Menschenbild, wonach jeder Mensch als Gottes Ebenbild geschaffen und zum kreativen und fruchtbaren Handeln befähigt ist (Myers 2011:61).

Wessen Geschichte ist es?
Grundsätzlich geht es bei Partizipation um die Frage, wer partizipiert bei wem? Ist es *unser* Projekt, mit dem wir als Geldgeber oder Hilfsorganisationen etwas für die Armen tun und sie einladen, sich daran zu beteiligen? Oder ist es *ihr* Leben und sie erlauben uns, ein Stück Weg mit ihnen zu gehen und gemeinsam mit ihnen Erfahrungen zu machen? Prof. Bryant L. Myers spricht davon, dass in transformativen Entwicklungsprojekten mehrere Geschichten zusammenlaufen: die Geschichte der örtlichen Gemeinschaft, Gottes Geschichte mit diesen Menschen und die Geschichte unseres Projekts. Er schreibt:

„Die Geschichte der transformativen Entwicklung gehört der Dorfgemeinschaft. Es war ihre Geschichte, bevor wir kamen, und es wird ihre Geschichte bleiben, lange nachdem wir gegangen sind. Auch wenn unsere Geschichte etwas zur Geschichte der Dorfgemeinschaft beitragen kann, dürfen wir niemals vergessen, dass das Programm schlussendlich nicht unsere Geschichte ist."
(Myers 2011:174 Übersetzung durch den Autor)

Er spricht weiter davon, dass diese Geschichte in die größere Geschichte von Schöpfung, Sündenfall, Erlösung und Wiederherstellung eingebunden ist und die örtliche Gemeinschaft entscheiden muss, welcher Erzählung dieser Geschichte sie glauben möchte: ihrem traditionellen Verständnis, dem Verständnis der Moderne oder dem biblischen Verständnis (Myers 2011:174).

Wollen wir wirklich befähigen?
Die chinesische Weisheit, dass es besser ist, einen Hungernden das Angeln zu lehren, als ihm einen Fisch zu geben, ist bekannt. Aber mit dem Wunsch, diese Weisheit umzusetzen, ist es noch nicht getan. Es stellt sich die Frage, wie das, was wir theoretisch für richtig halten, in der Praxis wirksam werden kann.

Die Frage nach der praktischen Umsetzung betrifft, neben den Leitern und Mitarbeitern von Hilfs- und Missionswerken, auch den einzelnen Spender. Sind wir wirklich bereit, uns auf die Benachteiligten, Armen und Rechtlosen einzulassen? Dazu müssen wir unser unterschwelliges Überlegenheitsgefühl ablegen und darauf verzichten, unsere Macht auszuüben, indem wir bestimmen, wie ein Projekt zu laufen hat. Damit ist natürlich der Verlust an Einfluss und Sicherheit verbunden.

Für den Spender kann das bedeuten, nicht mehr zweckgebunden zu spenden, um so die eigenen Vorstellungen von dem, was nötig und richtig ist, durchzusetzen, sondern den Mitarbeitern und Betroffenen die Freiheit zu geben, auf die Situation und Bedürfnisse vor Ort einzugehen. Das ist mit Unsicherheit über die Nutzung der Spende verbunden und erfordert Vertrauen, macht es aber möglich, die Mittel so einzusetzen, wie es am sinnvollsten erscheint. Nicht Abhängigkeit, sondern die eigenständige Entwicklung soll gefördert werden. Für die Mitarbeiter von Hilfs- und Missionswerken besteht die Herausforderung darin, die Arbeitsweise und Strukturen ihrer Organisationen zu überprüfen und so zu gestalten, dass Partizipation möglich ist. Dazu gehört es, Zeit für den Aufbau von Beziehungen und für die gemeinsame Analyse und Planung einzuräumen und in Demut und Geduld mit und unter einheimischen Partnern zu arbeiten. Der Aufbau einer Vertrauensbasis muss aber nicht zwangsläufig auf Kosten von Transparenz und verantwortlichem Umgang mit Ressourcen gehen.

Der Schwerpunkt in diesem Beitrag liegt auf der Frage, wie Entwicklungsprojekte geplant und durchgeführt werden können, sodass die Betroffenen maßgeblich beteiligt werden und sie mehr Freiraum zur Bestimmung ihres eigenen Lebens bekommen. Die Voraussetzungen dafür liegen allerdings nicht nur auf der Projektebene, sondern auch in politischer Freiheit, Rechtssicherheit und gerechten Wirtschaftsbeziehungen. Um auf die oben genannte chinesische Weisheit zurückzukommen: Es geht nicht nur um das Wissen, wie man angelt, sondern auch um das Recht, im Teich angeln zu dürfen.

Beate Jakob

„Gesundheit für alle" – oder nur für wenige?

Wege zu Gerechtigkeit in der weltweiten Gesundheitsversorgung

Mary lebt mit ihrem Mann und ihren fünf Kindern in einem Dorf in Ostafrika. Sie ist in großer Sorge um den vierjährigen Kizito: Seit einigen Tagen hat er Fieber und in der Nacht traten Krämpfe auf. Die Krankenschwester der Gesundheitsstation vermutet, dass er Malaria hat – einen Labortest kann sie aber nicht machen, da der Laborhelfer seit einigen Tagen nicht mehr zur Arbeit gekommen ist. Er hat in der Stadt eine besser bezahlte Stelle gefunden.

Kizito bekommt eine intravenöse Malariabehandlung, aber im Laufe des Tages verschlechtert sich sein Zustand. Er ist kaum ansprechbar, isst und trinkt nicht mehr und das Fieber steigt. Kizito ist extrem blass und es wird klar: Er braucht dringend eine Bluttransfusion – im Krankenhaus, das etwa 30 Kilometer entfernt ist. Um dorthin zu kommen, nimmt Mary ein Taxi, für das sie sich Geld von ihren Verwandten leiht. Im Krankenhaus schließlich hört sie, dass in der Blutbank keine Blutkonserven vorhanden sind. Kizito kann nur eine Transfusion bekommen, wenn Verwandte Blut für ihn spenden ...

Dies ist kein Einzelfall, sondern kennzeichnet den Alltag vieler Menschen, die unter krankmachenden Bedingungen leben und von den Möglichkeiten optimaler medizinischer Versorgung abgeschnitten sind – entweder weil sie in geografisch ungünstigen Regionen wohnen, die Kosten für eine Behandlung nicht aufbringen können oder zu einer benachteiligten Bevölkerungsgruppe gehören. Jeden Tag sterben etwa 15.000 Kinder an Krankheiten, die behandelt und oft geheilt werden können. Man schätzt, dass weltweit jährlich mehr als sechs Millionen krankheitsbedingte Todesfälle vermieden werden könnten, wenn die vorhandenen Möglichkeiten der Gesundheitsversorgung die Menschen, die sie benötigen, erreichen würden. So hat der Ort, an dem Menschen geboren werden, nach wie vor einen großen Einfluss auf ihre Lebenserwartung. Ein Kind, das heute in Deutschland auf die Welt kommt, wird im Durchschnitt älter als 75 Jahre werden, während die Lebenserwartung in einigen afrikanischen Ländern bei weniger als 50 Jahren liegt.

Das Maß an Gesundheit, das Menschen haben, ist ungerecht verteilt, sowohl zwischen Ländern als auch innerhalb von Ländern. Dies steht im Gegensatz zur Tatsache, dass es ein Menschenrecht auf Gesundheit gibt, das der UN-Sozialpakt (1966) als das „Recht eines jeden Menschen auf das für ihn bzw. sie erreichbare Höchstmaß an körperlicher und geistiger Gesundheit" beschreibt (Artikel 12, Absatz 2d). Die Weltgesundheitsorganisation (WHO) sieht es als Aufgabe der Staaten an, allen Menschen Zugang zur Gesundheit zu ermöglichen. Gesundheitsversorgung soll verfügbar, bezahlbar und qualitativ gut sein, dazu soll sie der Kultur der Menschen entsprechen.

Was muss geschehen, damit die bestehende Ungerechtigkeit in der Krankheitslast und im Zugang zu angemessener Gesundheitsversorgung überwunden werden kann?

Konzepte und Ansätze zur Verbesserung der weltweiten Gesundheitssituation: von Alma Ata zu den Millenniums-Entwicklungszielen
Die Sorge über die Ungerechtigkeit in Bezug auf Gesundheit bewegt die Staatengemeinschaft seit Mitte des 20. Jahrhunderts.

Damals wurde deutlich, dass ein einseitig kurativ, auf Krankenhäuser konzentriertes Gesundheitssystem – das sogenannte „westliche medizinische Modell" – die Gesundheit der Menschen, vor allem in den wirtschaftlich armen Ländern oder Regionen, nicht nachhaltig verbessern konnte. Von den beeindruckenden Fortschritten der Medizin profitierte nur ein Teil der Menschen – die sich immer weiter öffnende Schere zwischen Arm und Reich betraf den Gesundheitssektor ganz besonders.

Auf ihrer Versammlung in Alma Ata im Jahr 1978 legte die Weltgesundheitsorganisation (WHO) deshalb einen bis heute faszinierenden Plan zu einer umfassenden Reform des weltweiten Gesundheitssystems vor. Ausgehend von den Werten der sozialen Gerechtigkeit, des Zugangs für alle zur Gesundheitsversorgung und der Solidarität der Menschen untereinander, setzte sich die WHO das ehrgeizige Ziel „Gesundheit für alle bis zum Jahr 2000".

Zur Umsetzung dieser Reformen empfiehlt die „Deklaration von Alma Ata" eine Weitung des vorherrschenden medizinischen Modells und eine möglichst gemeindenahe medizinische Versorgung im Sinne umfassender Basisgesundheitsdienste: Kurative Ansätze sollen ergänzt werden durch Ansätze der Prävention und der Gesundheitserhaltung. Gesundheitsmaßnahmen sollen nicht oder zumindest nicht ausschließlich „von oben nach unten" (vertikal) geplant und durchgeführt werden, sondern die Menschen an der Basis sollen – im Sinne eines horizontalen Ansatzes – verantwortlich mit einbezogen werden.

In den 1980er-Jahren und danach gab es zwar einzelne Erfolge in der Umsetzung dieses Konzepts, aber der erhoffte weltweite und umfassende Neuansatz blieb aus. Die Gründe dafür waren vielfältig: Wenige Staaten waren bereit, in das neue Konzept zu investieren – Basisgesundheitsdienste wurden oft als „billige Gesundheitsversorgung für die Armen" missinterpretiert und die entstehenden gemeindegetragenen Ansätze wurden nicht mit den anderen Ebenen der Gesundheitsversorgung verbunden. Im Gefolge der von der Weltbank und dem Internationalen Währungsfond diktierten Strukturanpassungsprogramme kürzten viele finanzschwache Länder ihre Ausgaben für Gesundheit, was die ohnehin schon labilen Gesundheitssysteme noch zusätzlich schwächte. Und schließlich führte im südlichen Afrika die rasante Verbreitung von HIV und Aids zu einer Belastung der Gesundheitssysteme, der sie in keiner Weise gewachsen waren.

In dieser Situation setzten Staaten und Geldgeber statt auf den Auf- und Ausbau horizontaler, umfassender Gesundheitsversorgung mehr und mehr auf vertikale Programme und Kampagnen, die – meist ohne Einbezug von vorhandenen Ressourcen und Strukturen – relativ schnell zu nachweisbaren und vorzeigbaren Ergebnissen führten, wie etwa Impfkampagnen, Programme zur Nahrungsverbesserung, zur Familienplanung und zur Bekämpfung einzelner Erkrankungen.

Trotz dadurch erzielter Verbesserungen der Gesundheitssituation war das Ziel „Gesundheit für alle" zur Jahrtausendwende keineswegs erreicht. Die Kluft in der Gesundheitsversorgung zwischen Arm und Reich hatte sich eher noch vergrößert.

Dieser Situation entspricht es, dass drei der Millenniums-Entwicklungsziele (MDGs), die die Vereinten Nationen im Jahr 2000 verabschiedeten, auf Gesundheit bezogen sind: Bis zum Jahr 2015 sollen die Kindersterblichkeit um zwei Drittel und die Müttersterblichkeit um drei Viertel gesenkt, HIV/Aids, Malaria und andere Infektionskrankheiten sollten zurückgedrängt sein.

Nachdem viele Staaten diese Verpflichtungserklärung unterschrieben hatten, wurden neue globale Gesundheitsinitiativen ins Leben gerufen, zum Beispiel der Globale Fonds zur Bekämpfung von AIDS, Tuberkulose und Malaria (GFATM), der U.S. President's Emergency Plan for AIDS Relief (PEPFAR) und die Bill und Melinda Gates Stiftung. Dadurch wurden die Investitionen in Gesundheit in zuvor nicht gekanntem Ausmaß erhöht und es wurden zahlreiche, aber meist wieder vertikale Programme ins Leben gerufen, die keine Partizipation der Menschen an der Basis vorsahen.

Diese großartigen Initiativen führten zu beachtlichen Verbesserungen im Gesundheitsbereich, aber vom Erreichen der MDGs sind wir noch weit entfernt. Und wir müssen uns fragen: Warum ist es bis heute nicht gelungen, die bestehende Ungerechtigkeit in Bezug auf Gesundheit zu überwinden?

Ein umfassender Ansatz zur Neuorientierung in der Gesundheitsversorgung – und die wichtige Rolle der Kirchen
Heute wächst die Einsicht: Eine nachhaltige Verbesserung der weltweiten Gesundheitssituation kann nur gelingen durch einen Ansatz auf verschiedenen Ebenen. Die sozialen Bedingungen für Gesundheit müssen verbessert werden. Vertikale Programme und horizontale Programme mit Einbeziehung der Gemeinden können und müssen sich ergänzen. Und es darf nicht außer Acht bleiben, dass funktionierende Gesundheitssysteme selbst eine der wichtigsten Bedingungen für Gesundheit sind – die „Krankheit des Systems" muss behandelt werden.

Verbesserung der sozialen Bedingungen für Gesundheit
Die Vermeidung von Krankheiten und die Förderung von Gesundheit sind ganz wesentlich abhängig von den sozialen Bedingungen, unter denen Menschen leben. Zu den wichtigsten Faktoren, die zu Krankheiten beitragen und die sich oft wechselseitig verstärken, gehören: Armut und deren Folgen, Mangel an sauberem Wasser und Hygiene, Geschlechterungerechtigkeit, fehlende oder unzureichende Bildung.

Der Bekämpfung von Armut und der Förderung der Geschlechtergerechtigkeit kommt heute eine Schlüsselrolle in der Gesundheitsförderung zu: Viele Menschen sind in einem Kreislauf von Armut und Krankheit gefangen. Armut bedingt schlechte Ernährung, mangelnden Zugang zu Hygiene und zu sauberem Wasser sowie zu Informationen bezüglich gesundheitsfördernden Verhaltens. Wenn Menschen krank werden, müssen sie die Kosten für Behandlung und Medikamente oft selbst aufbringen, was Familien in den wirtschaftlichen Ruin treiben kann. Und Armut ist oft „weiblich": Frauen sind proportional häufiger und stärker betroffen als Männer. Deshalb haben alle Maßnahmen zur Verbesserung der wirtschaftlichen Situation von Menschen und besonders von Frauen, zum Beispiel durch Einkommen schaffende Maßnahmen oder die Vergabe von Kleinkrediten, einen wichtigen langfristigen Einfluss auf die Gesundheit der Menschen.

Einbezug der Gemeinden
Die Empfehlung von Alma Ata, Gemeinden und Gemeinschaften („communities") im Sinne einer gemeindegetragenen Gesundheitsarbeit aktiv in den Prozess einzubeziehen, wird heute wieder aufgenommen. Anstatt Programme von außen an – passiv bleibende – „Empfangende" heranzutragen, sollen Menschen vor Ort die Planung und Durchführung von Gesundheitsprogrammen mittragen. Schließlich wissen sie am ehesten und am besten, wo ihre eigentlichen Bedürfnisse liegen, und sie haben durchaus Ideen, wie und mit welchen Ressourcen die Gesundheit der Gemeinschaft verbessert werden kann. In jeder Gemeinde gibt es Stärken, auf denen Programme aufgebaut werden können, wie etwa motivierte Menschen und Gruppen, günstige Strukturen und natürliche Ressourcen. Diese gilt es zu erkennen und zu nutzen.

Dabei ergibt sich meist ganz von selbst ein Ansatz, der an den sozialen Bedingungen von Gesundheit anknüpft. Ein Beispiel: In einem Gesundheitsprogramm unter den Adivasi in Indien ist neben der Ausbildung von Dorfgesundheitshelferinnen der Bau einer Schule für die Kinder der beteiligten Dörfer eines der wichtigsten Elemente zur langfristigen Verbesserung der Dorfgesundheit. Denn Kinder, die eine gute Schulbildung haben, können später besser für sich und für ihre Familie sorgen und sind zudem oft auch bereit, sich für die Verbesserung der Gesundheitssituation in ihrem Dorf einzusetzen.

Nicht zuletzt stärkt eine Beteiligung der Menschen an der Basis deren Selbstbewusstsein und fördert ihre Kreativität und Aktivität. So sagt eine afrikanische Frau: „Bisher haben wir immer gedacht, wir hätten nichts als Nöte und Bedürfnisse. Jetzt sehen wir, dass wir eigentlich schon viel haben in unserer Gemeinde – wir können selbst etwas einbringen zur Verbesserung unserer Gesundheit!"

Stärkung der Gesundheitssysteme
Das eingangs erwähnte Beispiel von Mary und ihrem Sohn Kizito zeigt einige der Schwächen des Gesundheitssystems in einem ostafrikanischen Land auf. Besonders in ländlichen Gegenden sind die Wege zur medizinischen Versorgung oft sehr weit und die verschiedenen Ebenen der Gesundheitsversorgung sind schlecht miteinander verbunden. Die durch Krankheiten entstehenden Kosten müssen oft selbst aufgebracht werden und Medikamente sind nicht überall verfügbar. In vielen Gesundheitseinrichtungen herrscht ein Mangel an medizinischen Fachkräften, die in die Städte oder ins Ausland abwandern, da sie dort günstigere Bedingungen (höhere Löhne, bessere Wohnverhältnisse, Internetzugang, Schulen etc.) vorfinden.

Eine Stärkung des Gesundheitssystems hat alle diese Faktoren im Blick. Sie zielt zum Beispiel auf die Verbesserung der Infrastruktur und die Vernetzung der verschiedenen Ebenen der Gesundheitsdienste, den Aus- und Aufbau von Finanzierungssystemen (Krankenversicherungen, private Zahlungen, öffentliche Gelder) sowie die Beschaffung von Medikamenten. Zudem unterstützt sie Programme zum Erhalt der medizinischen Fachkräfte. Alle diese Maßnahmen setzen allerdings voraus, dass die Regierungen ihre Führungskompetenz dafür einsetzen, Gesundheitsrichtlinien zu erstellen und umzusetzen.

Bisher wurden vertikale Gesundheitsprogramme oft außerhalb der bestehenden Strukturen durchgeführt, da diese zu schwach waren. Dies führte zu deren weiterer Schwächung, zum Beispiel durch Abzug von Fachpersonal. Deshalb ist es wichtig, dass vertikale Programme zur Stärkung der lokalen Gesundheitssysteme beitragen. Dies tun sie, indem sie über diese umgesetzt werden.

Die Rolle der Kirchen
Das Eintreten für schwache und benachteiligte Menschen und die Sorge für Kranke ist ein Kernanliegen der christlichen Kirchen. Seit ihren Anfängen bis heute nehmen die Kirchen wesentliche Aufgaben im Gesundheitsbereich wahr – weltweit und ganz besonders in wirtschaftlich armen Regionen und Ländern. Im südlichen Afrika werden – je nach Land – 20 bis über 40 Prozent der Gesundheitsversorgung von den Kirchen getragen. Die christliche Gesundheitsarbeit kommt bevorzugt benachteiligten Menschen und Menschen in ländlichen Gegenden zugute und es werden in der Regel keine hohen Gebühren für die Leistungen gefordert. Patientinnen und Patienten, die in kirchlichen Einrichtungen behandelt werden, schätzen die qualitativ gute medizinische Versorgung ebenso wie die menschliche Zuwendung durch die Mitarbeitenden.

Eine besondere Chance für die Kirchen bietet der Ansatz der gemeindegetragenen Gesundheitsarbeit: Zum einen verfügen die Kirchen über eine bis in weit abgelegene Regionen gut ausgebildete Infrastruktur, die für die Gesundheitsarbeit von hohem Wert ist. In Afrika südlich der Sahara besuchen schätzungsweise fast 90 Prozent der Menschen einmal pro Woche eine religiöse Veranstaltung. Die Predigt im Sonntagsgottesdienst und andere Gemeindeveranstaltungen bieten eine ideale Möglichkeit, Menschen über Gesundheitsthemen zu unterrichten. Dazu kommt, dass die Gemeindeleitenden bei den Menschen sehr angesehen sind und ihre „Gesundheitsbotschaften" deshalb auch gehört und befolgt werden. So konnten zum Beispiel während der Ebolakrise in Westafrika Pastorinnen und Pastoren in ihren Gemeinden über Ebola informieren und Kenntnisse zum Schutz vor einer Infektion vermitteln. Dadurch haben sie die Angst und Verunsicherung der Menschen ein Stück weit gemildert.

Zum anderen leben gerade in kirchlichen Gemeinden viele Menschen, die bereit sind, sich für die Verbesserung der Gesundheit zu engagieren und für kranke Gemeindemitglieder zu sorgen. Kirchen in Afrika und Asien unterhalten zahlreiche gemeindegetragene Gesundheitsprojekte, in denen Frauen und Männer zu Dorfgesundheitshelfern und -helferinnen ausgebildet werden. Sie sind entscheidend für eine wohnortnahe Gesundheitsversorgung.

Der wichtige und unersetzliche Beitrag der Kirchen zu Gesundheit und zu Gerechtigkeit wird heute zunehmend auch von Regierungen und von zivilen Organisationen, wie der WHO, anerkannt. Um ihren Aufgaben im Gesundheitsbereich auch in Zukunft nachkommen zu können, müssen die Kirchen und der formale Gesundheitssektor allerdings viel mehr als bisher zusammenarbeiten und sich gegenseitig unterstützen. Und es wird zunehmend wichtig, dass die christliche Gesundheitsarbeit auf verschiedenen Ebenen ansetzt, indem sie neben konkreten Gesundheitsprogrammen auch alle Maßnahmen zur Verbesserung der Bedingungen für Gesundheit und zur Stärkung der Gesundheitssysteme unterstützt.

Auf dem Weg zu mehr Gerechtigkeit in der Gesundheitsversorgung ist eine weltweite Solidarität der Kirchen nötig und eine Unterstützung der schwachen durch die stärkeren Glieder – sowohl durch fachliche Beratung und Begleitung als auch durch finanzielle Unterstützung.

Karl Pfahler

Selbsthilfegruppen als Chance, Rechte und Verantwortung wahrzunehmen

Die Entwicklungszusammenarbeit gerät immer wieder in die Kritik. Besonders wird ihre Wirksamkeit auf dem afrikanischen Kontinent angezweifelt. Auch wenn die Kritik den komplexen Zusammenhängen selten gerecht wird, stimmt die Beobachtung, dass sich Entwicklungszusammenarbeit nicht immer ausreichend an den Bedürfnissen der Armen orientiert. Arme Bevölkerungsgruppen sind oft nicht in der Lage, sich an langwierigen Prozessen zu beteiligen, ihre Anliegen zu artikulieren und überzeugend einzubringen. Auch wissen sie oft nichts von solchen Prozessen. Häufig sprechen dann andere für die Armen und meinen zu wissen, was für ihre Lebenssituation relevant ist. Leider stimmt das in den wenigsten Fällen.

Die Bevormundung der Armen und ihre Nichtbeteiligung an wichtigen Vorhaben, die fehlende Ausbildung und Schulung, die fehlende Selbstorganisation, um den eigenen Forderungen Nachdruck zu verleihen, das alles sind schlechte Ausgangspositionen für eine gelingende Entwicklungszusammenarbeit. Zudem erlaubt es den Eliten, ihre Politik umzusetzen, ohne auf die Mehrheit der Menschen hören zu müssen. Von den Armen haben sie nichts zu befürchten.

Selbsthilfegruppen stärken die Zivilgesellschaft
Dieses Phänomen lässt sich auch in gut konzipierten Projekten immer wieder beobachten: Menschen haben Rechte, aber sie wissen nichts darüber. Es gibt Verantwortungsträger, die die Rechte gewährleisten müssten, aber niemand zieht sie zur Verantwortung. Alle Menschen haben eine von Gott gegebene Würde, aber diese wird häufig mit Füßen getreten.

Der von der Kindernothilfe entwickelte Selbsthilfegruppenansatz versucht daher, für diese Situation eine pragmatische Herangehensweise zu schaffen. Vertreter armer Haushalte werden geschult, Probleme zu erkennen, Eigeninitiative zu ergreifen, sich als Gruppe zu formieren, für ihre Lebenssituation Veränderungen einzuleiten, die Probleme ihres Gemeinwesens in den Blick zu bekommen, ihre Rechte kennenzulernen sowie sich zu organisieren, um ihre Rechte einzufordern. Letztlich wird so unter Beteiligung armer Menschen die Zivilgesellschaft gestärkt, die später auch Einfluss auf die regionale und nationale Politik des Landes nehmen kann. Menschen profitieren direkt von den positiven Auswirkungen. Sie gestalten ihr Leben selbst. Sie identifizieren sich mit dem, was sie tun. Dadurch verpufft dieser Effekt nicht, sondern wird nachhaltig und kann Veränderungen auf allen Ebenen einleiten.

So entsteht eine Einheit zwischen wirtschaftlicher Befähigung, sozialem Engagement und politischen Aktivitäten. Nur durch diesen Dreiklang ist es möglich, die Ursachen der Armut anzugehen und dauerhaft Verbesserungen für arme Menschen zu erzielen. Ergänzt werden diese Programme durch Lobby- und Advocacy-Arbeit auf allen Ebenen. So werden Veränderungsprozesse von unten und von oben initiiert. Nur wenn auf allen Ebenen das Verhältnis zwischen denen, die Rechte haben (Anspruchsträger; *rights holder*) und denen, die für die Verwirklichung der Rechte sorgen sollen (Leistungsträger; *duty bearer*), im Blick ist, kann Entwicklung gelingen. In der Fachsprache nennt man diese Betrachtungs- und Herangehensweise einen rechtsbasierten Ansatz (*rights based approach*).

Müssen Menschenrechte eine so große Rolle spielen?

Nun wird immer wieder die Frage gestellt, ob politische Arbeit und die Verwirklichung von Menschenrechten wirklich eine so große Rolle in der Entwicklungszusammenarbeit spielen müssen. Würde es denn nicht genügen, den armen Menschen unter die Arme zu greifen, sie wirtschaftlich so weit zu befähigen, dass sie auf eigenen Füßen stehen können, und den Rest ihnen selbst zu überlassen? Ganz abgesehen davon, dass die finanziellen Mittel bei Weitem nicht ausreichen, all diesen Menschen ein menschenwürdiges Leben zu ermöglichen, würde es viele von ihnen auch überfordern oder gar neue Abhängigkeiten schaffen. Letztendlich muss mit ihnen intensiv gearbeitet werden, damit sie aus dem Armutskreislauf herauskommen. Sie müssen ihre Potenziale selbst entdecken, über Möglichkeiten reflektieren lernen und schließlich eigene Entscheidungen treffen. Schnelles Geld – auch die oft so gut gemeinten Darlehen aus Mikrofinanzkrediten – überfordern sehr arme Haushalte bzw. kommen dann doch eher wieder Menschen zugute, denen es schon etwas besser geht.

Es gibt aber noch einen weiteren Grund, warum eine rechtsbasierte Arbeit sinnvoll ist: Sie entspricht christlichen Prinzipien. Die Wurzeln der Menschenrechtskonvention gehen zurück auf eine christliche Ethik und die Kernaussagen der Bibel. Eine christlich motivierte Entwicklungszusammenarbeit ist daher gut beraten, die Menschenrechtsperspektive mit einzuschließen. So können die verschiedenen Aspekte der Entwicklungszusammenarbeit auch als Achtung der Menschenwürde, der Entfaltung des jedem Menschen von Gott gegebenen Potenzials verstanden werden.

An den Schöpfungsberichten erkennt man die Erwartung

an den Menschen, sein Leben in der Ebenbildlichkeit Gottes aktiv und kreativ zu gestalten. Die Schöpfung selbst (Ordnung des Chaos), die Entfaltung der Menschheitsgeschichte, besonders die Befreiung des Volkes Israel aus der Sklaverei und die Jahrzehnte bis zum Einzug in das verheißene Land zeigen einen Prozess der Entwicklung von Individuen sowie von Gemeinschaften. Die Geschichte von Josef ist so ein Beispiel eines Entwicklungsprozesses. Sie liefert schöne Beispiele, dass ausgegrenzte und sozial benachteiligte Menschen später eine entscheidende Rolle spielen können. Sie weist auch darauf hin, dass Unterstützung nicht als selbstverständlich genommen wird, sondern dass Menschen für Lebensmittelhilfe zahlen mussten.

Darüber hinaus gibt es in der Bibel eine Vielzahl klarer Aussagen über Gerechtigkeit und Barmherzigkeit sowie der Kombination von beidem (Jer 9,23). In der vor einigen Jahren erschienenen Gerechtigkeitsbibel sind diese durchgängig hervorgehoben (Micha-Initiative Deutschland [Hg.] 2013). Dort finden sich im Innenteil weitere Aussagen zu Gottes Gerechtigkeit sowie anschauliche Beispiele aus der Praxis des Selbsthilfegruppenansatzes.

Zusammenfassend kann man sagen, dass auch aus biblischer Perspektive nicht Fürsorge und Versorgung die Kernelemente von Entwicklung sind, sondern Teilhabe, Eigenverantwortung und Gerechtigkeit. Nicht die Defizite des menschlichen Lebens sind im Fokus, sondern ihr Potenzial auf Grundlage der Gottesebenbildlichkeit. Deshalb ist die Nichtgewährung von Rechten für arme Menschen ein Skandal, der die Zusagen Gottes für ein menschenwürdiges Leben aller attackiert. Die Befähigung von Menschen (*empowerment*) ist im biblischen Kontext sehr eng verbunden mit der Kraft des Heiligen Geistes. Diese Kraft übersteigt bei Weitem das normale Verständnis von Entwicklung, weil sie ihre Wurzeln in der Schöpfung und in der Liebe Gottes hat.

Selbsthilfegruppen als ganzheitlicher Ansatz
Das Modell von Selbsthilfegruppen ist nicht neu. Selbsthilfegruppen gibt es auch in Deutschland (Anonyme Alkoholiker, Weight Watchers etc.). Im Entwicklungskontext sind schon seit Langem verschiedene Spargruppen bekannt, in denen gutes Haushalten und Wirtschaften gelernt wird. Den meisten Selbsthilfegruppen ist gemein, dass sie sich in der Regel mit einem Themenschwerpunkt beschäftigen: bestimmte soziale oder persönliche Nöte oder die Verbesserung der wirtschaftlichen Situation. Selten ist eine Kombination verschiedener Aspekte zu beobachten. Erfolge werden in den gewählten Themenfeldern erreicht, eine wirkliche Bearbeitung der Ursachen von Armut geschieht dabei aber selten.

Das Ziel der Kindernothilfe war daher ein ganzheitlicher Ansatz. Ähnlich wie die Befreiung des Volkes Israel aus der Sklaverei alle Lebensbereiche umfasst hat (die geistliche, soziale, ökonomische und politische Dimension des Lebens) und Gottes Heil immer den ganzen Menschen meint, geht es auch bei ganzheitlicher Entwicklung darum, möglichst viele Lebensbereiche der Menschen einzubeziehen. Der von der Kindernothilfe entwickelte Selbsthilfegruppen-Ansatz hat daher drei wichtige Säulen:

Wirtschaftliche Befähigung. Ohne eine signifikante Verbesserung der Einkommenssituation sehr armer Haushalte ist ein Entwicklungsprozess nicht möglich.

Soziale Befähigung. Die soziale Ausgrenzung armer Familien hinterlässt deutliche Spuren. Im Miteinander und durch die Übernahme von Verantwortung füreinander wie für das gesamte Gemeinwesen entdecken die Menschen wieder ihre Würde, ihre von Gott gegebene Kreativität und gewinnen Zuversicht und Hoffnung.

Politische Befähigung. Wie schon im Alten Testament schreibt Gott nicht nur Geschichte mit Individuen, sondern mit Gemeinschaften und ganzen Völkern. Um Veränderungen zu bewirken und die Ursachen von Armut anzugehen und zu überwinden, braucht es eine gewisse Anzahl von Menschen, die sich organisieren und ihren Forderungen Nachdruck verleihen können.

Wichtig dabei ist, dass diese drei Säulen des Ansatzes parallel wachsen. Nur so können Entwicklungsprozesse armer Bevölkerungsgruppen erfolgreich verlaufen und – im Sinne eines rechtsbasierten Ansatzes – Veränderungen bei den Ursachen ihrer Armutssituation bewirken. In dieser Ganzheitlichkeit unterscheidet sich der Ansatz von vielen anderen Selbsthilfeinitiativen, die zum Teil nur eine der drei Säulen zum Inhalt haben.

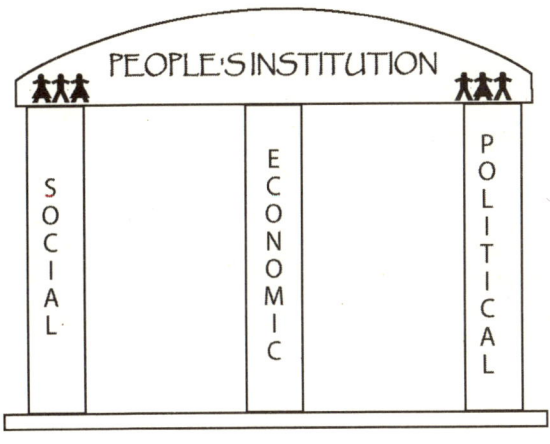

Die Arbeit mit und in den Gruppen setzt erstaunliche Prozesse in Gang. Erstaunlich deshalb, weil sie von den Ärmsten der Armen, darunter vor allem Frauen, selbst getragen werden. Denn im Gegensatz zu vielen anderen Entwicklungsansätzen, auch sogenannten Selbsthilfeinitiativen, gibt es für die Gruppenmitglieder keine materiellen Hilfen. Sie sind keine Almosenempfänger, sondern die Gruppenmitglieder werden durch intensive Schulungen, gegenseitiges Lernen und Unterstützung befähigt, ihr Leben selbst in die Hand zu nehmen. Alles, was die Frauen in den Gruppen lernen, wirkt sich unmittelbar positiv auf das Leben ihrer Familien und besonders ihrer Kinder aus. Sie gehen zur Schule, werden besser ernährt und sind gesünder. Sie wachsen in einem friedlichen Umfeld auf.

Wie funktionieren Selbsthilfegruppen?
Für die Formierung der ersten Gruppen werden die ärmsten Familien eines Dorfes oder Stadtviertels identifiziert und Vertreterinnen dieser Familien eingeladen, eine Selbsthilfegruppe zu gründen. Etwa zehn bis 15 Frauen bilden eine Gruppe und haben so, als die Ärmsten der Armen, die bis dahin oft ausgegrenzt waren, zum ersten Mal die Möglichkeit, soziale Gemeinschaft zu erleben.

Die Frauen lernen, über ihre Ängste und Probleme zu sprechen, und merken: Sie sind damit nicht allein. In Schulungen lernen sie die Grundlagen der Gruppendynamik kennen, wie Teamgeist, Konfliktlösung und demokratische Entscheidungsprozesse. Sie werden aber auch in anderen relevanten Bereichen geschult, wie Lesen und Schreiben, Gesundheit und Hygiene, Anbaumethoden und Kinderrechte. Dadurch steigt das Selbstbewusstsein der Frauen. Sie erkennen, dass sie Potenziale haben. Durch die regelmäßigen Treffen bauen sie Vertrauen auf und wachsen zu einer Solidargemeinschaft zusammen.

Nach Schulungen in Buchführung und Kontoverwaltung entwickeln die Frauengruppen unter Anleitung Strategien, wie sie selbst mit ganz wenig Einkommen etwas sparen können. Den Sparbetrag legt jede Gruppe selbst fest. Aus Kleinstbeträgen wächst langsam ein gemeinsamer Kapitalstock.

Mit den Projektmitarbeitern entwickeln die Frauen dann kleine Geschäftsideen: den Verkauf von Hühnern oder Ziegen, einen kleinen Stand mit Kaffee oder Snacks. Für die Umsetzung nehmen sie der Reihe nach einen Kredit von dem gemeinsamen Sparguthaben. Jede Gruppe legt die Rückzahlungsmodalitäten selbst fest. Sobald alle Frauen ein gesichertes Einkommen haben, wird der Sparbetrag erhöht. Das Guthaben wächst weiter. Neue Ideen können umgesetzt werden. Die Frauen arbeiten sich so aus eigener Kraft aus der Armut heraus. Die Lebenssituation ihrer Familien verbessert sich nachhaltig. Das Ziel ist, vom Profit leben zu können.

Dachverbände als Anstoß für gesellschaftliche Veränderung

Nachdem die Frauen Strategien gelernt haben, die Lebensbedingungen für sich und ihre Familien zu verbessern, gehen sie auch Herausforderungen in ihrem Lebensumfeld an. Nach zirka einem Jahr schließen sich die Selbsthilfegruppen (SHG) zu Dachverbänden, den sogenannten Cluster Level Associations (CLA), zusammen. Dort planen sie gemeinsam Aktionen, die die Lebensbedingungen im ganzen Dorf oder Stadtviertel verbessern.

- Bildung einer **Federation**: ca. 10 CLAs
- Bildung von Clustern: CLA ca. 10 SHGs
- Eigene Sparleistungen
- Soziale Interaktion
- Kleingewerbe
- Auswahl einer community
- Identifizierung armer Haushalte
- Bildung von Gruppen (10 – 15 Personen)

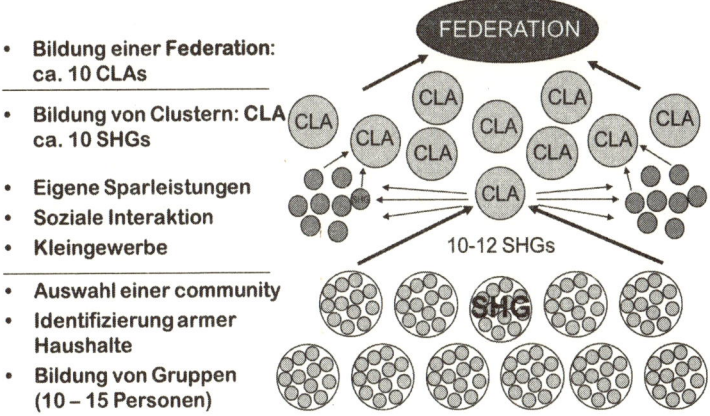

Diese sind zum Beispiel: der Aufbau von Kindertagesstätten, die Reaktivierung von Brunnen, Impfkampagnen, Elektrifizierung, Aufklärungskampagnen gegen weibliche Genitalverstümmelung und Frühverheiratung, Präventionsprogramme zur Eindämmung von häuslicher Gewalt, usw. Dazu initiieren sie ihre eigenen Projekte, vernetzen sich mit anderen Akteuren ihrer Umgebung und übernehmen Verantwortung.

Nach vier bis fünf Jahren schließen sich die Cluster Level Associations zu einer Föderation zusammen. Eine Föderation repräsentiert bis zu 2000 Selbsthilfe-Frauen sowie deren Familien. Föderationen agieren auf Augenhöhe mit politischen Akteuren, klagen Unrecht an, fordern Verbesserungen ein und stärken die Zivilgesellschaft.

Wir bringen diese Föderationen mit lokalen NGOs, wie Menschen- und Kinderrechtsorganisationen oder politischen oder juristischen Verbänden, zusammen.

Die Föderationen können beispielsweise die Wasserversorgung für eine ganze Region auf die Beine stellen oder staatliche Behörden in die Pflicht nehmen, Schulen zu bauen. Externe Hilfestellung wird dabei immer weniger gebraucht. Die Partner der Kindernothilfe können sich nach und nach zurückziehen und die Föderationen begleiten die Entwicklung der Selbsthilfegruppen und CLAs weiter.

Die Beschreibungen der drei Ebenen (*SHG-CLA-Federation*) zeigen eines ganz deutlich: Es handelt sich um einen zeitintensiven Entwicklungsprozess. Jedoch führt er bei richtiger Umsetzung und Betreuung aufgrund der großen Anzahl von Familien und Kindern, die daran beteiligt sind, zu einem nachhaltigen Erfolg. Die beteiligten Frauen und ihre Familien werden sozial, wirtschaftlich und auch politisch gestärkt. Sie lernen, ihr Leben selbst in die Hand zu nehmen und dadurch das Lebensumfeld ihrer Kinder zu verbessern. Über die von ihnen gebildeten Strukturen erfahren arme Bevölkerungsschichten eine angemessene und wirkungsvolle Vertretung.

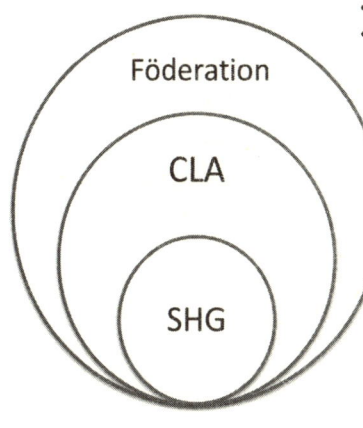

Föderation → 'Wir steuern!'
Verbesserung der Rahmenbedingungen:
- Gewährung von Rechten und Sozialleistungen
- Faire Behandlung
- Befriedung und Sicherheit
- Soziale Absicherung

CLA → 'Wir sind fähig!'
Die gesamte Gemeinde profitiert:
- Soziale Dienste
- Kritische Hinterfragung von Traditionen
- Vernetzung
- Bedeutung von Werten/Rechten
- Infrastruktur

SHG → 'Ich bin in der Lage!'
Positive Auswirkungen auf die Mitglieder und ihre Familien:
- Einkommen
- Ernährung
- Schulbesuch
- Konfliktlösungen
- Soziales Miteinander

Auszug aus der Sklaverei

Der Selbsthilfegruppen-Ansatz ist eine Investition in die Menschen. Das Besondere ist, dass nicht einmalige Hilfe in Form von Geld oder Nahrungsmitteln geleistet wird, sondern die Menschen befähigt werden, umfassend und langfristig für sich und ihre Kinder zu sorgen. Eine Bewegung entsteht, die tatsächlich die Kraft hat, gesellschaftliche Veränderungen anzustoßen und die Ursachen von Armut zu bekämpfen. Aus einem System der Abhängigkeit wird ein endogener Entwicklungsprozess. Von Anfang an wird dabei die Partizipation an Prozessen in der Gesellschaft auf verschiedenen Ebenen angestrebt und gefördert. Die Armen müssen daher nicht mehr von außen vertreten werden, sondern vertreten sich selbst. Dieser „Auszug aus der Sklaverei" verändert Menschen und macht sie sehr dankbar gegenüber ihrem Schöpfer. Es ist beeindruckend, die einzelnen Lebensgeschichten zu hören und zu sehen, wie aus dieser Dankbarkeit enorme Motivation und Energie erwächst, auch anderen Menschen zu helfen und sie aus der Gefangenschaft der Armut zu führen.

Gerhard Wiebe

Auch Kinder haben Rechte

Weltweite Rechte für Kinder seit über 25 Jahren

Als erstem Kind in der Geschichte wurde 2014 Malala Yousafzai der Friedensnobelpreis verliehen. Im Alter von nur 17 Jahren wurde sie für ihr unermüdliches Engagement für die Rechte von Kindern auf Bildung bekannt. Nach 25 Jahren UN-Kinderrechtskonvention hat die Nominierung von Malala Yousafzai eine Symbolwirkung. Sie zeigt die Aktualität von bedrohten Kinderrechten und welche Bedeutung zivilgesellschaftliches Engagement und die Widerstandskraft von Jugendlichen für die Grundrechte von Kindern haben können.

Kinderrechte, um Kinderarmut zu überwinden
Kinder haben Rechte! So lauten Stellungnahmen von internationalen Kinderhilfswerken, die auf die globale Situation vieler Millionen Kinder hinweisen wollen, deren Grundrechte bis heute kaum Beachtung finden. Besonders in Afrika südlich der Sahara und in Südasien ist die Rechtssituation für Kinder nicht gut. Nach Angaben des UNICEF-Berichtes (2015a:2) ist weltweit fast jeder zweite Mensch in extremer Armut unter 18 Jahre alt. Obwohl die Rate der Kindersterblichkeit mittlerweile gesunken ist, sterben immer noch rund sechs Millionen Kinder an vermeidbaren Krankheiten, bevor sie das fünfte Lebensjahr erreichen.

Die UN berichtet, dass mehr als 160 Millionen Kleinkinder unter Mangelernährung leiden, die ihre gesamte Entwicklung nachhaltig beeinträchtigt (The Millennium Development Goals Report 2015:22). Auch der Zugang zur Grundschulbildung bleibt über 57 Millionen Kindern noch gänzlich verwehrt (:24). Obwohl in den letzten 15 Jahren mehr Kinder Zugang zur Grundschulbildung genießen, gibt es noch große Qualitätsmängel. So können etwa 250 Millionen Kinder nach dem Besuch der Grundschule weder einfache Texte lesen noch Rechenaufgaben lösen (UNICEF 2014a:3). Das liegt auch an der geringen Anzahl von qualifizierten Lehrkräften, die wegen der geringen Entlohnung oft nebenberuflich noch ein weiteres Einkommen erzielen müssen. Zudem müssen in manchen Gegenden die wenigen Lehrkräfte eine viel zu große Anzahl von Schülerinnen und Schülern in mehreren Stufen gleichzeitig unterrichten. Besonders die Herkunft und das Geschlecht der Kinder entscheiden maßgeblich über ihre Zukunft. Die Angaben des UNICEF-Berichtes in den Bereichen Bildung und Gesundheit verdeutlichen das exemplarisch:

- Mütter aus wohlhabenden Familien haben bei einer Geburt eine dreimal so große Chance, dass eine Hebamme hilft, wie die ärmsten Frauen. Kinder aus dem ärmsten Fünftel der Bevölkerung sterben doppelt so häufig vor dem fünften Lebensjahr, wie solche aus dem wohlhabenden Fünftel.
- Kinder aus den ärmsten Familien gehen fünfmal so häufig nicht zur Schule wie andere aus wohlhabenden Familien. Mädchen können fast doppelt so häufig nicht lesen wie männliche Jugendliche.

Dazu kommen folgende Kinderrechtsverletzungen, die nicht in den MDGs (Millennium-Entwicklungszielen) der Vereinten Nationen zur Armutsbekämpfung aufgenommen sind, aber die Rechtssicherheit vieler Kinder betreffen:

- Die wirtschaftliche Ausbeutung der Kinder in der Arbeitswelt. Die Internationale Arbeitsorganisation (ILO) gibt auf ihrer Homepage an, dass etwa 168 Millionen Kinder arbeiten, davon 85 Millionen unter schwersten und lebensgefährlichen Bedingungen.
- Das Elend von Kindersoldaten, die im frühen Alter zu Tätern in Bürgerkriegen und Regionalkonflikten gemacht werden.
- Kinder (vor allem Mädchen) die Opfer von Gewalt, Zwangsprostitution- und verheiratung und Menschenhandel sind.
- Kinder, die aufgrund von Kriegen, Hungersnöten und politischer Verfolgung fliehen müssen.

Viele kirchliche und nichtkirchliche Kinderhilfsorganisationen engagieren sich für die Rechte von Kindern und berufen sich auf die UN-Kinderrechtskonvention von 1989. Neben dem karitativen Engagement in Gesundheitsfürsorge und Bildung von gefährdeten Kindern erinnern und fordern sie von den Regierungen, dass sie ihre Verpflichtungen gegenüber den Kindern und ihren Rechten einhalten.

Die UN-Kinderrechtskonvention wurde im November 1989 von den Vereinten Nationen verabschiedet. Die Vereinbarung steht als Ergebnis langjähriger Beratungen, die erstmals völkerrechtlich verbindlichen Charakter für die Staaten hat, von denen sie ratifiziert wurde. Mit über 195 Staaten ist die Kinderrechtskonvention von mehr Staaten ratifiziert worden als jede andere Menschenrechtskonvention. Das zeigt die globale Bedeutung, die Kinderrechten zugeschrieben wird. Zusätzlich wurden folgende Zusatzprotokolle erstellt:

- Protokoll zum Schutz vor Kinderhandel, Kinderprostitution und Kinderpornografie (von 169 Staaten ratifiziert).
- Protokoll aus dem Jahr 2000, welches das Mindestalter für

die Beteiligung an bewaffneten Konflikten auf 18 Jahre festlegt (von 159 Staaten ratifiziert).
- Protokoll, welches Kindern und Jugendlichen durch ein Beschwerdeverfahren ermöglicht, Rechtsverletzungen beim UN-Ausschuss für Kinderrechte einreichen zu können (von 17 Staaten ratifiziert).

Beteiligte Staaten müssen ihren Fortschritt periodisch beschreiben und werden von dem UN-Komitee kontrolliert. Das jeweilige Land bekommt in einer Beurteilung vom Komitee konkrete Handlungsvorschläge zur Verbesserung der Kinderrechtslage in dem jeweiligen Land genannt, die öffentlich eingesehen werden können.

Welche Rechte werden Kindern zugesprochen?

Die Kinderrechtskonvention beinhaltet über 54 völkerrechtlich verbindliche Artikel, die das Wohl und die Rechte der Kinder und Jugendlichen bis zum 18. Lebensjahr beschreiben. Die Konvention spricht nur von den Rechten von Kindern und nicht von möglichen Pflichten. Damit sind Kinderrechte nicht an Bedingungen (wie Gehorsam, ...) geknüpft.

Gewöhnlich werden die Rechte nach der englischen Übersetzung *protection, provision* und *participation* als die drei „P's" der Kinderrechte zusammengefasst.

Das Netzwerk zur Umsetzung der UN-Kinderrechtskonvention in Deutschland fasst die drei Bereiche wie folgt zusammen:

- Schutzrechte vor Gewalt, Missbrauch und Vernachlässigung, das Recht auf Kenntnis der eigenen Abstammung und das Recht auf Leben (*protection*) – z. B. Artikel 6, 8, 19, 32, 33, 34 usw.
- Förderrechte auf bestmögliche Gesundheit und soziale Si-

cherung, auf Bildung und Freizeit (*provision*) – z. B. Artikel 24, 25, 26, 27, 28 usw.
- Rechte, die die Subjektstellung des Kindes betonen, wie Mitwirkungs-, Anhörungs- und Beteiligungsrechte in allen Kinder betreffenden Angelegenheiten (*participation*) z. B. Artikel 12, 13 usw.

Dabei werden folgende vier Leitprinzipien der Kinderrechte betont:

1. *Nichtdiskriminierung (Artikel 2)*
Dieser Artikel betont, dass kein Kind wegen seiner „Rasse, der Hautfarbe, dem Geschlecht, der Sprache, der Religion, der Herkunft, der politischen oder sonstigen Anschauung, der nationalen, ethnischen oder sozialen Herkunft, des Vermögens, einer Behinderung, der Geburt oder des sonstigen Status' des Kindes, seiner Eltern oder seines Vormunds" diskriminiert werden darf.

Dieser Leitgedanke der Nichtdiskriminierung gehört zu den größten Herausforderungen weltweit. Das Geschlecht und die soziale Herkunft bestimmen weitestgehend die Situation der vielen Millionen Kinder. So schränken zum Beispiel das Kastenwesen und das Geschlecht der Mädchen in Indien die Entwicklungsmöglichkeiten radikal ein. Aber auch die Industriestaaten haben Verbesserungsbedarf. So sind etwa in Deutschland laut dem Chancenspiegel (2014:7) der Bertelsmann-Stiftung die Bildungschancen stark abhängig von sozialer Herkunft und Wohnort. Die Verpflichtung zur Nichtdiskriminierung ist angesichts der Flüchtlingssituation in Europa zunehmend relevant. Ebenso dürfen geforderte Sparmaßnahmen gegenüber Griechenland die Rechte der Kinder nicht gefährden.

2. Vorrang des Kindeswohls (Artikel 3)

Der Vorrang des Kindeswohls ist das zweite Leitprinzip, das alle Maßnahmen leiten soll, die Kinder betreffen – gleichgültig, ob sie von Gerichten, Verwaltungsbehörden, dem Gesetzgeber oder von öffentlichen bzw. freien Einrichtungen getroffen werden. Damit wird das Kind als eigenständiges Subjekt der Rechtsordnung anerkannt. Obwohl das ein sehr wichtiger Leitgedanke ist, bleibt die Praxis sehr unbestimmt: Wer bestimmt das Kindeswohl? Ab wann kann das Kind das Kindeswohl selbst bestimmen und was ist, wenn die Eltern und der Gesetzgeber das Kindeswohl verschieden beurteilen?

3. Recht auf Leben und Überleben (Artikel 6)

Jedes Kind hat nach diesem Grundsatz ein „angeborenes Recht auf Leben", welches vom Mitgliedsstaat im „größtmöglichen Umfang" gewährleistet werden soll.

4. Partizipation (Artikel 12-14)

Die Beteiligungsrechte der Kinder finden in der Kinderrechtskonvention zum ersten Mal in einem der völkerrechtlichen Dokumente Erwähnung. Hier wird dem Kind das Recht zugesprochen, seine eigene Meinung zu Angelegenheiten, die es betreffen, zu bilden. Dabei soll das Alter und die Reife des Kindes und der Leitgedanke des Kindeswohls berücksichtigt werden. Es schließt die Meinungs- und Informationsfreiheit, die Gedanken-, Gewissens- und Religionsfreiheit, die Vereinigungs- und Versammlungsfreiheit ein. Bei der Gedanken-, Gewissens- und Religionsfreiheit (Artikel 14) sollen die Eltern (bzw. der Vormund) das Kind bei der Ausübung des Rechts anleiten.

Die Partizipationsrechte von Kindern sind relativ neue Rechte. Kindern wurden in früheren Dokumenten vornehmlich Rechte der Fürsorge und des Schutzes zugesprochen, aber an Beteiligungsrechte wurde nicht gedacht. Beteiligungsrechte sollen Kindern weltweit ermöglichen, ein selbstbestimmtes Leben zu führen. Das betrifft in der Praxis unter anderem die Wahl des Ehepartners, die Berufswahl, aber auch die Wahl und freie Praktizierung der Religionszugehörigkeit.

Kinderrechte in der Entwicklungszusammenarbeit
Die Kinderrechtskonvention ist seit der Einführung ein geeignetes Instrument, Kinderrechte stärker zu forcieren. Es verhalf dem sogenannten „rechtsbasierten Ansatz" (siehe dazu Kapitel „Der Mensch braucht mehr als Wasser und Brot – Ein Plädoyer für die ganzheitliche Armutsbekämpfung" von Dietmar Roller), konkrete Forderungen somit auch für die Veränderung der Situation von Kindern anzusprechen, weil es neben den Menschenrechten erstmals auch Kindern universale Rechte zusagt, unabhängig von Geschlecht, Kaste, Religionszugehörigkeit oder sozialem Status. Alle Kinder werden Rechteinhaber (rights holder). So hängen Schulbildung, Gesundheitsfürsorge oder Ernährung nicht von dem Wohlwollen des Staates oder einer karitativen Einrichtung ab, sondern sind Rechte, die der Staat dem Kind zusichert. Das Kind (und die ganze Familie) ist Rechteinhaber, das sein Recht einfordern oder notfalls einklagen kann. Der Staat steht damit in der Verpflichtung (duty bearer), die Rechte der Kinder anzuerkennen und zu erfüllen. Kinderhilfsorganisationen und andere Nichtregierungsorganisationen stärken die Position der Rechteinhaber beispielsweise durch Information und Stärkung der Zivilgesellschaft und verhelfen Kindern und ihren Familien, ihre Rechte wahrzunehmen.

Right holder (Kinder und ihre Familien)	**Duty bearer** (Regierungen und Staaten)
• kennen ihre Rechte und können sie wahrnehmen und einfordern.	• erkennen die Rechte der Kinder an. • erkennen ihre eigene staatliche Verantwortung an. • erfüllen ihre Verantwortung.

• *machen Kinderrechte bekannt.* • *helfen, die Rechte einfordern zu können.* • *stärken die Zivilgesellschaft.*	• *erinnern die Regierungen an ihre Verantwortung und begleiten sie kritisch.* • *helfen den Regierungen partnerschaftlich, ihre Aufgaben zu erfüllen.*

Nichtregierungsorganisationen

Den staatlichen Verantwortungsträgern gegenüber nehmen Nichtregierungsorganisationen die Funktion der Berater und kritischen Begleiter ein. Dabei helfen sie dem Staat, seine Verpflichtung effektiver und transparenter durchzuführen (vgl. Grafik). In der Praxis sieht das so aus, dass die Nichtregierungsorganisation beschränkt und nur in Unterstützung des Staates als duty bearer Aufgaben wahrnimmt, die eigentlich vom Staat eigenständig geleistet werden sollten wie zum Beispiel Schulen bauen oder die Ernährung von Kindern zu übernehmen. Bei dem rechtsbasierten Ansatz erinnert die Nichtregierungsorganisation die Regierung an ihre Verantwortung und hilft ihr partnerschaftlich bei der Bewältigung ihrer Fürsorge- und Schutzaufgabe den Kindern gegenüber. Denn in vielen Ländern (wie etwa Indien) sind den Betroffenen ihre Rechte nicht bekannt, bzw. sie wissen nicht, wie sie Hilfe beantragen können. Nichtregierungsorganisationen helfen Kindern und ihren Familien ihre Rechte zu kennen und wirkungsvoll einzufordern.

So werden zum Beispiel auch die Beteiligungsmöglichkeiten (Partizipation) von Kindern nicht nur in der Durchführung, sondern auch schon in der Projektplanung mit aufgenommen.

Kinder üben etwa in Kidsklubs demokratische Entscheidungsprozesse und teilen dort mit anderen ihre Meinung zu Fragen, die ihr Leben betreffen. Zugleich lernen sie, gemeinwesenorientierte Lösungen für ihre Probleme und Konflikte zu erarbeiten. Kinder sollen in ihrer Entscheidungsfähigkeit ermächtigt werden und ihre Rechte kennen. Kinder sollen als vollwertige Menschen wahr- und erst genommen werden, sowohl von Hilfsorganisationen als auch von Lehrenden, Gesetzgebern und Eltern. Beschwerdemöglichkeiten helfen Kindern, sich gegen Machtmissbrauch und Ausbeutung wirkungsvoller zu wehren.

Ist die Welt nach 25 Jahren Kinderrechtskonvention ein besserer Ort für Kinder geworden?
Im November 2014 wurde die Kinderrechtskonvention 25 Jahre alt. Ein Jahr danach endeten ebenfalls die Millennium-Entwicklungsziele (MDGs) der Vereinten Nationen. An den Ergebnissen der Ziele lässt sich messen, wie die Umsetzung wesentlicher Grundrechte für Kinder bisher gelungen ist.

Ein Großteil der acht Millenniumsziele (ausführlichere Infos unter www.bmz.de) betreffen direkt Kinder, beispielsweise Armut, Bildung, Gleichstellung der Geschlechter, Verringerung der Kindersterblichkeit sowie der Bereich Gesundheit (bestehend aus Gesundheit der Mütter und die Bekämpfung schwerer Krankheiten). So ist die extreme Armut nach Angaben der UN (The Millennium Development Goals Report 2015:5) von 47 Prozent (1990) auf 14 Prozent verringert worden. Im Bereich der Grundschulbildung konnte die Zahl der Kinder ohne Zugang von 100 Millionen im Jahr 2000 auf geschätzte 57 Millionen Ende 2015 reduziert werden. Das Ziel, allen Kindern Grundschulbildung zu garantieren, bleibt daher noch ein zentrales Vorhaben kommender Jahre. Auch die Kindersterblichkeit konnte seit dem Jahr 2000 halbiert werden, wobei das Ziel der Reduzierung von Zweidritteln noch längst nicht erreicht

ist (UNICEF 2015a:2). Die Muttersterblichkeit ist um 45 Prozent zurückgegangen, bleibt aber dem Ziel von 75 Prozent noch ein ganzes Stück entfernt (:2). In dem Bereich der Gleichstellung der Geschlechter gehen mittlerweile in vier Weltregionen gleichviel Mädchen wie Jungen in die Schule (:2). Damit konnte dieses Unterziel fast überall in großen Teilen erreicht werden.
All das sind nennenswerte Fortschritte, die wesentliche Bereiche der Kinderrechtskonvention betreffen. 25 Jahre Kinderrechtskonvention haben einiges in Bewegung gesetzt, was Kinderrechtler sich gewünscht haben:

- Es hat ein verbindliches und globales Verständnis von Kinderrechten gefördert, was in einer globalisierten Welt von großer Bedeutung ist. Unterschiedliche Standards würden die Schlagkraft des Anliegens der Kinderrechte schwächen und seinen universalen Anspruch aufs Spiel setzen.
- Die Konvention hat ein recht umfassendes Verständnis, besonders im Bereich der Partizipation, gefördert, was für die meisten Länder (auch für westliche Staaten) eine hohe Herausforderung bleibt. Eine griffige Zusammenfassung der Kinderrechtskonvention in den drei P's (*protection, provision and participation*) hat dazu beigetragen, dass Kinderrechte für Pädagogen, Eltern und Kinder leicht zu merken sind und öffentlichkeitswirksam vermittelt werden können.
- Die Entwicklung von nationalen Plänen für die Verbesserung der Kinderrechtslage hilft, die Kräfte von Regierung und Zivilgesellschaft zu bündeln, um die gesetzten Ziele wirkungsvoller zu erreichen. Die Ratifizierung der Kinderrechtskonvention ist für Nichtregierungsorganisationen eine große Hilfe in der rechtsbasierten Arbeit für die Notleidenden und in der Anwaltschaftsarbeit.
- Die Kinderrechte haben zu einem Paradigmenwechsel im Menschenbild des Kindes geführt: Kinder werden nicht

mehr als unfertige Menschen und passive Fürsorgeempfänger betrachtet, sondern als eigenständige Subjekte mit gleichberechtigten Bedürfnissen und Beteiligungsrechten. Im deutschen Recht bekamen Kinder schon 1968 die Grundrechtsfähigkeit anerkannt. Obwohl die allgemeine Erklärung der Menschenrechte theoretisch auch Kinder mit einschließt (weil sie nicht weniger Mensch sind), wurden sie aber nicht für Kinder geschrieben. Die Kinderrechtskonvention hat diese Rechtslücke geschlossen. Somit ist das Kind ausgestattet mit einer Menschenwürde und dem eigenen Recht auf Entfaltung. Das Wohl des Kindes hat nun ein Vorrecht, inklusiv Beteiligungs- und Mitspracherechte.

Bleibende Herausforderungen
Die Kinderrechtskonvention hat bewiesen, welchen Beitrag ein internationaler Konsens in Bezug auf die Kinderrechte bewirken kann. Dennoch bleibt die Einhaltung der Kinderrechte eine Herausforderung, die größten Anstrengungen bedarf.
Folgende Beispiele sollen Herausforderungen exemplarisch verdeutlichen:

Möglichkeit einer Vorbehaltserklärung
Jeder Staat, der die Kinderrechtskonvention unterzeichnet oder ratifiziert, kann Vorbehalte in einer Erklärung abgeben, die nationale Einschränkungen zulässt. So hat zum Beispiel die Bundesrepublik Deutschland in einer Vorbehaltserklärung Flüchtlingskindern den Zugang zu Bildung und medizinischer Versorgung nur eingeschränkt gewährt. Im Asylverfahren wurden etwa Jugendliche ab 16 Jahren im Gegensatz zur Kinderrechtskonvention nicht als Kinder, sondern als Erwachsene bezeichnet. Das hatte Konsequenzen für die Abschiebepraxis beim Asylverfahren oder bei der medizinischen Versorgung für

Jugendliche ab 16 Jahren. Diese Vorbehaltserklärung wurde von der Bundesregierung im Jahr 2010 zurückgenommen.

Die Ratifizierung mancher Staaten nur ein Lippenbekenntnis?
Die überwältigende Beteiligung der Staaten ist ein großer Erfolg. Aber bei der Umsetzung der Kinderrechte gibt es in manchen Ländern immer noch eklatante Missstände. Das liegt zum Teil auch in einem kulturell geprägten Rechtsverständnis. Raum für Umdeutungen lässt beispielsweise der Begriff des Kindes (Artikel 1) zu: Dort wird das Kindesalter von 0 bis 18 Jahren definiert, allerdings kann ein Staat die Volljährigkeit auch vor dem 18. Lebensjahr festlegen und die Rechtsbestimmungen auf ein niedrigeres Alter beschränken. Das kann Auswirkungen auf den Kriegsdienst, Arbeitsschutz und die Frühverheiratung von Mädchen im Kindesalter haben.

In Kambodscha wird grundsätzlich jedem das Recht zur Schulbildung zugesprochen, aber für die Umsetzung werden oft die Familien selbst verantwortlich gemacht. Hohe Schulkosten, nicht ausgestellte Bescheinigungen oder fehlende Schulen in der Dorfregion machen es armen Familien mit Kindern unmöglich, ihr Recht durchzusetzen. Dazu kommt, dass es in vielen Regionen an Rechtssicherheit für betroffene Familien und Kinder fehlt. Obwohl Kinder Rechte haben, bekommen sie viel zu oft bei Missbrauch, Diskriminierung oder anderen Grundrechtsverletzungen vor Gericht kein Recht zugesprochen. Das höhlt das Rechtsverständnis aus.

Auch westliche Staaten haben im Bereich Kinderrechte noch einiges zu tun
Obwohl große Fortschritte in vielen Entwicklungs- und Schwellenländern notwendig sind, werden auch die westlichen Industriestaaten auf die Kinderrechtslage untersucht und Mängel angemahnt. So ist beispielsweise in Deutschland die Kinderrechtskonvention noch nicht Teil des Grundgesetzes oder die

zu frühe Aufgliederung der Schulbildung in unterschiedliche Schulformen ein Grund für die Chancenungleichheit von Kindern. Die USA haben bisher als einzige westliche Nation die Konvention noch nicht ratifiziert, obwohl sie an ihrer Entwicklung mitgewirkt haben.

Rechte auch vor der Geburt?
In den Beratungen zur Kinderrechtskonvention konnte man sich nicht einigen, ob auch Kinder vor der Geburt Rechtsinhaber sind. Das betrifft etwa in Indien die Praxis einer Abtreibung aufgrund des Geschlechts oder in vielen weiteren Gesellschaften eine Abtreibung aufgrund einer bereits vor der Geburt absehbaren körperlichen oder geistigen Behinderung. Da keine konsensfähige Linie gefunden werden konnte, wurde das Kinderrecht erst Kindern ab der Geburt zugesprochen.

Bei Katastrophen spielen Kinderrechte keine Rolle mehr
Regionale Konflikte, Vertreibung, ausbeuterische Kinderarbeit, Menschenhandel und Naturkatastrophen bleiben für Kinder weiterhin die größten Gefahren für ein selbstbestimmtes Leben in Würde. Schulen und Krankenhäuser lassen sich mit Unterstützung durch internationale Geldgeber bauen. Aber vor Bürgerkriegen, Vertreibungen und Katastrophen sind Kinder viel schwieriger zu schützen. Die Folge sind schwerste Kinderrechtsverletzungen bis hin zu sexueller Ausbeutung und Menschenhandel. Wo stabile demokratische Verhältnisse mit einer starken Zivilgesellschaft fehlen, ist die Ratifizierung der Kinderrechtskonvention oft wertlos.

Die Kinderrechtskonvention von 1989 hat Kindern weltweit universale Rechte zugesprochen, unabhängig von Staatsangehörigkeit, religiösem Glauben oder sozialem Status. Die Rechte verpflichten Staaten, alle Kinder zu beschützen (protection), ihre Bedürfnisse wahrzunehmen und zu erfüllen (provision) und sie an allen gesellschaftlichen Prozessen, die sie betreffen, teilnehmen zu lassen (participation). Inhaltlich und in der öffentlichen Verbreitung waren sie ein Meilenstein in der Bekämpfung von Kinderarmut. Angesichts globaler Krisen wird die Wahrung der Kinderrechte immer wichtiger. Jedes Kind hat es verdient, beachtet, beschützt und gefördert zu werden. Der messbare Erfolg ermutigt, den Einsatz für die Rechte von Kindern noch zu verstärken und globale Herausforderungen so zu regeln, dass die Welt ein besserer Ort für Kinder wird.

Steve Volke

… damit die Welt morgen anders ist!

Es klingt wie eine Binsenweisheit und hört sich in der Tat sehr einfach an und ist trotzdem die Wahrheit: „Wer möchte, dass es morgen keine armen Menschen mehr auf der Welt gibt, muss dafür sorgen, dass es heute immer weniger arme Kinder gibt!"

Es gibt sehr gute Gründe, sich für arme Kinder einzusetzen und dafür zu sorgen, dass immer weniger Kinder in Armut aufwachsen müssen. Von den 7,2 Milliarden Menschen, die sich die Erde momentan teilen, sind 26 Prozent unter 15 Jahren, was bedeutet, dass es ca. 1,8 Milliarden Kinder gibt. Von den 1,2 Milliarden Menschen, die in extremer Armut leben müssen, sind die Hälfte Kinder, nämlich zirka 600 Millionen. Jeden Tag sterben 19.000 von ihnen an vermeidbaren Krankheiten, an mangelnden hygienischen Bedingungen oder schlichtweg an Hunger, obwohl es genug Essen für alle gibt. Es ist nur nicht gerecht verteilt.

Und das beschreibt nur die Situation in den Ländern des sogenannten globalen Südens. Auch in den reichen Ländern ist die Situation von Kindern teilweise verheerend und menschenunwürdig.

Kinder sind nicht die Zukunft der Welt, sondern sie sind die Gegenwart. Aber ihre Zukunft wird von der Gegenwart bestimmt. Daher ist es wichtig, wie Kinder ihre Welt erleben, was sie als Kinder lernen und welche Werte ihnen vermittelt werden. Und für Millionen kleiner Kinder ist es erst mal wichtig, mit konkreter Hilfe für ihr Überleben zu sorgen.

Die besondere Situation von Kindern
Kinder haben viele Seiten, die uns bereichern und immer wieder ins Erstaunen versetzen – und ein gutes Vorbild sein können: Sie sind charmant, ideenreich, aufgeschlossen, fröhlich, lustig, kreativ, fürsorglich, aufgeweckt, fantasievoll, flexibel, empfindsam, an Neuem interessiert, gutmütig, großherzig und vieles mehr. Kinder können blind vertrauen, sie sind sich ihrer Abhängigkeit, Begrenztheit, Hilfsbedürftigkeit bewusst – und es stört sie nicht.
Auf der anderen Seite sind Kinder aber auch ganz besonders verletzlich. Sie leiden doppelt an Armut, Ungerechtigkeit – und sie haben keine Stimme, die wirklich zählt. Sie haben nicht die Macht des Geldes, des Militärs oder den politischen Einfluss, um ihre Lebenssituation selbst nachhaltig zu verändern. Sie sind der „Welt der Erwachsenen" hilflos ausgeliefert.

- Mehr als 91 Millionen Kinder leiden größten Hunger.
- 15 Millionen Kinder sind AIDS-Waisen.
- 265 Millionen Kinder wurden nie geimpft (und zwar gegen keine einzige Krankheit) und sind daher gesundheitlich höchst verwundbar.
- 134 Millionen Kinder haben keinen Zugang zu einer Schule.
- 376 Millionen Kinder brauchen länger als 15 Minuten, um zu Fuß an eine wie auch immer geartete Wasserquelle zu kommen.

Und das sind nur Streiflichter aus den unendlichen Statistiken über die Situation von Kindern weltweit.
Aber Kinder liegen Gott ebenso wie die Armen besonders am Herzen. Jesus hatte eine außergewöhnliche Beziehung zu Kindern. Die Bibel macht klar, wie Gott über Kinder denkt: Er liebt sie, kümmert sich um sie, glaubt an sie, respektiert sie –

und er sieht sie als strategisch wichtige Personen für sein Reich an. Immer wenn in der Bibel von Kindern die Rede ist, sehen wir ein unsichtbares und doch hell aufleuchtendes Ausrufezeichen aufblitzen: „ACHTUNG: Es geht jetzt um etwas sehr Wichtiges. Bitte aufpassen!"

Jesus hat sich besonders den Kindern zugewendet und sie wertgeschätzt (Mk 10,13-16; Mk 9,33; Mt 18,10-11). Eine der Kernbotschaften des Neuen Testaments ist, auch wenn ich mit Theologen darüber schon heftig streiten durfte: WERDE KIND!

Kinder sind nicht nur wichtig für Gott, sondern sie sind die strategisch wichtigsten Säulen für das Reich Gottes. Sie sind die eigentlichen „Agenten der Veränderung", die wahren „Agents of Transformation". Deshalb müssen wir uns ganzheitlich um sie kümmern. Sie geistlich, mental, physisch und wirtschaftlich unterstützen – und ihre Beziehung zu Gott und zu anderen fördern. Jesus geht sogar noch einen Schritt weiter: *„Seht zu, dass ihr nicht einen von diesen Kleinen verachtet! Denn ich sage euch: Ihre Engel haben immer Zugang zu meinem Vater"* (Mt 18,10-11).

Wie werden heute Kinder zu Fall gebracht, verachtet oder verführt? Es geschieht hunderttausendfach an jedem Tag. Kinder werden als Sklaven gehalten (wie ungefähr 500.000 Kinder auf Haiti). Sie müssen 14 bis 16 Stunden unter unmenschlichen Bedingungen in den Steinbrüchen Indiens arbeiten, sie werden auf dem Schulweg in Sri Lanka entführt und zu Kindersoldaten gemacht, sie müssen auf den Müllkippen auf den Philippinen oder in glühender Hitze in Guatemala nach Metall suchen, um von dem mageren Lohn nicht ganz zu verhungern. Millionen Kinder leben in extremer Armut und das bedeutet, sie sind verstoßen, versteckt, missbraucht und auf sich allein gestellt. Sie werden ihrer Rechte und ihrer Kindheit beraubt.

Kinder müssen als Tagelöhner auf den Obstplantagen Brasiliens bis zu 25 Kilo Orangen tragen und das Tag um Tag, Stunde um Stunde, Minute um Minute. Sie schaffen es oft nur, weil sie ihren Verstand mit Drogen eindämmen, weil sie mit Alkohol den Schrei nach Leben ersticken und sich selbst verbieten, darüber nachzudenken, dass es jemanden gibt, der sich ihr Leben so ganz anders vorgestellt hat. Und auch die westliche Welt hat ihre Grausamkeiten: Kinder werden unterdrückt, missbraucht und im wahrsten Sinne des Wortes „klein gehalten". Es werden mit Kindern Pornofilme gedreht, sie werden vernachlässigt, verprügelt, missbraucht.

Eigentlich müssen wir gar nicht erst ins Ausland blicken. Auch in Deutschland haben Kinder keinen guten Stand. Sie verwahrlosen in einer Leistungsgesellschaft, in der die Kräfte der Eltern für das Wirtschaftswachstum verbraucht werden. Sie kommen auch in unserer Wohlstandsgesellschaft immer als Letzte.

Es gibt auch Armut in Deutschland, obwohl wir ein Sozialsystem haben, das als Netz allen zumindest eine Grundabsicherung bietet. In Deutschland lebten bis vor wenigen Jahren sechs Millionen Kinder in Haushalten, in denen die Eltern über ein für die Familie nicht existenzsicherndes Jahreseinkommen von insgesamt 15.300 Euro verfügten. Unzureichende Bildung und Ausbildung, ungesunde Ernährung, kaum Kulturtechniken, isolierte Wohngegenden sind nur einige äußere Zeichen für die Armutsspirale. Am schlimmsten betroffen sind alleinerziehende Mütter und Kinder mit Migrationshintergrund. Das Armutsrisiko in Deutschland liegt bei 13–18 Prozent.

Die genannten Zahlen wurden vor den Flüchtlingsströmen erhoben, die auch Deutschland seit 2015 stark beeinflussen. Wir können die Situation armer Kinder nicht länger ignorieren, weil sie uns im Zuge der „globalen Umzugsbewegungen" tatsächlich im wahrsten Sinne des Wortes „vor die Füße" gelegt werden.

Können wir etwas ändern?

Nachhaltige Transformation beginnt mit den Kindern. Aber sie endet nicht mit ihnen. Denn wer einzelnen Kindern hilft, unterstützt damit auch gleichzeitig ihre Familien. Wer Familien verändert, verändert Nachbarschaften und Dörfer. Wer Dörfer verändert, verändert Regionen – und schließlich hat ein ganzes Land die Chance, verändert zu werden. Daher ist es einer der größten Fehler, den man in der Entwicklungszusammenarbeit machen kann, in einem Kind nur das Kind zu sehen. Es hat Auswirkungen, wenn das Leben eines Kindes verändert wird.

Das Schaubild zeigt, wie die Veränderung vor sich gehen kann.

Daher noch einmal: Um eine neue Generation zu unterstützen, die ihre Welt transformieren kann, müssen wir uns vor allem um die körperlichen und geistigen Belange der Kinder kümmern.

Wer das Leben von Kindern positiv und langfristig beeinflussen möchte, sollte dabei auf folgende Bereiche großen Wert legen, denn die Entwicklungsunterstützung muss ganzheitlich,

das bedeutet mehrdimensional sein: physisch, kognitiv, sozial, emotional und geistlich. In den Ländern des Globalen Südens gibt es drei wesentliche Dinge, auf denen der Schwerpunkt liegen muss: 1. Bildung 2. Bildung 3. Bildung.
In den westlichen Ländern sind die drei wesentlichen Dinge: 1. Liebe 2. Liebe 3. Liebe.

Gemeinsam mit Hilfsorganisationen und christlichen Gemeinden vor Ort kann jeder einzelne Christ die Lebenssituation eines Kindes in den ärmsten Ländern der Welt nachhaltig verändern. Wir können sicher nicht die ganze Welt auf einmal retten, aber das Leben eines Kindes können wir verändern. Diese Hilfe muss individuell auf die Lebenssituation jedes Kindes abgestimmt sein und braucht vor allem eins: Kontinuität.

Der englische Theologe N.T. Wright beschreibt dieses Engagement so: „Was wir mit unseren Kindern tun und was wir ihnen antun – ist ein erschreckend genauer Hinweis darauf, was wir über die Welt, Gott und uns selbst denken."

Der geistliche Aspekt
Eine weltweite, repräsentative Studie von Luis Bush veröffentlichte unter dem Titel „4/14-Window" die Antwort auf die Frage, in welchem Alter die meisten Menschen Christen geworden sind. Das Ergebnis verblüffte: 80 Prozent aller Christen weltweit haben eine Entscheidung für Jesus im Alter zwischen 4 und 14 Jahren getroffen. Neben der ganzheitlichen Förderung und Unterstützung ist das die nachhaltigste Veränderung im Leben eines Menschen. Und beides gehört zusammen.

Der berühmte Evangelist Moody kam eines Abends nach einer Evangelisationsveranstaltung nach Hause. Seine Frau fragte ihn: „Na, wie war's heute Abend?" – „Ganz gut", antwortete er. „Zweieinhalb haben sich bekehrt." Seine Frau schaute etwas verdutzt drein. Doch dann sagte sie freudestrahlend: „Das ist schön. Und wie alt war das Kind?" – „Nein, nein, nein", antwor-

tete Moody. „Es waren zwei Kinder und ein Erwachsener. Die Kinder haben noch ihr ganzes Leben vor sich. Der Erwachsene hat die Hälfte schon hinter sich."
www.compassion-de.org.

Kapitel 7

„Was ist es eigentlich, das Menschen glücklich macht? Eine glückliche Ehe, sinnvolle Arbeit, Freunde, Teilhabe an Gemeinschaften sind sicherlich größere Glückskomponenten als der Verbrauch von materiellen Gütern."

Aus dem Buch *Faktor Fünf.*
Die Formel für nachhaltiges Wachstum
von Ernst Ulrich von Weizsäcker, Karlson Hargroves
und Michael Smith, Kapitel 11 Genügsamkeit, 2010

Verantwortungsvoll leben in einer globalen Welt

In den vorhergehenden sechs Kapiteln ging es viel um Gerechtigkeit, Menschenrechte, Asyl und den biblischen Auftrag. In diesem siebten und letzten Kapitel wollen wir den Schwerpunkt darauf setzen, wie die Werte, die bislang im Zentrum standen, konkret gelebt werden können. Dabei ist uns klar, dass all unsere Bemühungen diese Welt nicht retten werden. Aber weil wir als Christen eine eschatologische Hoffnung haben, haben wir die Kraft und die Vision, Gottes Reich schon hier auf Erden sichtbar zu machen. Und das fängt ganz unspektakulär beim Einkaufen an. So erläutert uns Markus Raschke die Möglichkeiten des Fairen Handels und stellt dabei fest, dass Fair Trade nicht die Lösung für alle Probleme ist, aber ein wichtiger erster Schritt a) für die Menschen, von denen wir gut leben und b) für unsere Bewusstseinsschulung. Oft ist uns nicht klar, wie viel wir durch verantwortungsvolles Einkaufen verändern können. Tobias Faix zeigt anschließend am Beispiel der Initiative „Marburg FAIRbinden", wie einfach das gehen kann, bevor Natalie Schaller von „GLIMPSE Clothing" aufzeigt, wie wir uns in Gerechtigkeit kleiden können. Katja Hofmeister von Micha Deutschland plädiert dann für einen gerechten Lebensstil des Einzelnen als Zeichen des Reiches Gottes mitten im Alltag. Guy Rodriguez zeigt schließlich auf beeindruckende Weise, wie Arme Armen helfen. Lassen wir uns von einer Slumgemeinde in Indien inspirieren und ermutigen zu konsequenter Nachfolge.

Markus Raschke

Fairer Handel

Einsatz für Gerechtigkeit in der Weltwirtschaft

Die Situation auf den internationalen Warenmärkten ist noch immer von größter Ungleichheit gekennzeichnet. Eine gelingende oder gar gleichberechtigte Teilhabe an der Weltwirtschaft ist für die Menschen in zahlreichen Ländern des globalen Südens außerhalb jeder Reichweite. In diesem umfassenden Kontext die Situation von marginalisierten Produzentinnen und Produzenten in den Blick zu nehmen und sich in deren Interesse für Gerechtigkeit und einen partnerschaftlichen Umgang im globalen Warenhandel einzusetzen, ist die selbstgestellte Aufgabe des Fairen Handels. Angesichts des herrschenden Welthandelssystems versteht er sich als eine Alternative, die eine – gerade auf ökonomischem und sozialem Gebiet – nachhaltige Ausgestaltung des Welthandels zum Ziel hat. Dieses Anliegen wird durch den Handel mit und die Förderung von Kleinproduzenten in Entwicklungsländern umgesetzt.

Der Entwicklungsansatz des Fairen Handels

Faire Importorganisationen handeln nicht mit einzelnen Handwerkern oder Bauern, sondern mit Genossenschaften, in denen sich die Produzenten zusammengeschlossen haben. Die Stärkung dieser Selbstorganisation ist ein erster Beitrag zur Unterstützung der Selbsthilfekräfte. Es wird aber auch mit privat geführten Betrieben zusammengearbeitet, damit auch Menschen, die in anderen Branchen tätig sind, vom Fairen Handel profitieren können. Vorbildliche Mitbestimmungsrechte sind hier eine wichtige Voraussetzung, damit Leistungen wie etwa der faire Preis den Arbeiterinnen und Arbeitern nach ihrem Willen zugute kommen können. Dabei geht es nicht allein darum, das Einkommen der einzelnen Familien aufzubessern. Die im Fairen Handel gezahlten höheren Preise dienen auch dem Aufbau der Organisation und der Verbesserung ihrer Abläufe, damit sie auf dem Markt erfolgreicher auftreten können. Auch Gemeinschaftsaufgaben wie Bildung oder Gesundheitsförderung können davon bezahlt werden. Für eine nachhaltig wirksame Verbesserung der Lebensbedingungen können solche Investitionen oft wichtiger sein als ein höheres Familieneinkommen – vor allem dann, wenn nur ein Teil der Ernte oder Produktionsmenge über den Fairen Handel verkauft werden können.

Nicht zu unterschätzen sind auch die Beiträge, die der Faire Handel zum langfristigen Aufbau und zur Stärkung seiner Handelspartner vorsieht. Langfristige Handelsbeziehungen stellen etwa eine wichtige Voraussetzung dar, damit es überhaupt sinnvoll erscheint, Maschinen anzuschaffen, Lagerräume zu bauen oder andere Investitionen zu tätigen. Eine anteilige Vorfinanzierung der Produktion kann die Produzentenorganisationen vor Verschuldung bewahren oder angesichts der hohen Zinssätze in vielen Entwicklungsländern helfen, den Ertrag zu vergrößern. Für kleine im Aufbau befindliche Organisationen stellt – ganz konkret – eine Vorfinanzierung die Voraussetzung dar, den Transport zum Hafen und die Verschiffung der Ware bezahlen zu können. Damit werden Exportchancen eröffnet, die sonst nicht gegeben wären. Das zeigt, dass der faire und gerechte Preis mit anderen Maßnahmen eng zusammenhängt.

Darüber hinaus werden Produzentenorganisationen auch in der Produkt-, Qualitäts- und Organisationsentwicklung unterstützt. Die Beratung etwa, welche Farbgebung bei kunsthandwerklichen Waren besser verkäuflich ist oder welche Produkte überhaupt Chancen auf dem europäischen Markt haben, hilft, höhere Absatzzahlen und damit ein besseres Einkommen zu erreichen. Die Umstellung auf ökologischen Anbau kann dazu beitragen, in der Bio-Branche neue Abnehmer zu finden. Benachteiligten Produzentinnen und Produzenten bei der Verbesserung ihrer Marktchancen zu helfen, war von Beginn an ein Anliegen. Aber auch, möglichst viel Wertschöpfung in der Weiterverarbeitung und Verpackung der fertigen Produkte im Herkunftsland zu belassen, schafft Arbeitsplätze und damit Entwicklung. Dabei müssen Arbeitsbedingungen eingehalten werden, die umwelt- und menschengerecht sind: Dazu zählen die Respektierung der nationalen Gesetze, aber auch der Kernarbeitsnormen der Internationalen Arbeitsorganisation ILO und der UN-Menschenrechtserklärung, die Mitwirkung der Mitglieder oder Beschäftigten an der Entscheidungsfindung sowie sichere und gesunde Arbeitsplätze.

Die Sozialethik des Fairen Handels

Idee und Praxis des Fairen Handels sind – so lässt sich schnell erahnen – von den Motiven der Gerechtigkeit, der Solidarität und Unterstützung zugunsten der Menschen sowie der Veränderung und Umgestaltung des weltwirtschaftlichen Systems getragen. Der Umgang mit diesen Wertvorstellungen und deren Umsetzung in konkretes Handeln macht eine hintergründige Reflexion über den Fairen Handel naturgemäß hochkomplex:

1. Fairer Handel im Gerechtigkeitsdiskurs

Seitdem Menschen über Gerechtigkeit nachdenken, haben sie unterschiedliche oder gar widerstreitende Aspekte entdeckt. So unterscheidet man Tausch- und Verteilungsgerechtigkeit, Chancen- und Verfahrensgerechtigkeit, Beteiligungs- und Situationsgerechtigkeit. Nicht zuletzt stellt sich die Frage nach den

Beteiligten, zwischen denen es gerecht zugehen soll: verschiedene Generationen, Personen oder Institutionen.

Diese komplexe Gerechtigkeitsdiskussion betrifft auch den Fairen Handel. Und es lässt sich keine Aussage treffen, Fairer Handel würde speziell diese oder jene Seite von Gerechtigkeit thematisieren.

Konkret: Der faire Preis ist ein Element der Tauschgerechtigkeit. Ist der Tausch zwischen Ware und Geld gerecht oder wird der Erzeuger (beispielsweise eine Körbchenflechterin oder ein Kaffeebauer) benachteiligt? Dagegen bezieht sich die Fair-Trade-Prämie, also der Zuschlag für soziale Aufgaben wie Bildung oder Gesundheitswesen, natürlich nicht auf den Tausch. Vielmehr gleicht sie die ungerechte Verteilung zwischen wohlhabenden und armen Regionen der Erde aus. Es geht also um Verteilungsgerechtigkeit oder „ausgleichende Gerechtigkeit".

Darüber hinaus sorgt sich der Faire Handel um globale Chancengerechtigkeit: Deshalb unterstützt er Selbsthilfeinitiativen wie etwa Genossenschaften und er achtet speziell auf Kleinproduzenten in Randregionen. Ebenfalls zur Chancengerechtigkeit, aber auch zur Verfahrensgerechtigkeit lassen sich zwei weitere Grundsätze des Fairen Handels zählen: Denn die teilweise Vorfinanzierung der Warenlieferungen und die langfristige Zusammenarbeit sind nicht nur darauf angelegt, die Beteiligung der Produzenten am Markt zu verbessern. Sie zeigen vor allem, dass es Verfahrenstechniken braucht, um eine Handelsbeziehung gerecht zu gestalten.

Die Forderung nach einem fairen Preis fußt übrigens auf einer alten Traditionslinie der christlichen Soziallehre – ausgehend von der biblischen Ethik: So betonten zum Beispiel der Prophet Jesus Sirach (34,21-29) und der Apostel Jakobus (5,4), dass man niemandem den vereinbarten Lohn vorenthalten dürfe. Die Theologen Albertus Magnus und Thomas von Aquin beschäftigten sich im 13. Jahrhundert mit dem gerechten Tausch von erbrachter Arbeit und dafür angemessenem Entgelt. Auch

Martin Luther teilte das Anliegen gerechter Preise und Löhne, die den Lebensunterhalt gewährleisten müssten. Für ihn war das Verkaufen eine zwischenmenschliche Tätigkeit, die dem Gebot der Nächstenliebe folgen musste.

2. *Fairer Handel im Kontext weiterer Sozialprinzipien*

In den Grundsätzen und Grundüberzeugungen des Fairen Handels finden sich auch folgende Prinzipien der christlichen Gesellschaftsethik wieder:

a) Solidarität

Menschen engagieren sich im Fairen Handel im Sinne des Solidaritätsprinzips zugunsten von benachteiligten Produzentinnen und Produzenten in Entwicklungsländern. Verbraucherinnen und Verbraucher von fair gehandelten Produkten handeln solidarisch, indem sie sich beim Einkauf für die Einhaltung fairer Preise und sozialer Mindeststandards einsetzen.

b) Subsidiarität

Fairer Handel integriert beide Aspekte des Subsidiaritätsprinzips: Alles, was Produzentinnen und Produzenten vor Ort am besten lösen können, wird dort entschieden und umgesetzt. Doch wo dies nicht „reicht", steht auch Unterstützung von Dachgenossenschaften oder europäischen Importorganisationen zur Verfügung.

c) Person

Fairer Handel stellt den Menschen in den Mittelpunkt des Wirtschaftens, welches selbst im Dienst des Lebens stehen soll. So achtet Fairer Handel auf die Bedürfnisse der Menschen, fördert ihre Kompetenzen und räumt ihnen Beteiligungschancen ein.

d) Gemeinwohl
Fairer Handel fördert das Gemeinwohl, indem im Preis ein Zuschlag für soziale Entwicklung (Fair-Trade-Prämie) einbezogen ist. Dadurch werden Maßnahmen unterstützt, die allen Beteiligten sowie der Umgebung zugute kommen: Sei es die Errichtung einer Schule, einer Gesundheitsstation oder einfach die Verbesserung von Wegen. So profitieren auch diejenigen, die nicht selbst für den Fairen Handel produzieren.

e) Nachhaltigkeit
Fairer Handel sorgt für ökologische Nachhaltigkeit, indem er eine umweltverträgliche Produktion und den Bioanbau fördert. Fairer Handel ist aber auch ein nachhaltig ausgerichteter Wirtschaftsansatz überhaupt. Er setzt auf langfristige Handelsbeziehungen und auf einen gesunden und stabilen Entwicklungsprozess anstelle von schnellem Gewinn und kurzfristigen Lösungen.

3. Die Geschichten von Produzenten erinnern und erzählen
Fairer Handel leistet zudem Erinnerungsarbeit. Diese richtet sich allerdings nicht auf „früher", sondern auf „anderswo": Produzentinnen und Produzenten erzählen ihre Geschichten und berichten von ihren Herausforderungen und sie kommen auf Produktverpackungen oder bei Produzentenrundreisen selbst zu Wort.

Das bestätigt die von Johann Baptist Metz geprägte „Neue Politische Theologie": Das Leiden zur Sprache zu bringen ist der erste Schritt des Mitgefühls, der Solidarität und des Einsatzes für Veränderungen. Damit hat das Erinnern und Erzählen dieses Leidens eine sozialkritische und weltverändernde Kraft (vgl. Metz 1992: 103-135, 177-227). Auf diesem Hintergrund kann solidarisches Einkaufen und der Einsatz für Gerechtigkeit entstehen. Sich zu erinnern, worin Ungerechtigkeiten und Benachteiligungen etwa auf dem Weltmarkt bestehen, ermutigt zu kritischem Hinschauen. Erzählt zu bekommen, wie Menschen unter fehlender wirtschaftlicher Chancengleichheit etwa aufgrund der europäischen Exportsubventionspolitik leiden, stiftet zu politischem Engagement und kritischem Konsumverhalten an.

Geschichte und Akteure im Überblick

In Deutschland wurde der Faire Handel 1970 unter dem Namen „Aktion 3. Welt-Handel" von den Jugendverbänden und Hilfswerken der großen christlichen Kirchen ins Leben gerufen (zur Geschichte: Raschke 2009: 37-158, Quaas 2015). Auch in Österreich und der Schweiz datiert die Entstehung auf den Anfang der 1970er-Jahre. Heute ist die Fair-Handels-Bewegung die größte kontinuierlich arbeitende entwicklungspolitische Bewegung hierzulande. Der Faire Handel zählt im deutschsprachigen Raum rund 1200 überwiegend ehrenamtlich arbeitende Weltläden mit ihrer Verkaufs- und Bildungsarbeit. Tausende kirchlicher und nicht-kirchlicher Verkaufsgruppen beteiligen sich an Kampagnen wie Faire Woche oder Fairtrade-Stadt. Insgesamt sind schätzungsweise weit über 100.000 Menschen ehrenamtlich für den Fairen Handel tätig.

Der Begriff „Fairer Handel" kam erst zu Beginn der 1990er-Jahre auf, als mit der Entwicklung eines Gütesiegels die Ausdehnung auf den konventionellen Einzelhandel erreicht werden sollte. Heute sind die Produkte in Supermärkten, Drogerie- und Biomärkten, in der Gastronomie und sogar in den Sortimenten von Discountern vertreten.

In den vergangenen Jahren haben die Akzeptanz und der Absatz fairer Produkte enorm zugenommen. 2014 wurde auf dem deutschen Markt erstmals ein Umsatz von mehr als einer Milliarde Euro erzielt. Das entspricht einem Pro-Kopf-Konsum von rund 13 Euro, im Vergleich dazu kaufen Schweizer Konsumentinnen und Konsumenten für jährlich 57 Euro fair gehandelte Produkte ein (vgl. Forum Fairer Handel e.V. 2015).

Ein Sandkorn im Getriebe – und eine Mahnung
Der Faire Handel kommt immer mehr in der Mitte der Gesellschaft und im Mainstream des Einzelhandels an und der Kauf fairer Waren wird selbstverständlicher. Gleichwohl ist er im Getriebe des Welthandels und seiner enormen Gütermengen nicht mehr als ein Sandkorn. Zur nachhaltigen Gestaltung einer gerechten Weltwirtschaft bleibt ein langer Weg, welcher sicherlich nicht durch fairen Konsum allein zu bewältigen ist. Die derzeitigen Anstrengungen zugunsten neuer internationaler Freihandelsabkommen (TTIP, CETA) stehen in der Gefahr, die Marginalisierung der Produzentinnen und Produzenten im globalen Süden erneut zu vergrößern. Die Erfolge sowohl der Entwicklungspolitik als auch von Solidaritätsinitiativen wie dem Fairen Handel könnten damit durch einen Federstrich zunichte gemacht werden. Allerdings: Faire Produkte sind und bleiben unübersehbare Zeichen und stetige Mahnung, dass die Benachteiligten im weltweiten Handel nicht weiter unter die Räder kommen (dürfen).

Tobias Faix

Gerecht konsumieren?

„Marburg FAIRbinden" macht es möglich

Bewusster einkaufen in Marburg – schön, dass Sie dabei sind. Die Initiative „Marburg FAIRbinden" möchte Ihnen bei der Suche nach Produkten, die ein zertifiziertes Fairtrade-Label tragen, in Marburg einfach und schnell helfen. Darüber hinaus wollen wir Sie zu Themen wie Nachhaltigkeit und fairem Handel informieren und ein interaktives Netzwerk für unser Marburg bilden.

So steht es auf der Startseite von *marburg-fairbinden.de*, einer Internetseite, die Bürgerinnen und Bürgern in Marburg und Umland helfen möchte, fair gehandelte Produkte zu finden. Denn zwar ist die „Marke" FairTrade in Deutschland mittlerweile bekannt (83 Prozent der Deutschen kennen das FairTrade Siegel) und selbst bei den großen Discountern kann man mittlerweile fair gehandelte Waren kaufen, aber trotzdem greifen die meisten Konsumenten weiter zu den billigeren und nicht fairen Produkten.

Insgesamt erfreuen sich die vier Kernprodukte des fairen Handels – Kaffee, Bananen, Blumen und Kakao – zunehmend größerer Beliebtheit und machen zusammen 69 Prozent am Gesamtumsatz der fair gehandelten Produkte aus. Im Vergleich mit nicht fair gehandelten Waren ist der Absatz aber immer noch verschwindend gering. So macht fair gehandelter Kaffee mit 2,9 Prozent den größten Teil fair gehandelter Produkte am Gesamtumsatz in Deutschland aus. Danach nimmt ihr Anteil merklich ab; es folgen Schokolade, Blumen und Südfrüchte mit unter 1 Prozent. So ist es nur logisch, dass die Deutschen im Durchschnitt gerade mal 13 Euro im Jahr für faire Produkte ausgeben und das, obwohl sie die Sache an sich gut und wichtig finden. Woran liegt das? Das haben sich vor einigen Jahren auch ein paar Studierende in Marburg gefragt und Marburger Bürgerinnen und Bürger befragt, warum sie keine fairen Produkte einkaufen. Was hindert sie?

Das Ergebnis war eindeutig: „Wir würden ja gerne fair einkaufen, aber wir wissen nicht wo!" So oder ähnlich lauteten die meisten Antworten der Befragten. Das kann man ändern, entschieden die Studierenden und es entstand die Idee (nach dem Vorbild von *Fairlangen.de*), eine Homepage zu erstellen, die alle fair gehandelten Produkte in Marburg listet. Jeder sollte mit ein, zwei Klicks feststellen können, ob und wenn ja, wo es das gewünschte Produkt fair zu kaufen gibt. Es folgte ein Jahr harter Arbeit, in dem alle Produkte von Hand aus den Läden herausgesucht, eine Homepage erstellt und Kooperationen gegründet wurden. Die anfangs noch kleine Studentengruppe wuchs zu einer Gruppe von engagierten Marburger Bürgerinnen und Bürgern aus verschiedenen Kirchen und Gemeinden, die sich für bessere Bezahlung und Lebensbedingungen in den Herkunftsländern einsetzten. Schließlich entstand die Homepage www.marburg-fairbinden.de, die mittlerweile der „Steuerungsgruppe zum Fairen Handel der Stadt Marburg" angeschlossen und so mitten im Leben der Stadt angekommen ist.

Und was kann die Homepage?
Ihre Kernaufgabe ist die Produktsuche. In einem Eingabefeld können die gewünschten Produkte eingegeben werden und danach werden alle Läden (wahlweise auch auf einem Stadtplan) angezeigt, in denen das gewünschte Produkt angeboten wird. Die Palette der fairen Produkte ist groß und geht weit über die üblichen Verdächtigen hinaus. Man kann von fairen Ledertaschen über faire Klamotten bis hin zu fairen Trauringen fast

alles bekommen. Außerdem informiert die Homepage auch zum Beispiel über die verschiedenen fairen Siegel, über aktuelle Veranstaltungen oder gute Bücher zum Thema gerechteres Einkaufen.
Einfach mal vorbeiklicken: *www.marburg-fairbinden.de*

Natalie Schaller

GLIMPSE Clothing

Gekleidet in Gerechtigkeit

Die Idee

Das humanitäre Modelabel GLIMPSE gibt Opfern von Zwangsprostitution eine neue Perspektive und zeigt, dass man mit Mode etwas bewegen kann.

Opfer von Menschenhandel sind für den Rest ihres Lebens gezeichnet. Selbst, wenn den Frauen die Flucht aus den Fängen der Menschenhändler und Zuhälter gelingt, fehlt ihnen jegliche Perspektive. Entfremdung von der Familie, Scham, Labilität, Drogensucht und mangelnde Ausbildung treiben die jungen Frauen nicht selten dazu, das Einzige zu tun, was sie gelernt haben: Sie verkaufen ihren Körper wieder.

GLIMPSE möchte diesen Teufelskreis durchbrechen und Gerechtigkeit und Perspektiven für jene Frauen schaffen, die in ihrem bisherigen Leben so viel Leid und Misshandlung erfahren haben.

Die Umsetzung

Seit Anfang 2013 betreibt GLIMPSE in Zusammenarbeit mit der indischen Organisation Chaiim Foundation eine Nähwerkstatt in Mumbai, Indien. Hier bekommen Frauen, die von der Polizei und Menschenrechtsorganisationen (unter anderem IJM) aus der Zwangsprostitution befreit werden konnten, eine neue Perspektive. Neben einer Ausbildung zur Schneiderin und Arbeitsplätzen, bei denen die individuelle Belastbarkeit berücksichtigt wird, bekommen die Frauen auch Mathematik- und Englischunterricht und können so einen Schulabschluss nachholen. Darüber hinaus werden die Frauen rund um die Uhr von einer Sozialarbeiterin betreut, die ihnen bei alltäglichen Problemen hilft. Das Ziel aller Maßnahmen ist ein selbstbestimmtes und eigenverantwortliches Leben.

Die Organisation der Werkstatt in Mumbai obliegt zum größten Teil der indischen Partnerorganisation. Sie mietet die entsprechenden Räumlichkeiten, kauft Maschinen, stellt das indische Lehrpersonal und die auszubildenden Frauen ein und betreut das laufende Geschehen in der Werkstatt.

GLIMPSE versorgt die indische Nähwerkstatt mit Produktionsaufträgen und zusätzlichen Spenden, um die Deckung der laufenden Kosten zu sichern. Dazu zählen insbesondere die Mietkosten für die Räumlichkeiten, die Gehälter für das Fach- und Lehrpersonal sowie die auszubildenden Frauen.

Darüber hinaus entsendet GLIMPSE regelmäßig deutsche Modeschulabsolventinnen auf ehrenamtlicher Basis für die Dauer von mehreren Monaten nach Indien zur Unterstützung des indischen Fachpersonals.

In dem geschützten und liebevollen Umfeld der Werkstatt sollen die Frauen erfahren, dass Liebe nichts ist, wofür man sich ausziehen muss. Sie sollen vielmehr erleben, dass Liebe einen am besten kleidet, wenn man sie in wertschätzenden Beziehungen erfährt.

Die Produkte dieser Liebe gibt es dann auch zum Anziehen und Kaufen – Nächstenliebe von der Stange sozusagen. In jedes GLIMPSE-Kleidungsstück sind die hoffnungsvollen Geschichten der Produzentinnen durch einen „Imprint" verwoben. So findet sich in jedem GLIMPSE Kleidungsstück ein individueller Blumen-Stempel der Frauen, die an dem Kleidungsstück mitgewirkt haben. Auf der Homepage von GLIMPSE kann der Käufer dann die Blumen-Symbole wiederfinden und mehr über seine Produzentinnen und ihre Lebensgeschichten erfahren. Damit vermitteln wir den Käufern einen wichtigen Blick hinter die Kulissen unserer Arbeit – und zollen den Produzentinnen zugleich eine große Wertschätzung.

Bei der Auswahl der Stoffe und Arbeitsmaterialien geht GLIMPSE sehr sorgfältig vor: Wir arbeiten ausschließlich mit zertifizierten Firmen zusammen, sodass jedes Kleidungsstück aus fair und ökologisch produzierten Materialien hergestellt wird. Fast alle GLIMPSE Produkte bestehen daher zu 100 Prozent aus Biobaumwolle.

„Gargi" – eine Geschichte, die hoffen lässt

Was für unvorstellbar grausame Erfahrungen die Frauen durchmachten, die für die GLIMPSE-Nähwerkstatt arbeiten, zeigt das Beispiel von Gargi (Name zum Schutz der Frau geändert):

Im Alter von acht Jahren wurde Gargi zum ersten Mal sexuell missbraucht. Zuerst von ihrem Cousin, später dann auch von ihrem Stiefvater. Als sie die Misshandlungen nicht mehr länger aushielt, lief sie von zu Hause weg. Sie suchte Zuflucht in einem Bahnhofsgebäude, wo eine Gruppe von Männern das Mädchen zuerst vergewaltigte und dann entführte und einsperrte. Nachdem Gargi den Männern mehrere Jahre als Sexsklavin gedient hatte, wurde sie schließlich im Alter von 14 Jahren im Rahmen einer Polizeirazzia befreit. Man fand sie angekettet wie einen Hund, krank und schwach. Die Rettung kam gerade noch rechtzeitig.

Nach ihrer Rettung wurde Gargi in eine staatliche Nachsorgeeinrichtung gebracht. Von dort vermittelte sie ein Sozialarbeiter an die Chaiim Foundation. Seitdem hat sich viel im Leben von Gargi verändert. Sie absolviert mittlerweile das dritte Jahr ihrer Schneiderausbildung in der Werkstatt in Mumbai. Ein ganz normaler Arbeitstag beginnt für die junge Frau um neun Uhr morgens. Nach einem Frühstück, das liebevoll von der Köchin Hema zubereitet wird, starten Gargi und die anderen Frauen frisch gestärkt in den Tag. Bis zum Mittagessen wird an der aktuellen GLIMPSE-Kollektion gearbeitet. Gargi ist schon eine gute Arbeiterin. Andere Frauen, die erst seit Kurzem dabei sind, bekommen zwischendurch immer wieder besondere Anleitung und lernen so Tag für Tag mehr über das Handwerk. Die Zeit vergeht schnell. Durchgehend wird zugeschnitten, genäht und kontrolliert. Nach dem Mittagessen kommt eine Lehrerin und Gargi und die anderen Frauen gehen gestaffelt zum Unterricht. Jede Auszubildende lernt in persönlicher Betreuung Englisch und Mathematik. Dank dieser intensiven persönlichen Betreuung kann Gargi bald ihren Schulabschluss nachholen.

Auch eine Sozialarbeiterin kommt jeden Tag in die Werkstatt und führt Einzel- und Gruppengespräche. Dies stärkt nicht nur jede einzelne Frau, sondern auch das Team. Gegen fünf Uhr nachmittags wird aufgeräumt und zusammengepackt und Gargi macht sich gemeinsam mit den anderen Frauen auf den Heimweg. Zu Hause ist sie derzeit in einer betreuten Wohngemeinschaft, die ebenfalls von der Chaiim Foundation zur Verfügung gestellt wird.

Gargi kann heute wieder lächeln und zeigt, dass die großen Investitionen, die die Chaiim Foundation zusammen mit GLIMPSE ermöglicht hat, nicht umsonst waren. Gargi wird fair bezahlt und kann sogar etwas Geld für ihre Zukunft sparen. Sie hat gelernt zu vertrauen und zu glauben. Ihr Leben hat eine Perspektive. Gargi ist Gerechtigkeit widerfahren. Sie konnte ihre Vergangenheit überwinden und wünscht sich mittlerweile sogar, zu heiraten und eine eigene Familie zu gründen.

Die GLIMPSE-Story: Vom Konzept zur Realität
Dass aus dem Konzept von GLIMPSE Realität wurde, ist für die drei Gründer, Teresa Göppel-Ramsurn (Modedesignerin),

Nathalie Schaller (Juristin) und Simon Schaller (Mediendesigner) keine Selbstverständlichkeit, sondern ein verrücktes Zusammenfallen vieler Puzzleteile. Man könnte es auch Fügung nennen. Alles begann, als Nathalie Schaller und Teresa Göppel-Ramsurn in den Jahren 2008 und 2009 einen sozialen Einsatz mit der Organisation Youth with a Mission (YWAM) unternahmen, ohne einander zu kennen. Für Nathalie Schaller ging es nach Kambodscha, für Teresa Göppel-Ramsurn nach Thailand. Beide kamen während dieser Auslandserfahrung erstmalig mit dem Thema Zwangsprostitution in Berührung, erkannten die Hilflosigkeit und Perspektivlosigkeit der geretteten Frauen und nahmen sich vor, diese Ungerechtigkeit nicht so stehen zu lassen.

Von diesen Erfahrungen nachhaltig geprägt, begannen Nathalie Schaller und ihr Mann Simon Schaller in ihrer Heimatstadt Stuttgart sowie Teresa Göppel-Ramsurn in ihrer Wahlheimat München unabhängig voneinander mit der Ausarbeitung eines Konzepts zur Ausbildung, Beschäftigung und Reintegration von ehemaligen Zwangsprostituierten mithilfe von Mode. Zwei Jahre lang wurden Ideen gesponnen, ohne dass an einem der beiden Standorte nennenswerte Fortschritte auf dem Weg der Umsetzung erzielt werden konnten. Den Schallers fehlte zur Gründung eines Modelabels eine Modedesignerin. Modedesignerin Teresa Göppel-Ramsurn hingegen fehlte es an Leuten, die die Idee organisatorisch und nach außen sichtbar umsetzten. Bei einer Reise nach Australien lernte Nathalie Schaller schließlich eine Freundin von Teresa Göppel-Ramsurn kennen. Sie machte die beiden jungen Frauen miteinander bekannt. Das GLIMPSE-Team war geboren und das Konzept zur gemeinnützigen Unternehmensgründung schnell aufeinander abgestimmt. Aber wo und wie anfangen?

Mit dieser Frage traten die drei Gründer im Jahr 2012 an International Justice Mission (IJM) heran. Schließlich folgte eine Einladung des IJM-Büros in Mumbai, der die Gründer gerne nachkamen. Im Rahmen eines zweiwöchigen Besuchs in Indien lernten sie einige Nachsorgepartner von IJM kennen. Am letzten Tag ihres Aufenthalts in der indischen Metropole trafen sie Keith und Ramona Dsouza, die Gründer der Chaiim Foundation und jetzigen Leiter der sozialen Nähwerkstatt. Ausschlaggebend für die künftige Partnerschaft waren einschlägige Erfahrungen von Ramona Dsouza, die bereits ein paar Jahre zuvor für eine kurze Zeit eine soziale Nähwerkstatt einer indischen gemeinnützigen Organisation geleitet hatte.

Nachdem sowohl auf deutscher als auch auf indischer Seite die personellen Voraussetzungen vorlagen, dauerte es nur wenige Monate, bis die Werkstatt ihre Türen öffnete und die ersten zehn Frauen aufnahm. Nach einer gründlichen Einlernphase wagte man sich an die erste kleine GLIMPSE-Kollektion. Seitdem ist viel passiert. Sowohl das deutsche als auch das indische Team sind gewachsen, Strukturen haben sich gefestigt und GLIMPSE macht mit seiner Mission „love sells" die Runde. Doch die wichtigste Konstante steht nach wie vor im Mittelpunkt: die einzelne Frau, ihre Bedürfnisse und ihre individuelle Belastbarkeit. Denn alle Mitarbeiter bei GLIMPSE und der indischen Partnerorganisation vereint die feste Überzeugung, dass *Gott die Wunden der Frauen heilen kann und er sie mit seiner Gerechtigkeit kleiden wird.*
www.glimpse-clothing.com

Guy Rodriguez und Daniel Rentschler

Arme helfen Armen

Gott baut sein Reich in einem Slum in Indien

März 2014. Der Anflug auf die Millionenmetropole Mumbai hat begonnen. Als Teil des Teams von IJM Deutschland, das unser Büro vor Ort besucht, rechne ich damit, schreckliche Geschichten zu hören: Geschichten von Zwangsprostituierten, von Kindern, denen Entsetzliches angetan wurde, bis ihnen Gott-sei-Dank Hilfe widerfahren ist.
Auf diese Art von Geschichten habe ich mich innerlich vorbereitet. Und als ich sie höre, mit betroffenen Frauen spreche, ihre leeren traumatisierten Blicke sehe, berührt mich das zutiefst. Wenn ich aber heute, ein Jahr später, zurückschaue und überlege, welche Begegnung mich persönlich am meisten beeindruckt und geprägt hat, dann war es eine andere. Und zwar die mit Pastor Guy Rodriguez und seiner Frau Vani.
Selten zuvor habe ich in Menschen so viel Liebe und Hingabe gesehen wie in diesen beiden Menschen. Obwohl sie selbst so gut wie nichts besitzen, empfingen sie meine Kollegen und mich aufs Herzlichste in ihrer Einzimmerwohnung, in der sie mit ihrem Sohn am Rand eines Slums in Navi Mumbai, einer Satellitenstadt mit über einer Million Einwohnern von Mumbai, leben. Nachdem wir mehrere intensive Stunden miteinander verbracht haben und sie mich durch die dreckigen Gassen und Straßen ihrer Heimat geführt hatten, wurde mir klar: Von diesen beiden kannst du noch sehr viel lernen. Ich mag vielleicht eine bessere Ausbildung genossen haben als Pastor Guy

und Vani, aber in ihrer Art, Jesus nachzufolgen, sind sie mir meilenweit voraus.

Am nächsten Tag lernte ich ihre Gemeinde kennen. Gegen 10 Uhr kamen Hunderte bettelarmer Menschen zusammen – in schönen farbigen Kleidern. Ihren Sonntagskleidern. Die meisten von ihnen besitzen genau zwei Kleidungsstücke: Eines für die Woche – und eines für die Sonntage. Sie feierten Gott im wahrsten Sinn des Wortes. Der Gottesdienst dauerte zweieinhalb Stunden – es war Freude pur. Mir schien, als wäre ihnen diese Zeit besonders kostbar, in der sie frei und unbeschwert sein können, in der sie sich wertvoll und angenommen wissen. Diese Menschen zu sehen, wie sie mit echter Freude und Dankbarkeit einige Rupien in die Kollekte gaben, berührte mich zutiefst – ich hatte den Eindruck: Genau so hat sich Gott Gemeinde gedacht.

Für dieses Buch bat ich Pastor Guy, selbst etwas über sich und seine Gemeinde zu schreiben, das ich anschließend übersetzt habe. Er ist eine wichtige Stimme im Chor dieses Buches – und malt ein Bild, wie Gemeinde inmitten von Elend und Unrecht Salz und Licht sein kann.

Salz und Licht in Navi Mumbai

Mein Name ist Pastor Guy Rodriguez. Ich stamme aus einer kleinen Stadt aus dem Bundesstaat Chhattisgarh in Zentralindien. 1993 kam ich nach Mumbai, um dort eine Ausbildung zu machen. Doch Gott hatte andere Pläne für mich. Am 7. November 1993 ließ ich mich taufen und begann Jesus von ganzem Herzen zu lieben und ihm nachzufolgen. Vier Jahre später stellte mir mein Pastor meine zukünftige Ehefrau Vani vor. Sie ist ein Geschenk Gottes. 2008 wurde ich zum Pastor ordiniert und begann meinen Dienst in einer Gemeinde in dem Slum Navi in Mumbai.

Meine Frau und ich lebten in einer kleinen Wohnung, die viel zu weit weg war von den Menschen, zu denen Gott uns berufen hatte.

*Wir begannen zu beten: „Gott, gib uns eine Wohnung in der Nähe des Bahnhofs, sodass die Menschen leicht zu uns kommen können."
2009 fanden wir eine ideal gelegene Einzimmerwohnung. Allerdings konnten wir das Geld für die Kaution nicht aufbringen. Wir baten den Vermieter um Geduld und beteten um Führung. Schweren Herzens entschieden Vani und ich dann gemeinsam, unsere Eheringe zu verkaufen, um die Kaution zu bezahlen. Der Schritt fiel uns schwer. Die Ringe hatten eine tiefe symbolische Bedeutung für uns und waren zudem unser einziger Besitz von gewissem Wert. Sie dienten uns wie vielen anderen Paaren in Indien als eine Art Lebensversicherung. Dass meine Frau im achten Monat schwanger war, als wir die Ringe verkauften, machte uns die Entscheidung nicht leichter. Aber wir waren uns sicher, Gottes Willen zu tun. Das tröstete uns in der Situation. Das Geld für die Ringe reichte nicht ganz für die Kaution aus. Aber wir durften trotzdem einziehen und unsere Arbeit beginnen.*

Die Menschen, mit denen wir arbeiten, sind Tagelöhner, ehemalige Prostituierte und Riksha-Fahrer. Gott zeigte mir, dass gerade die Randgruppen der Gesellschaft, um die sich sonst niemand kümmert, einen Hirten brauchen. Er erinnerte mich an die Geschichte Naamans in 2. Könige Kapitel 5: Wenn ein Sklavenmädchen zum Segen für ihren Herrn Naaman werden konnte, dann ist es meine Aufgabe, diese armen Menschen zu lieben und ihnen zu dienen.

Gott tut sein Werk
Wir begannen in dem Slum zu evangelisieren – und Gott brachte viele der Bewohner in unsere neue Gemeinde, Agape Disciple Fellowship. Dabei waren Müllsortierer, Bettler, Tagelöhner, Hausmädchen, Wachleute oder junge Frauen, die von einem Zug zum Nächsten sprangen, um Essen oder selbst hergestellten Schmuck zu verkaufen. Viele dieser Menschen hatten Probleme mit Alkohol- und Drogenmissbrauch. Ihre Lebensumstände waren und sind oft erbärmlich.

Die Viertel, in denen wir arbeiten, sind nicht wirklich organisiert. Die Menschen leben unter Plastikplanen oder in Wellblechhütten; sie leiden unter Mangelernährung, und sauberes Trinkwasser ist ebenso Mangelware wie verlässliche Elektrizität. Viele von ihnen sind schwer krank. Ein großes Problem in diesem Slum ist der sexuelle Missbrauch, der häufig in den Familien geschieht. Auch sehen viele Frauen ihre einzige Verdienstmöglichkeit in der Prostitution – das hat Geschlechtskrankheiten, Hinterhofabtreibungen usw. zur Folge.

Als meine Frau und ich sahen, wie viele dieser Menschen in unsere Gemeinde kamen, dankten wir Gott – und wir hörten auf, uns um unsere Eheringe Gedanken zu machen. Es gab Wichtigeres zu tun. Wir wurden Zeugen, wie Gott die Menschen segnete, er heilte viele und befreite die Besessenen. Im Laufe der Jahre veränderten sich unglaublich viele Leben zum Positiven. Die Menschen sind jetzt unsere Familie.

Mithilfe einer Nicht-Regierungs-Organisation führten wir in unserem Haus einen ersten HIV/AIDS-Testtag durch. 183 Menschen ließen sich untersuchen, drei wurden positiv getestet. Wir dienen ihnen so gut wir können und sie sind inzwischen Teil unserer Gemeinde. Mittlerweile sind regelmäßige HIV-Testtage zu einem festen Arbeitszweig unserer Gemeinde geworden.

2010 sollte ich auf einer Gerechtigkeits-Konferenz den Lobpreis leiten und auch noch einen der Referenten, Mervyn D'Mello, übersetzen. Mervyn, der für die International Justice Mission in Mumbai arbeitet, sprach über das unsägliche Leiden der Mädchen und Frauen, die zur Prostitution gezwungen werden. Außerdem betonte er, wie die Kirche eine große Rolle dabei übernehmen könnte, sie zu befreien. Das war das erste Mal, dass ich mit dem Thema Zwangsprostitution in Berührung kam. Sofort meldete ich mich als ehrenamtlicher Helfer, um Polizisten bei Razzien zu begleiten, um anschließend vor Gericht als Zeuge aussagen zu können.

Wie Geringe den Geringsten dienen
Die erste Razzia, die ich miterlebte, war ein Schock: In dem Bordell lebten Mädchen, die seit sieben Jahren kein Tageslicht gesehen hatten. Sie waren halbnackt und unterernährt. Der kleine Raum stank nach Urin und Sperma. Um uns einzuschüchtern, urinierte die Besitzerin des Bordells vor uns auf den Fußboden. Wäre ich durch die Sozialarbeiter von IJM nicht auf solch eine Szene vorbereitet gewesen, hätte mich das vermutlich zutiefst verstört. Doch so wurde in mir der Wunsch immer stärker, dass unsere Gemeinde einen Beitrag im Kampf für Gerechtigkeit leistet. Ich erzählte der Gemeinde von meinen Erlebnissen – und die gesamte Gemeinde stimmte zu, diesen jungen Frauen zu dienen. Sei es als Zeugen bei Razzien oder durch andere praktische Hilfe. Wir wollten den Mädchen zum Beispiel neue Kleider geben. Doch weil wir eine sehr arme Gemeinde sind, und jeder von uns selbst nur ein bis zwei Kleidungsstücke hat, fragten wir bei der von Mutter Teresa gegründeten Mission of Charita an, ob man uns nicht alte Kleider geben könnte. Aus den abgetragenen Stücken suchten wir die besten heraus, reinigten und bügelten sie und verpackten sie als Geschenk.

Außerdem durften wir in einer Nachsorgeeinrichtung, in der die ehemaligen Prostituierten aufgefangen werden, ein Weihnachtsfest veranstalten. Wir wollten den Frauen gern kleine Geschenke geben, hatten aber kein Geld, welche zu kaufen, und baten Gott um ein Wunder. Eine Frau, die erst kurz zuvor zu unserer Gemeinde dazugestoßen war, arbeitete als Müllsammlerin. Frühmorgens durchsuchte sie die Mülltonnen reicher Menschen, um darin Plastik oder anderes verwertbares Material zu finden, das sie für ein paar Rupien verkaufen konnte. Sie führte ein hartes und einsames Leben. Sie hatte keine Familie – und außer der Gemeinde auch keine anderen freundschaftlichen Beziehungen. Der Kampf ums Überleben beanspruchte all ihre Ressourcen. Eines Morgens fand sie in einer Mülltonne eine Geldbörse mit 4000 Rupien. Sie kam auf direktem Wege zu uns nach Hause, weckte uns um sechs Uhr früh und gab uns das Geld. Sie wollte, dass von *diesem Geld Geschenke für die befreiten Zwangsprostituierten gekauft werden.*

Kurz nach der Weihnachtsfeier kam sie nicht mehr zum Gottesdienst. Was wir dann erfuhren, machte uns sehr traurig: Beim Überqueren der Bahnlinie mit einem großen Müllsack auf dem Rücken war sie von einem Zug erfasst und getötet worden. Wir legten als Gemeinde zusammen, was wir aufbringen konnten, und kauften einen Sarg, um sie zu beerdigen. Dieser Liebesdienst blieb der Polizeibehörde nicht verborgen, die mit ihrem Tod zu tun hatte – und öffnete uns viele Türen, weitere HIV-Programme zu starten, um den Ärmsten der Armen zu dienen.

Am Tag nach dem Lichterfest (Divali) in Mumbai spendete ein Süßwarengeschäft unserer Gemeinde 50 Kilogramm frisch gemachte Süßigkeiten. Sie deponierten sie in unserem kleinen Gebetsraum. Als die Gemeindeglieder zum Gebetsabend kamen, erzählte ich ihnen von diesem Wunder und fragte sie, was wir mit all diesen Köstlichkeiten tun sollten. Alle waren sich schnell einig. Natürlich waren sie selbst arm und keiner konnte sich solche Süßigkeiten leisten. Aber sie hatten die Hoffnung, eines Tages selbst solche Köstlichkeiten kaufen und essen zu können. Die Frauen, die IJM aus der Zwangsprostitution gerettet hatte, hatten keinerlei Hoffnung. Sie würden vielleicht niemals in so einen Genuss kommen. „Gib sie weiter", sagten sie. Und so machten wir es. Wir mieteten ein Auto, um die Süßigkeiten zu transportieren, und übergaben die Spende IJM.

Es gäbe noch viele solcher Geschichten zu erzählen, an denen deutlich wird, wie Gott in und durch unsere Gemeinde handelt – und ich bin unendlich dankbar für meine Schwestern und Brüder, die trotz ihrer Armut überaus großzügig sind.

Warum die Schwachen Stärke zeigen

Wenn ich die Lebensumstände meiner Gemeindeglieder betrachte, frage ich mich oft, warum sich ausgerechnet diese extrem armen Menschen, die selbst kaum genug zum Überleben haben, so selbstlos für die Allerärmsten einsetzen. Als ich diese Frage meinem Freund Mervyn D'Mello stellte, hatte er eine einfache Antwort: „Gerade weil sie persönlich Unrecht erlitten und Leid erlebt haben, reagieren sie sensibel auf das Leiden anderer – sie lieben sie und dienen ihnen selbstlos."

Das beschreibt die Wirklichkeit in unserer Gemeinde. Wir sind überzeugt davon, dass Kirche nicht nur innerhalb der Kirchenmauern stattfindet (wir haben noch nicht mal ein eigenes Gebäude – wir treffen uns in einer Schulturnhalle). Kirche muss in den Straßen und Gassen stattfinden. In der Gesellschaft. In der Stadt. Als Nachfolger von Jesus wollen wir ihm nachgehen. Und Jesus ging umher, tat Gutes und predigte die gute Nachricht.

Noch eine Randnotiz: Gott ist treu. Er gab uns unsere Eheringe wieder. Die Ringe, die wir verkauft hatten, waren so billig, dass ihr Erlös noch nicht einmal für die Kaution unserer Wohnung ausreichte. Die neuen Ringe sind drei- bis viermal so viel wert. Halleluja. Möge Gott die Schwestern und Brüder segnen, die uns diese neuen Ringe geschenkt haben.

Natürlich wollen wir in unserem Leben nicht noch einmal an einen Punkt kommen, an dem wir unsere Ringe versetzen müssen. Aber wir haben uns entschieden, Gold und Geld so zu behandeln, wie Gott sie behandelt. Wir wollen nicht daran hängen. Und wenn es nötig sein sollte, wollen wir bereit sein, auch dieses Opfer erneut zu bringen. Wir haben Gottes Treue erlebt – er hat uns vierfach zurückgegeben. Er wird uns auch in Zukunft nicht enttäuschen.

Katja Hofmeister

„Wissen und tun, was gut ist"

Die Micha-Initiative in Deutschland

„… weltweit rasant gestiegene Nahrungsmittelpreise … der Menschenhandel blüht … Erdbeben in Nepal … Einsturz einer Textilfabrik in Bangladesch … 800.000 Geflüchtete in diesem Jahr …"

In diese Situationen hinein erreichen uns die Worte des Propheten Micha: *„Es ist dir gesagt worden, Mensch, was gut ist und was der Herr von dir erwartet: Nichts anderes als dies: Recht tun, Güte und Treue lieben, in Ehrfurcht den Weg gehen mit deinem Gott"* (Mi 6,8). Das ist ein klarer Auftrag, den Gott nicht einer kleinen zugeteilten Gruppe gibt, die sich besonders gut mit Gerechtigkeit und Armut auskennt. Sondern er richtet diese Worte an die gesamte Christenheit, an uns als Bürger dieser Welt, inmitten der Herausforderungen und Überwältigungen unserer Zeit. *„Es ist dir gesagt, Mensch …"* impliziert, dass wir bereits wissen, was gut ist. Doch wie können wir es umsetzen? Dazu sensibilisiert die Micha-Initiative und setzt sich dafür ein, dass Christen diesen Auftrag verstehen und umsetzen: in Gemeinden und als Bürger in Deutschland.

Seit 2006 gibt es die Micha-Initiative in Deutschland. Micha steckt inmitten einiger Neuerungen und die Organisation entwickelt sich weiter. Im Mittelpunkt der Arbeit stehen jedoch nach wie vor zwei große Ziele:

1. Christen für Gerechtigkeit begeistern
2. Gemeinsam die Nachhaltigkeitsziele (Sustainable Development Goals/SDGs) erreichen

Christen für Gerechtigkeit begeistern
Auf unterschiedlichen Wegen und durch Material für Engagierte und Interessierte versuchen wir, Christen für Gerechtigkeit zu begeistern. Eine wichtige Basis bilden dabei Lokalgruppen. Sie nehmen Menschen mit hinein in die Frage, wo sie konkret anfangen können, wenn sie sich im Alltag für Gerechtigkeit auf der Welt einsetzen wollen. Sie sind für die Arbeit der Micha-Initiative unersetzlich. In mittlerweile 17 Städten (Stand Oktober 2015) gibt es gemeindeübergreifende Lokalgruppen. Dort treffen sich Menschen, die sich gemeinsam thematisch mit Gerechtigkeitsthemen auseinandersetzen, beten, Aktionen planen und Bundestagsabgeordnete im Wahlkreis besuchen. Für die Basis-Engagierten und Lokalgruppen finden einmal im Jahr Schulungs- und Vernetzungstreffen statt, bei denen ein bestimmtes Thema aus politischer und theologischer Perspektive beleuchtet wird. Darüber hinaus gibt es Workshops und Seminare zu verschiedenen Themen und viel Austausch.

Das hauptamtliche Team der Micha-Initiative hört bei den Treffen gerne und genau hin, welche Fragen und Ideen in der Arbeit vor Ort in den Gruppen und Gemeinden bewegt werden. Lokalgruppen halten als Multiplikatoren die Themen in ihren Gemeinden wach und bringen sie vor Ort voran. Die Kraft einer Gemeinschaft bewegt Menschen, sich so einzubringen. Dazu Ruth aus der Heidelberger Lokalgruppe: *„Am wichtigsten in dem Ganzen sind für mich die Gemeinschaft und der Austausch mit anderen, gerade bei Micha, aber auch weit darüber hinaus. Denn jede Antwort wirft neue Fragen und Herausforderungen auf. Alleine wäre ich überfordert, aber gemeinsam lässt es sich gut auf dem Weg sein zu mehr Gerechtigkeit weltweit."*

Die Micha-Initiative möchte auch an den geistlichen Wert von Gerechtigkeit erinnern. Deshalb versuchen die Lokalgruppen gemeinsam mit den Verantwortlichen vor Ort das Thema Gerechtigkeit in der Praxis von Ortsgemeinden fest zu verankern. Zu diesem Zweck wurde der *Just People? Kurs* entwickelt, der sich in sechs Einheiten dem Thema „Gebrauchsanweisung für eine gerechtere Welt" nähert. Gemeinden, Hauskreise und Jugendgruppen arbeiten mit dem Material. Oft war der Kurs die Initialzündung für eine Lokalgruppen-Gründung.

Ein weiteres Projekt ist die CD *Die Stimme erheben – Lieder für Gott, Gemeinde und eine gerechte Welt*. Die 17 Lieder von verschiedenen internationalen Künstlern bringen gute Lobpreismusik und das Engagement für eine gerechtere Welt zusammen. 2013 brachte Micha die *Gerechtigkeitsbibel* heraus. Um darauf aufmerksam zu machen, dass die Bibel *das* Buch zum Thema Gerechtigkeit schlechthin ist, sind in dieser Ausgabe über 3150 Stellen orange hervorgehoben. Es sind sämtliche Stellen, die sich mit Gottes Vorstellung von Gerechtigkeit befassen. Im Januar 2014 wurde sie allen Bundestagsabgeordneten überreicht. Wir setzten ein Zeichen in der Politik, das Politiker dazu auffordert, sich für Gerechtigkeit einzusetzen und sie daran erinnert, dass die Bibel dafür eine entscheidende Grundlage ist.

Gemeinsam die Nachhaltigkeitsziele erreichen
Die Nachhaltigkeitsziele (Sustainable Development Goals/ SDGs) umfassen 17 Ziele, die im September 2015 von 196 Staaten beschlossen wurden. Das Hauptanliegen besteht darin, die Armut weltweit abzuschaffen und allen Menschen ein Leben in Würde zu ermöglichen. Bislang einmalig ist die Tatsache, dass die gesteckten Ziele sowohl auf internationaler wie nationaler Ebene umgesetzt werden müssen. Auch für die Arbeit der Micha-Initiative bilden diese Ziele den größeren Rahmen. Die Micha-Initiative behält sie im Blick und fördert aktiv Prozesse,

die klären, was diese Ziele praktisch für Deutschland und die deutsche Entwicklungspolitik bedeuten. Einige Entwicklungen sind zu diesem Zeitpunkt noch nicht absehbar, aber die Ziele brauchen eine politische und theologische Positionierung. Dazu arbeitet die Micha-Initiative auf verschiedenen Ebenen und sucht den Dialog mit Politikern. Der prägende Bibelvers für diese Advocay-Arbeit ist Sprüche 31,8-9: „*Öffne deinen Mund für die Stummen, für das Recht aller Schwachen. Öffne deinen Mund, richte gerecht, verschaff dem Bedürftigen und Armen Recht!*" Advocacy-Arbeit will die Stimmen derer hörbar machen, die sonst nicht hörbar wären.

Das Büro der Micha-Initiative befindet sich seit 2015 in Berlin – an dem Ort, an dem in Deutschland die großen Leitlinien der Politik bedacht und umgesetzt werden. Fraktionsübergreifende Kontakte und verschiedene Netzwerke beeinflussen, was politisch bewegt wird. Politischer Einsatz bedeutet aber auch, dass Engagierte an der Basis ermutigt werden, sich politisch zu engagieren. Die Micha-Initiative ruft dazu auf, entwicklungspolitische Petitionen zu unterschreiben und mit lokalen Bundestagsabgeordneten über Armuts- und Gerechtigkeitsthemen ins Gespräch zu kommen. In den letzten Jahren haben viele Engagierte Gespräche geführt und maßgeblich zu Erfolgen in Kampagnen beigetragen. Dazu Karin aus der Heidelberger Lokalgruppe: *„Ich merke immer wieder, dass sich letztendlich nur dann etwas im ‚großen Stil', also auf gesellschaftlicher Ebene, ändert, wenn auch die Politiker mit ins Boot geholt und mit den entsprechenden Themen konfrontiert werden. Deshalb werde ich auch in Zukunft versuchen, mit Politikern der Region etwa bei Podiumsdiskussionen ins Gespräch zu kommen und ihnen nahezulegen, politische Entscheidungen – auf nationaler wie auf internationaler Ebene – im Sinne einer sozialeren und gerechteren Welt zu treffen und umzusetzen."*

Micha veranstaltet Kampagnen und Aktionswochen mit dem sogenannten Micha-Sonntag, um entwicklungspolitische

Themen gleichermaßen an die Basis wie die Politik heranzutragen. Bei diesen Veranstaltungen verbinden sich die verschiedenen Elemente und Ebenen: Wir stellen politische Forderungen, betreiben politische, aber auch theologische Aufklärung, klären Fragen des Lebensstils, informieren über Möglichkeiten des aktiven Einsatzes und bündeln öffentlichkeitswirksame Aktionen. Themen vergangener Aktionswochen waren unter anderem Hunger sowie der Einsatz für die Entwicklungshilfe. Die Kampagne *fair.liebt.transparent* aus dem Jahr 2012 nahm das Thema Konfliktrohstoffe (wie beispielsweise Coltan in Mobiltelefonen) und die damit verbundene Intransparenz bzw. Steuerflucht in den Blick. Im Zuge dessen setzten sich verschiedene Micha-Initiativen aus Europa für mehr Transparenz im Rohstoffhandel ein und forderten, dass die globalen Länder des Südens befähigt werden, ihre eigenen Ressourcen zur Armutsbekämpfung einzusetzen. Mit Erfolg: Im Sommer 2013 verabschiedete das EU-Parlament eine Transparenz-Richtlinie, die Korruption und Steuerflucht erschwert.

Im Zentrum der Kampagnenarbeit von 2014 und 2015 stehen die Arbeitsbedingungen auf dem globalen Textilmarkt. Anlass dazu gab das Nachdenken über die zentrale Bedeutung menschenwürdiger Arbeit überall auf der Welt. Neben niedrigen Löhnen, die etwa für die meisten Näherinnen und Näher in Asien kaum zum Überleben reichen, herrschen bei Textilien an vielen Stellen in der Produktionskette problematische Arbeitsbedingungen vor. So sind zum Beispiel die gesundheitlichen und ökologischen Folgen des Baumwollanbaus gravierend. Bei keinem anderen landwirtschaftlichen Produkt werden so viele Chemikalien eingesetzt wie bei Baumwolle. Nach Schätzungen der Weltgesundheitsorganisation sterben jährlich mehr als 20.000 Menschen an Pestizidvergiftungen infolge des Baumwollanbaus. Viele Näherinnen und Näher in Bangladesch haben Jobs mit mehr als 90-Stunden-Wochen. Zudem sind viele Fabrikgebäude baulich nur mangelhaft gesichert. Davon nahm die Öffentlichkeit erstmals Notiz, als am 24. April 2013 das Fabrikgebäude „Rana Plaza" in Bangladesch einstürzte und 1.130 Menschen starben.

Es war der Druck aus Zivilgesellschaft und Politik, der hier Veränderungen angestoßen hat. Politisch wurden entscheidende Weichen gestellt: Mit der Gründung des Textilbündnisses im April 2015 durch den aktuellen Entwicklungsminister Gerd Müller, an dem sich Wirtschaftsverbände, Politik und zivilgesellschaftliche Kampagnen beteiligen, wurde eine Route hin zu ökologischer, sozialer und transparenter Glaubwürdigkeit geschaffen. Das Bündnis braucht aber weiterhin Druck und Beteiligung aus der Zivilgesellschaft, um die gewünschte Wirkung zu entfalten. Dafür setzt sich die Micha-Initiative ein.

Welche Rolle spiele ich?
„Und wo fang' ich jetzt an?" Diese Frage stellen viele Menschen, die sich für mehr Gerechtigkeit in der Welt einsetzen wollen. Deshalb hat die Micha-Lokalgruppe diese Frage auch in einem Kurzfilm thematisiert. Der Film schildert, wie sich Menschen aufrütteln lassen, in Bewegung setzen und anderen anschließen, um an einer konkreten Stelle anzufangen, sei es beim Einkauf von fairen Lebensmitteln und regionaler Ware oder beim Kontakte-Knüpfen mit ortsansässigen Politikern. Der Film zeigt, wie Menschen sich mitnehmen lassen auf dem Weg zu mehr Gerechtigkeit, und sagt: „Ich fange hier an. Und du?"

„Wissen und tun, was gut ist". So steht es über diesem Artikel. Jeder, der dieses Buch in der Hand hält, hat bereits einen Anfang gemacht. Die Micha-Initiative macht weiter Mut, sich den vermeintlich großen Themen der Gerechtigkeit zu stellen und sich persönlich, in Gemeinden und durch die Mitarbeit in einer Lokalgruppe sowie auf politischer Ebene für Gerechtigkeit einzusetzen. Fragen Sie sich: „Wo mache ich weiter?"

Der Film der Heidelberger Lokalgruppe in Ton und Farbe: *www.youtube.de*, Suchbegriff „Micha Initiative Heidelberg"
Informationen zu Micha Deutschland: *www.micha-initiative.de* und *www.facebook.com/michainitiative*

Nachwort der Herausgeber

Wir können handeln

Unsere Stimmen machen den Unterschied
Wie Sie sich gegen Unrecht einsetzen können

Es ist beinahe unmöglich, seine Augen und Ohren vor dem Leid der Welt zu verschließen. Im digitalen Zeitalter können auch weit entfernte Katastrophen und Krisen in den Medien nahezu live verfolgt werden. Eine Schreckensmeldung jagt die nächste. Menschen tun anderen Menschen Unsagbares an und verletzen ihre Würde und ihr Recht auf ein selbstbestimmtes Leben. Schwere Menschenrechtsverletzungen wie Verfolgung, Sklaverei, Folter, sexuelle Gewalt und Menschenhandel sind Beispiele, die wir in diesem Buch kennengelernt haben. Unser Alltag in Deutschland unterscheidet sich gravierend von dem der Millionen Menschen, die in anderen Teilen der Welt unterdrückt und ausgebeutet werden.

Das Wissen darum, dass Menschen unter Unrecht leiden, stellt jeden Einzelnen vor die Frage, wie er damit umgeht: Ohnmachtsgefühle? Trauer? Wut? Der Wunsch, zu helfen? Dass Unrecht starke Gefühle in uns auslöst, ist mehr als angemessen – egal, ob dieses Unrecht uns selbst widerfährt, einem unserer Nachbarn oder einem Menschen, den wir gar nicht persönlich kennen. Wenn stärkere Menschen schwächere und schutzbedürftige Menschen verletzen, misshandeln und berauben, lässt uns das nicht kalt. Es widerspricht unserem Sinn für Gerechtigkeit und Menschlichkeit.

Im zweiten Kapitel des zweiten Buchs Mose im Alten Testament wird berichtet, wie Moses selbst darunter leidet, dass sein Volk versklavt wurde. Als er sieht, wie ein Aufseher einen seiner Landsleute schlägt, verliert Mose vor Wut über dieses Unrecht die Beherrschung. Er sieht nicht nur die Schläge, sondern auch die tiefe Verachtung des Aufsehers für den erschöpften Arbeiter. Er sieht, wie der Aufseher seine Macht missbraucht und nicht nur Gnade verweigert, sondern unverdiente Härte zeigt. Es ist unmöglich für Mose, unbeteiligt zu bleiben oder sich mit dem vagen Gedanken zu trösten, dass irgendwann bestimmt wieder bessere Zeiten kommen. Moses Reaktion ist extrem. Er sucht Gerechtigkeit, indem er den Aufseher kurzerhand tötet.

Unrecht kann uns an unsere Grenzen bringen: „Das halte ich nicht mehr aus!" Moses Entsetzen und Mitleid sind angemessen, aber sie rechtfertigen seine Tat nicht.

Gott leidet mit – und er hat einen Plan

Ein Kapitel später zeigt sich Gott Mose in einem brennenden Dornbusch. Gott ist die Not seines Volkes nicht egal: Keine Sekunde, in der sie litten, ging ungesehen an ihm vorbei. An vielen Stellen in der Bibel zeigt sich, wie entschlossen und auch emotional Gott auf Unrecht reagiert. Deshalb ist es nicht nur angemessen, dass Unrecht uns emotional trifft, es ist göttlich. Sein Herz leidet, wenn seine Geschöpfe einander Gewalt antun. Keines seiner Geschöpfe leidet, ohne dass auch der Schöpfer leidet.

Wir brauchen Christen, die ebenso mitleiden und entsetzt sind, wenn Gottes Geschöpfe mit Füßen getreten werden. Christen, die nicht weg-, sondern hinsehen. Christen, die wissen, dass sie aus eigener Kraft dem Unrecht nicht entgegentreten können, und trotzdem weiterbeten: „Herr, was kann ich tun?" Wir werden erleben, was passiert, wenn wir uns für Gottes Anliegen der Gerechtigkeit einsetzen: Gott selbst steht hinter uns und spornt uns an.

Unrecht widerspricht Gottes guter Ordnung für seine Geschöpfe und deshalb stimmt es ihn zornig. Wenn wir in der Bibel über Recht und Unrecht lesen, wird deutlich, dass Gerechtigkeit Gottes großes Anliegen ist – sein Herz schlägt für Gerechtigkeit. Und er wird nicht untätig bleiben. Er kämpft für die Schwachen. Das ist unsere Botschaft der Hoffnung für alle, die Unrecht hilflos ausgeliefert sind.

Gott schickt Mose als Verkünder dieser Verheißung zu seinem leidenden Volk. Er verspricht, dass er, Jahwe, eingreifen wird. Mose braucht und soll nicht länger überlegen, wie er aus eigener Kraft und mit seinen Möglichkeiten gegen das Unrecht kämpfen kann. Gott selbst führt den Kampf an. Er hat Mose berufen, Teil seines großen Plans zu werden und gibt ihm dafür einen konkreten Auftrag.

Jeder ist berufen – wir können etwas tun
Einige von uns sind berufen, unmittelbar an vorderster Front gegen das Unrecht zu kämpfen: die Betroffenen aus der Unterdrückung in die Freiheit zu bringen, sie zu begleiten und ihnen aufzuhelfen, ein neues eigenständiges Leben zu beginnen oder ihnen eine einflussreiche Stimme zu geben vor Gericht, in der Politik oder vor anderen Entscheidungsträgern. Wir anderen sind berufen, von unserem Platz aus zu kämpfen. Gott braucht jeden von uns, um das Unrecht zu beenden. Jeder ist berufen und jede Berufung ist unverzichtbar in Gottes großem Plan.

Wenn Gott uns mit Unrecht konfrontiert, konfrontiert er uns mit Dunkelheit. Nicht um uns in Wut, Trauer oder Ohnmacht stehen zu lassen, sondern um in der Dunkelheit ein Licht der Hoffnung anzuzünden. Diese Hoffnung beruht auf Gottes Verheißung, dass er auf der Seite der Unterdrückten steht und eingreifen wird. Als Christen sind wir Hoffnungsträger.

Wir lesen in diesem Buch von Menschen, die unter Gewalt und Unrecht litten und in ihrem Leid glaubten, dass sie vergessen seien. Millionen Menschen empfinden das in diesem Moment – jetzt – in dieser Sekunde. Viele von ihnen haben bereits aufgehört zu hoffen und zu glauben, dass sie Würde besitzen und dass ihnen eines Tages jemand helfen wird. Sie sind umhüllt von Dunkelheit.

Im Folgenden finden Sie Ideen und Denkanstöße, wie Sie in Deutschland für die Unterdrückten dieser Welt Hoffnungsträgerinnen und Hoffnungsträger sein können.

Beten Sie. Weil Gerechtigkeit Gottes Anliegen ist, werden unsere Gebete für notleidende Menschen bei Gott ein offenes Ohr finden. Wir beten in seinem Willen. Wenn Sie für konkrete Menschen und Anliegen beten möchten, können Sie den monatlichen Gebetsrundbrief von International Justice Mission Deutschland (IJM Deutschland) beziehen. Überall auf der Welt beten Menschen für die Arbeit von IJM. Und wir erleben, dass Gott unsere Gebete erhört. Um in den monatlichen Verteiler aufgenommen zu werden, schreiben Sie eine E-Mail an: *gebetspate@ijm-deutschland.de*

Werden Sie Botschafter. IJM Deutschland bildet mehrmals im Jahr in zweitägigen Schulungen ehrenamtliche Botschafter aus, die die Öffentlichkeit informieren und sich gegen Sklaverei und Menschenhandel engagieren. Mehr Informationen und die Möglichkeit sich anzumelden finden Sie unter: *www.ijmdeutschland.de/werde-botschafter*

Laden Sie einen Referenten ein. Überlegen Sie sich eine Organisation oder Zielgruppe in Ihrer Region, die auf die Themen Gewalt gegen Arme, Menschenhandel und Sklaverei aufmerksam werden soll. Das kann Ihre Kirche oder Gemeinde sein, Ihre Sportgruppe, Ihr Kollegium oder irgendeine andere Gruppe von Menschen. Sie können sich mit anderen zusammentun und eine Benefizveranstaltung organisieren, etwa ein Konzert, eine Gala, ein Essen oder einen Basar, um das Thema ins Bewusstsein zu bringen. Gerne können Sie Mitarbeiter und ehrenamtliche Referenten von IJM für einen Vortrag oder einen kurzen Impuls zu sich einladen. Schreiben Sie dazu einfach an: *referent@ijm-deutschland.de*

Unterschreiben Sie. Es gibt zahlreiche Petitionen, die sich an politische Verantwortungsträger richten und diese bitten, sich vermehrt für die Umsetzung der Menschenrechte einzusetzen. Recherchieren Sie im Internet, welche aktuellen Petitionen zurzeit laufen und unterschreiben Sie diese, wenn Sie das Anliegen unterstützen. IJM Deutschland startet jedes Jahr eine Petition an deutsche Politiker mit einem konkreten Anliegen, mehr gegen Sklaverei und Menschenhandel zu unternehmen. Die aktuellen Petitionen finden Sie unter: *www.ijm-deutschland.de/petition*

Spenden Sie. Es gibt viele Nichtregierungsorganisationen, die sich für Menschenrechte einsetzen und Menschen in Unterdrückung helfen. Auch die Arbeit von IJM finanziert sich ausschließlich über Spenden. Die Ermittlungen und Befreiungen sowie die Nachsorge von Betroffenen von Gewalt sind zeitaufwendig und verlangen Ausdauer und fachliches Können. Damit unsere Ermittler, Anwälte und Sozialarbeiter rund um die Uhr eingreifen und den Betroffenen umfassende Unterstützung garantieren können, sind wir dankbar für jede finanzielle Unterstützung.

Bitten Sie andere für Sie zu spenden. Vielleicht haben Sie einen feierlichen Anlass vor sich, zum Beispiel eine Hochzeit, einen runden Geburtstag oder ein Jubiläum. Wünschen Sie sich statt Geschenken von Ihren Gästen eine Spende.

Informieren Sie sich und andere über Menschen, die Menschenrechtsverletzungen und Unrecht ausgesetzt sind. Lesen Sie weitere Bücher, Berichte und Artikel zum Thema Gewalt gegen Arme. Geben Sie Ihr Wissen weiter und werden Sie dadurch ein Botschafter für Menschen in Unterdrückung. Es gibt zahlreiche Möglichkeiten, sich im Internet zu informieren. Wir empfehlen unter anderem:

Gegen Menschenhandel
www.ijm-deutschland.de
www.menschenhandel.info
www.gemeinsam-gegen-menschenhandel.de
www.solwodi.de
www.heilsarmee.de

Asyl und Migration
www.diakonie-pfalz.de/ich-suche-hilfe/migranten-und-fluechtlinge.html
www.awm-korntal.eu/page/eimi.html
www.kirchenasyl.de
www.migration-audio-archiv.de
www.proasyl.de
www.amin-deutschland.de

Fairer Handel
www.weltladen.de
www.gepa.de
www.glimpse-clothing.com
www.micha-initiative.de

Gerechtigkeit und Chancen weltweit
www.ijm-deutschland.de
www.kindernothilfe.de
www.compassion-de.org
www.ec-indienhilfe.de
www.difaem.de

Literaturverzeichnis

Kapitel 1

Gottes globale Idee vom würdigen Leben. Christliche Hoffnung im Angesicht von Ungerechtigkeit und Globalisierung (Tobias Faix).

Bonhoeffer, Dietrich 1992. Gemeinsames Leben. 21. Auflage. Gütersloher Verlagshaus.

Faix, Tobias; Weißenborn, Thomas; Aschoff, Peter 2009. Zeit-Geist 2 Postmoderne Heimatkunde. Verlag der Francke Buchhandlung.

Kröck, Thomas; Schneider, Gisela 2015. Partnerschaft. Gerechtigkeit. Transformation: Christliche Perspektiven der Entwicklungszusammenarbeit. Verlag der Francke Buchhandlung.

Geisthardt, Günter 2011. Menschenwürde – Menschenrechte – Menschenbild. URL: http://www.efwi.de/fileadmin/template/pdf/gt_mwuerde_mrechte_mbild.pdf, abgelesen am 12. Sep. 2014.

Nussbaum, Martha 1998. Gerechtigkeit oder Das gute Leben. Suhrkamp.

Sen, Amartya 2012. Die Idee der Gerechtigkeit.

Segbers, Franz 1999. Die Hausordnung der Tora. Biblische Impulse für eine theologische Wirtschaftsethik. EDITION EXODUS LUZERN.

Biblische Gerechtigkeit (Daniel Rentschler)

Assmann, Jan 2003. Gerechtigkeit und Monotheismus. In: Hardmeier, C. (Hg.) *Freiheit und Recht*, Gütersloh.

Assmann, Jan 2000. Die Theologisierung der Gerechtigkeit. In:

Gestrich, Christof (Hrsg.), Moral und Weltreligionen, *Beiheft 2000 zur Berliner Theologischen Zeitschrift*, 129-152.

Bedford-Strohm, Heinrich 2010. „Gerechtigkeit erhöht ein Volk..." www.ekd.de/vortraege/2010/100717_bedford_strohm_wittenberg.html (Stand 18.10.2015).

Dietrich, Walter 2002. Der rote Faden im Alten Testament, in: *Theopolitik. Studien zur Theologie und Ethik des Alten Testaments*. Neukirchen-Vluyn, 13-28.

Schottroff, Willy 1999. *Gerechtigkeit lernen*. Chr. Kaiser.

Witte, Markus 2011. Gerechtigkeit als Thema biblischer Theologie, Berlin. http://edoc.hu-berlin.de/humboldt-vl/164/all/PDF/164.pdf

---

Der Mensch braucht mehr als Wasser und Brot. Warum eine ganzheitliche Armutsbekämpfung die Menschenrechte braucht (Dietmar Roller).

Sen, Amartya 2013. *Die Idee der Gerechtigkeit*, dtv.

Nuschler, Franz 2012. *Entwicklungspolitik, Lern- und Arbeitsbuch*, Dietz.

Warren, D. Michael, Slikkerveen, L. Jan & Brokensha, David 1985. *The Cultural Dimension of Development*, Intermediate Technology Publications.

Galamaga, Adam 2014. *Philosophie der Menschenrechte von Martha C. Nussbaum*, Tectum.

Nussbaum, Martha C. 2014. *Politische Emotionen*, Suhrkamp.

Der politische Auftrag der Kirche. Christsein und Politik – was zählt? (Johannes Reimer).

Moltmann, Jürgen 1966. *Theologie der Hoffnung*. , 6. durchges. Aufl., Chr. Kaiser.

Walter, Manfred (Hg.) 2004. *Religion und Politik. Zu Theorie und*

Praxis des theologisch-politischen Komplexes. Nomos.

Reimer, Johannes 2013. *Die Welt umarmen. Theologie gesellschaftsrelevanter Gemeindearbeit.* 2. Aufl. Francke.

Politisches Engagement von Christen. Wie wir uns als Bürger für Gerechtigkeit und Menschenrechte einsetzten können (Frank Heinrich).

Heinrich, Frank & Heimowski, Uwe 2013. *Mission Verantwortung – Von der Heilsarmee in den Bundestag,* Neufeld.

Kapitel 2

Die Sklavenbefreiungsbewegung um William Wilberforce. Über die Wurzeln der modernen NGOs (Dietmar Roller).

Hochschild, Adam 2012. *Sprengt die Ketten. Der entscheidende Kampf um die Abschaffung der Sklaverei,* Reclam.

Metaxas, Eric 2012. *Wilberforce der Mann, der die Sklaverei abschaffte,* SCM Hänssler.

Von Vorbildern lernen: Albert Schweitzer (Klaus Meiß)

Altner, Günter 1985. Albert Schweitzer. In: Greschat, Martin (Hg.): *Gestalten der Kirchengeschichte 10,1.* Stuttgart, S. 271-286.

Günzler, Claus 1996. *Albert Schweitzer. Einführung in sein Denken.* München: C.H.Beck.

Oermann, Nils Ole 2013. *Albert Schweitzer. 1875-1965. Eine Biographie.* München: C.H.Beck.

Schweitzer, Albert 1982. *Die Ehrfurcht vor dem Leben. Grundtexte aus fünf Jahrzehnten.* 3. durchges. u. erw. Aufl., Hans

Walter Bähr (Hg.). München: C.H.Beck.

Schweitzer, Albert 2007. *Kulturphilosophie. Band I: Verfall und Wiederaufbau der Kultur. Band II: Kultur und Ethik.* Mit einem Nachwort von Claus Günzler. München: C.H.Beck.

Schweitzer, Albert 1955. *Zwischen Wasser und Urwald. Erlebnisse und Beobachtungen eines Arztes im Urwalde Äquatorialafrikas.* München: C.H.Beck.

„*The Maiden Tribute of Modern Babylon*". 1885: Die Heilsarmee im Kampf gegen Kinderprostitution (Uwe Heimowski)

Collier, Richard 2015. *William Booth: Der General Gottes und seine Heilsarmee*, Neufeld.

Kapitel 3

Gewalt – das Krebsgeschwür der Armen (Dietmar Roller).

Barrientos Armando & Hulm, David (Hg.) 2008. *Social Protection for the Poor and Poorest, Concepts, Policies and Politics*, London: Palgrave Macmillan.

Haugen, G. A. & Boutros, V. 2015. *Gewalt. Die Fessel der Armen. Worunter die Ärmsten dieser Erde am meisten leiden – und was wir dagegen tun können*, dt. Ausg. herausgeg. v. D. Roller & R. Rentschler. Springer Spektrum.

„Fact Sheet: *Violence against Women Worldwide.*" New York: United Nations Development Fund for Women 2009. URL: http://www.unifem.org/campaigns/sayno/docs/SayNOunite_FactSheet_VAWworldwide.pdf7

Open Society Justice Initiative 2011. "*Pretrial Detention and Torture: Why Pretrial Detainees Face the Greatest Risk.*" New York: Open Society Initiative 23. URL: http://www.refworld.org/cgibin/texis/vtx/rwmain?page=category&category=coi

&publisher=osi&type=&coi=&docid=4e324fa22&skip=0
UN-HABITAT 2008. *Secure Land Rights for All*. HS/978/08E. URL: http://www.responsibleagroinvestment.org/rai/sites/responsibleagroinvestment.org/files/Secure%20land%20rights%20for %20all-UN%20HABITAT.pdf
Walk Free Foundation 2014. *Global Slavery Index 2014*. URL: http://www.globalslaveryindex.org

---

Klimawandel. Eine Frage der (Un-)Gerechtigkeit (Thomas Kröck)

Brundtland-Commission 1987. *Report of the World Commission on Environment and Development: Our Common Future*. New York. URL: http://www.un-documents.net/wced-ocf.htm [Stand 10.6.13].

CRED 2015. *The Human Cost of Natural Disasters: A Global Perspective*. Brussels: Centre for Research on the Epidemology of Disasters. http://cred.be/sites/default/files/The_Human_Cost_of_Natural_Disasters_CRED.pdf [Stand 17.8.15].

Dikau, Richard & Voss, Holger 2000. Naturkatastrophe. In *Lexikon der Geowissenschaften*. Heidelberg: Spektrum Akademischer Verlag. http://www.spektrum.de/lexikon/geowissenschaften/naturkatastrophe/10985 [Stand 24.7.15].

Global Footprint Network 2015. *Footprint for Nations*. URL: http://www.footprintnetwork.org/en/index.php/GFN/page/footprint_for_nations/ [Stand 12.8.15].

Franziskus I 2015. *Enzyklika Laudato Si: Über die Sorge für das gemeinsame Haus*. Rom. URL: http://w2.vatican.va/content/dam/francesco/pdf/encyclicals/documents/papa-francesco_20150524_enciclica-laudato-si_ge.pdf [Stand 12.8.15].

Gesetz über Naturschutz und Landschaftspflege (Bundesnaturschutzgesetz): BNatSchG: 7.8.2013. URL: http://www.

gesetze-im-internet.de/bnatschg_2009/__13.html [Stand 12.8.15].

Kauffmann, Gesine 2013. Ungesunde Wärme. *Welt-Sichten* (1), 25-27.

Kröck, Thomas 2007. Katastrophenhilfe als Herausforderung für Missionswerke, in Kusch, Andreas (Hg.): *Transformierender Glaube, erneuerte Kultur, sozioökonomische Entwicklung: Missiologische Beiträge zu einer transformativen Entwicklungspraxis*: VTR, 361-372.

Maddison, Angus 2010. *The world economy: A millennial perspective*. Reprinted. Paris: OECD. URL: http://www.gbv.de/dms/bowker/toc/9789264186088.pdf. [Stand 24.7.15]

Messner, Dirk & Stefan Rahmstorf 2010. Kipp-Punkte im Erdsystem und ihre Auswirkungen auf Weltpolitik und Wirtschaft. In: Debiel, T. u.a. (Hg.): *Globale Trends 2010: Frieden, Entwicklung, Umwelt*. Bonn: BPB, 261-278.

Umweltbundesamt 2014. *Mut zur Nachhaltigkeit: Interview mit Prof. Dr. Dirk Messner: Große Transformation zur Nachhaltigkeit - Realistische Perspektive oder Illusion?* Wien. URL: https://www.youtube.com/watch?v=Z89_gcXo_QE [Stand 17.8.15].

UNCED 1992. *Rio-Erklärung über Umwelt und Entwicklung*. Rio de Janeiro. URL: http://www.un.org/Depts/german/conf/agenda21/rio.pdf [Stand 12.8.15].

Kapitel 4

Moderne Sklaverei und Menschenhandel (Dietmar Roller).

Bales Kevin & Cornell, Becky 2008. *Moderne Sklaverei*, Hildesheim: Gerstenberg.

Skinner, E. Benjamin 2008. *Menschenhandel, Sklaverei im 21. Jahrhundert*, Bergisch Gladbach: Lübbe.

Cacho, Lydia 2012. *Sklaverei. Im Inneren des Milliardengeschäfts Menschenhandel*, Frankfurt am Main: Fischer Taschenbuch.

Haugen, G. A. & Boutros, V. 2015. *Gewalt. Die Fessel der Armen. Worunter die Ärmsten dieser Erde am meisten leiden – und was wir dagegen tun können*, dt. Ausgabe herausgeg. von D. Roller & R. Rentschler. Springer Spektrum.

Der Handel mit der Ware Frau. Das Verbrechen mitten unter uns: Die Käuflichkeit des weiblichen Geschlechts (Lea Ackermann).

Bundeskriminalamt 2014. *Menschenhandel. Bundeslagebild 2014*, Wiesbaden: BKA.

Bundesministerium für Familie, Senioren, Frauen und Jugend 2004. *Lebenssituation, Sicherheit und Gesundheit von Frauen in Deutschland. Eine repräsentative Untersuchung zu Gewalt gegen Frauen in Deutschland.*

Bundesministerium für Familie, Senioren, Frauen und Jugend 2007. *Bericht der Bundesregierung zu den Auswirkungen des Gesetzes zur Regelung der Rechtsverhältnisse der Prostituierten.*

Europäisches Parlament 2014. *Human Trafficking: 80% of victims in the EU are women and girls*, URL: http://www.europarl.europa.eu/news/en/news-room/content/20141203STO82703/html/Human-trafficking-80-of-victims-in-the-EU-are-women-and-girls.

Farley, Melissa 2003. *Prostitution and trafficking in nine countries: An update on violence and posttraumatic stress disorder.* URL: http://www.prostitutionresearch.com/pdf/Prostitutionin9Countries.pdf

García Schmidt, Armando 2008. Menschenhandel: Europas neuer Schandfleck, *Spotlight Europe*, 04/2008, S. 1-8, URL: http://edoc.vifapol.de/opus/volltexte/2014/5329/pdf/2008_4.pdf

International Labour Office (ILO) 2014. *Profits and Poverty. The economics of forced labour, human trafficking and slavery.* URL: http://www.ilo.org/global/topics/forced-labour/lang--en/index.htm.

Jürgs, Michael 2014. *Sklavenmarkt Europa*, München: C. Bertelsmann Verlag.

Müller, Ursula & Schröttle, Monika 2004. *Teilpopulationen – Erhebung bei Prostituierten.* In: Bundesministerium für Familie, Senioren, Frauen und Jugend: Lebenssituation, Sicherheit und Gesundheit von Frauen in Deutschland. Eine repräsentative Untersuchung zu Gewalt gegen Frauen in Deutschland. URL: http://www.bmfsfj.de/RedaktionBMFSFJ/Abteilung4/Pdf-Anlagen/langfassung-studie-frauen-teileins,property=pdf,bereich=bmfsfj,sprache=de,rwb=true.pdf

Trauma and Prostitution: URL: http://www.trauma-and-prostitution.eu

UNICEF Österreich 2008: *Kinderprostitution, Kinderpornographie, Kinderhandel. Zerstörte Kindheit.* URL: https://www.unicef.at/fileadmin/media/Infos_und_Medien/Info-Material/Kinderhandel_Sexuelle_Ausbeutung/Zerstoerte_Kindheit_-_Grundsatzpapier_neu__2008_.pdf

---

Freiheit und Gesundheit. Worauf es bei der psychosozialen Versorgung von Betroffenen schwerster Menschenrechtsverletzungen ankommt (Stefanie Enriquez-Geppert und Mareike Wendling).

Basaglu, M., Paker, M., Paker Oe., Oezmen, E., Marks, I., Incesu, C., Sahin, D., & Sarimurat, N. 1994. Psychological Effects of Torture: A Comparison of Tortured With Nontortured Political Activists in Turkey. *American Journal of Psychiatry.* 151(1).76-81.

Bengel, J. 2003. Notfallpsychologische Interventionen bei akuter Belastungsstörung. In A. Maercker (Hrsg.), *Therapie* der Posttraumatischen Belastungsstörung. 186–203. Berlin: Springer.

Bower, P., & Gilbodz, S. 2005. Stepped care in psychological therapies: access, effectiveness and efficiency. *British Journal of Psychiatry*. 186. 11-17.

Bryant, R.A., Sackville, T., Dang, S.T., Moulds, M., & Guthrie, R. 1999. Treating acute stress disorder: an evaluation of cognitive behavior therapy and supportive counseling techniques. *American Journal of Psychiatry, 156*(11), 1780–1786.

Courtois, C.A. 2004. Complex Trauma, Complex Reactions: Assessment and Treatment. *Psychotherapy: Theory, and Research, Practice, Training* 41(4). 412-425.

Fontana, A., Rosenheck, R., & Brett, E. 1992.War zone traumas and posttraumatic stress disorder symptomatology. *The Journal of Nervous and Mental Disease, 180*(12), 748–755.

General Comment Nr. 3 (CAT/C/GC/3) November 2012. Vereinte Nationen. 1984. Übereinkommen gegen Folter und andere grausame, unmenschliche oder erniedrigende Behandlung oder Strafe vom 10. Dezember 1984.

Gerrig, R.J., & Zimbardo, P.G. 2008. Emotionen, Stress und Gesundheit. *Psychologie*, Pearson Studium. 468.

Kienle, R., Knoll, N., & Renneberg, B. 2006. Soziale Ressourcen und Gesundheit: Soziale Unterstützung und dyadisches Bewältigen. In: Renneberg und Hammelstein (Hrs). *Gesundheitspsychologie.*

Knaevelsrud, C., Liedl, A., & Stammel, N. 2012. Posttraumatische Belastungsstörungen: Herausforderungen in der Therapie der PTBS. Weinheim: Beltz-Verlag.

Lazarus, R.S. 1999. Stress and Emotion. A new Synthesis. Free Association Books, London

Lippke, S., & Renneberg, B. 2006. Konzepte von Gesundheit und Krankheit. In: Renneberg und Hammelstein (Hrs).*Gesundheitspsychologie.*

Lippke, S., & Vögele, C. 2006. Sport und körperliche Aktivität.

In: Renneberg und Hammelstein (Hrs).*Gesundheitspsychologie*.

McNally, R.J., Bryant, R.A., & Ehlers A. 2003. Does early psychological intervention promote recovery from posttraumatic stress? Psychological Science in the Public Interest, 4(2), 45–79.

Positionspapier zum Umgang mit besonders schutzbedürftigen Flüchtlingen. Forum Menschenreche. 2014. Online im Internet: URL: http://amnesty-heilberufe.de/2014/11/umgang-mit-besonders-schutzbeduerftigen-fluechtlingen/2014-02-pos-papier-bes-schutzbed-fluechtl/

Silove. D. 2006. The Impact of Mass Psychological Trauma on Psychosocial Adaptation Among Refugees. In: Reyes, Jacobs (Eds). Handbook of International Disaster Psychology.

World Health Organisation. 2010. Mental health and development: Targeting people with mental health conditions as a vulnerable group. WHO Press, Geneva.

Kapitel 5

Flüchtlinge auf der Suche nach Heimat – theologische Herausforderungen und rechtlicher Rahmen (Reinhard Schott).

BAMF 2015. Verteilung der Asylbewerber. URL: http://www.bamf.de/DE/Migration/AsylFluechtlinge/Asylverfahren/Verteilung/verteilung-node.html [Stand 24.8.2015].

BMJV o.J. Asylverfahrensgesetz: AsylVfG: 26.6.1992. URL: http://www.gesetze-im-internet.de/asylvfg_1992/index.html [Stand 24.8.2015].

BMJV o.J. Gesetz über den Aufenthalt, die Erwerbstätigkeit und die Integration von Ausländern im Bundesgebiet: AufenthG: 30.07.2004. URL: http://www.gesetze-im-internet.de/aufenthg_2004/index.html [Stand 24.8.2015].

EKD & VEF 2013. Zum Umgang mit Taufbegehren von Asylsuchenden: Eine Handreichung für Kirchengemeinden, herausgegeben vom Kirchenamt der Evangelischen Kirche (EKD) und der Vereinigung Evangelischer Freikirchen (VEF). Hannover: EKD & VEF. URL: https://www.ekd.de/download/taufbegehren_von_asylsuchenden_2013.pdf [Stand 25.8.2015].

EU 2013. Dublin-III-Verordnung: 26.6.2013. Amtsblatt der Europäischen Union(L 180), 31–58. URL: http://eur-lex.europa.eu/legal-content/DE/TXT/PDF/?uri=CELEX:32013R0604&qid=1399150600127&from=DE [Stand 24.8.2015].

UNHCR o.J. Genfer Flüchtlingskonvention. URL: http://www.unhcr.de/mandat/genfer-fluechtlingskonvention.html [Stand 24.8.2015].

Bereicherung für die Gemeinde. Was wir von Flüchtlingen und Migranten lernen können (Bianca Dümling).

Degenhardt, Friedrich 2015. Internationaler Gospel-Gottesdienst in Hamburg. Ein afrikanisch-deutsches Gemeinschaftsprojekt. In: Missionsakademie an der Universität Hamburg: *Interkulturelle Öffnung von Kirche. Dokumentation der Tagung „Kirche in der interkulturellen Gesellschaft".* Hamburg: Missionsakademie an der Universität Hamburg. (Theologische Impulse der Missionsakademie (TIMA) 9), 51-57.

Dümling, Bianca 2015. Zuhause in Deutschland. In: Missionsakademie an der Universität Hamburg: *Interkulturelle Öffnung von Kirche. Dokumentation der Tagung „Kirche in der interkulturellen Gesellschaft".* Hamburg: Missionsakademie an der Universität Hamburg. (Theologische Impulse der Missionsakademie (TIMA) 9), 37-41.

Dümling, Bianca 2011. *Migrationskirchen in Deutschland. Orte der Integration.* Frankfurt am Main: Lembeck Verlag.

Kahl, Werner 2011.: Interkulturelle Bibelarbeiten. In: Evangelisches Missionswerk in Deutschland: *Zusammen wachsen. Weltweite Ökumene in Deutschland gestalten*. Hamburg: Evangelisches Missionswerk in Deutschland. (Weltmission Heute Nr. 73), 210-217.

Währisch-Oblau, Claudia 2005: Migrationskirchen in Deutschland. Überlegungen zur strukturierten Beschreibung eines komplexen Phänomens. In: *Zeitschrift für Mission* 31, Nr. 1-2, 19-39.

„Zuflucht ist ein menschliches Wesen." Warum Kirchenasyl Recht hat (Birgit Neufert).

Bundesverfassungsgericht (BVerfG) 2012: *Urteil vom 18. Juli 2012. 1 BvL 10/10 und 1 BvL 2/11.* URL: http://www.bundesverfassungsgericht.de/entscheidungen/ls20120718_1bvl001010.html [Stand: 17.08.2015]

BAG 2014: *Überblick über Medienbeiträge zur Kirchenasylräumung in Augsburg.* Ökumenische Bundesarbeitsgemeinschaft (BAG) Asyl in der Kirche e.V. www.kirchenasyl.de/?portfolio=1991-2 [Stand: 14.03.2014].

Grundgesetz für die Bundesrepublik Deutschland (GG) vom 23.05.1949. URL: http://www.gesetze-im-internet.de/gg/index.html [Stand 19.08.2015].

UN 1948. *Allgemeine Erklärung der Menschenrechte.* Resolution 217 A (III) der Generalversammlung vom 10. Dezember 1948. Paris. URL: http:// www.un.org/depts/german/menschenrechte/aemr.pdf [Stand 19.08.2015].

Wiesel, Elie 1993. Der Flüchtling. In: Just, Wolf-Dieter (Hg.): *Asyl von unten. Kirchenasyl und ziviler Ungehorsam. Ein Ratgeber*, Reinbek: Rowohlt Taschenbuch Verlag, S. 17-21.

„Reverse Mission": Deutschland als Missionsland (Matthias Ehmann).

PEW Research Center 2011. *Global Christianity: A Report on the Size and Distribution of the World's Christian Population.* Online im Internet: URL: http://www.pewforum.org/files/2011/12/Christianity-fullreport-web.pdf [Stand 2015-08-18].

Sekretariat der Deutschen Bischofskonferenz 2015. *Katholische Kirche in Deutschland: Zahlen und Fakten 2014/15.* URL: http://www.dbk.de/fileadmin/redaktion/diverse_downloads/presse_2015/AH_275_DBK_Zahlen-und-Fakten_final.pdf [Stand: 2015-08-18].

Evangelische Kirche in Deutschland (EKD) 2015. *Zahlen und Fakten zum kirchlichen Leben.* URL: https://www.ekd.de/download/zahlen_und_fakten_2015.pdf. [Stand: 2015-08-18].

Kapitel 6

Entwicklungszusammenarbeit: Macht ausüben oder Selbstbestimmung ermöglichen? (Thomas Kröck).

BMZ 2002. *Partizipation in der Entwicklungszusammenarbeit: Eine Stellungnahme des wissenschaftlichen Beirats beim BMZ.* Bonn. URL: http://www.partizipation.at/fileadmin/media_data/Downloads/themen/Partizipation_in_der_EZ.pdf [Stand 7.5.15].

Chambers, Robert 1997. *Whose Reality Counts?: Putting the first last.* London: Intermediate Technology.

Christian, Jayakumar 1999. *God of the Empty-Handed: Poverty, Power, and the Kingdom of God.* Monrovia Calif.: MARC.

Freire, Paulo 1998. *Pädagogik der Unterdrückten: Bildung als Praxis der Freiheit.* 101. - 103. Tsd. Reinbek bei Hamburg: Rowohlt.

Kröck, Thomas 2015. Welt- und Selbstbild von Entwicklungshelfern. In: Kröck, Thomas & Schneider, Gisela (Hg.): *Partnerschaft – Gerechtigkeit – Transformation: Christliche Perspektiven der Entwicklungszusammenarbeit*. Marburg: Francke.

Leal, Pablo A. 2007. Participation: The Ascendancy of a Buzzword in the Neo-Liberal Era. *Development in Practice* 17(4-5), 539–548.

Löwe, Markus & Rippin, Nicole (Hg.) 2015. *The Sustainable Development Goals of the Post-2015 Agenda: Comments on the OWG and SDSN Proposals*. Revised version. Bonn: Deutsches Institut für Entwicklungspolitik. URL: www.die-gdi.de/uploads/media/DIE__Comments__on__SDG__proposals_150226_07.pdf [Stand 3.6.15].

Mohan, Giles 2014. Participatory Development. In: Desai, Vandana & Potter, Robert B. (Hg.): *The Companion to Development Studies*. New York: Routledge, 131–136.

Myers, Bryant L. 2011. *Walking with the Poor: Principles and Practices of Transformational Development*. Rev. and updated ed. Maryknoll N.Y.: Orbis Books.

Nyerere, Julius 1974. Freedom and Development: Policy booklet published in October 1968. In: Nyerere, Julius (Hg.): *Man and Development*. Dar es Salaam u.a.: Oxford Univ. Press.

Truman, Harry S. 1949. *Inaugural Address, Thursday, January 20, 1949*. URL: http://www.let.rug.nl/usa/presidents/harry-s-truman/inaugural-address-1949.php [Stand 10.6.13].

UN 1986. Erklärung über das Recht auf Entwicklung (4. Dezember 1986). Resolution A/RES/41/128. URL: http://www.un.org/Depts/german/uebereinkommen/ar41128.pdf [Stand 19.8.15].

UN-Milleniumskampagne o.J. *Die UN-Milleniumsziele*. URL: http://un-kampagne.de/index.php?id=90 [Stand 13.5.15].

White, Sarah C. 1996. Depoliticising Dvelopment: The Uses and Abuses of Participation. *Development in Practice* 6(1), 6–15.

World Bank 1996. *The World Bank Participation Sourcebook*. Washington D.C: World Bank.

„Gesundheit für alle" – oder nur für wenige? Wege zu Gerechtigkeit in der weltweiten Gesundheitsversorgung (Beate Jakob).

Karpf, Ted & Ross, Alex 2008. *Building from common foundations: the World Health Organization and faith-based organizations in primary healthcare*. Geneva: World Health Organization. URL: http://apps. who.int/iris/bitstream/10665/43884/1/9789241596626_eng. pdf [Stand 26.8.15].

WHO-Commission on Social Determinants of Health 2008. *Closing the Gap in a Generation: Health Equity through Action on the Social Determinants of Health: Final Report*. Geneva: World Health Organization. URL: http://apps.who.int/iris/ bitstream/10665/69832/1/WHO_IER_CSDH_08.1_eng. pdf [Stand 26.8.15].

WHO 2007. *Everybody's Business: Strengthening Health Systems to Improve Health Outcomes: WHO's Framework for Action*. Geneva: World Health Organization. URL: http://www.who. int/healthsystems/strategy/en/ [Stand 26.8.15].

WHO 2008. *The World Health Report 2008 – Primary Health Care: Now More Than Ever*. Geneva: World Health Organization. URL: http://www.who.int/whr/2008/en/ [Stand 26.8.15].

Selbsthilfegruppen als Chance, Rechte und Verantwortung wahrzunehmen (Karl Pfahler).

Micha-Initiative Deutschland (Hg.) 2013. *Die Gerechtigkeitsbibel*. Basel: Brunnen Verlag.

Pfahler, Karl 2010. Der Selbsthilfegruppen-Ansatz – Ein hervorragender Ansatz zur Partizipation armer Bevölkerungsgruppen. In: Bliss, Frank & Heinz, Marco (Hg.): *Wer vertritt die Armen im Entwicklungsprozess?* Bonn: Entwicklungsethnologie 18(1/2), 151–164.

Thiesbonenkamp, Jürgen 2009. Das Konzept von Entwicklung aus biblisch-christlicher Perspektive. In: Wilhelm, Jürgen & Ihne, Hartmut (Hg.): *Religion und globale Entwicklung*. Berlin: University Press.

Auch Kinder haben Rechte. *Weltweite Rechte für Kinder seit über 25 Jahren (Gerhard Wiebe)*.

International Labour Organisation (ILO): Child Labour. URL: http://www.ilo.org/global/topics/child-labour/lang--en/index.htm [Stand 2015-08-26].

Netzwerk zur Umsetzung der UN-Kinderrechtskonvention: National Coalition Deutschland. URL: http://www.netzwerk-kinderrechte.de/ [Stand 2015-08-26]

Bangert, Kurt 2009. Kinderarmut. URL: http://www.kurtbangert.de/aufsaetze_kinder-und-kinderrrechte.php [Stand 2015-07-21].

Berkemeyer, Nils 2014. *Chancenspiegel: Zur Chancengerechtigkeit und Leistungsfähigkeit der deutschen Schulsysteme* [mit einer Vertiefung zum schulischen Ganztag]. Gütersloh: Bertelsmann Stiftung.

Bundesministerium für Familie, Senioren, Frauen und Jugend 2010. Übereinkommen über die Rechte des Kindes: VN-Kinderrechtskonvention im Wortlaut mit Materialien.

Bundesministerium für wirtschaftliche Zusammenarbeit und Entwicklung (BMZ) Entwicklung 2015. Acht Ziele für ein besseres Leben weltweit: Die Milleniumsentwicklungsziele.

Committee on the Rights of the Child 2014. Concluding observations on the combined third and fourth periodic reports of Germany (CRC/C/DEU/CO/3-4). URL: http://tbinternet.ohchr.org/_layouts/treatybodyexternal/Download.

aspx?symbolno=CRC/C/DEU/CO/3-4&Lang=En [Stand 2015-07-21].

Committee on the Rights of the Child 2014. *Concluding observations on the combined third and fourth periodic reports of India. (CRC/C/IND/CO/3-4)*. URL: http://tbinternet.ohchr.org/_layouts/treatybodyexternal/Download.aspx?symbolno=CRC/C/IND/CO/3-4&Lang=En [Stand 2015-07-21].

Elsen, Susanne (Hg.) 2010. *Aktiv für Kinderrechte: 20 Jahre UN-Kinderrechtskonvention*. Neu-Ulm: AG-SPAK-Bücher. (Münchener Hochschulschriften für angewandte Sozialwissenschaften, Bd. M 235Bd).

Kröck, Thomas & Schneider, Gisela (Hg.) 2015. *Partnerschaft. Gerechtigkeit. Transformation: Christliche Perspektiven der Entwicklungszusammenarbeit*. 1., Auflage. Marburg: Francke.

Lutterbach, Hubertus 2010. *Kinder und Christentum: Kulturgeschichtliche Perspektiven auf Schutz, Bildung und Partizipation von Kindern zwischen Antike und Gegenwart*. Stuttgart: Kohlhammer.

Steindorff-Classen, Caroline 2010. Kinder haben Rechte: 20 Jahre UN-Kinderrechtskonvention. In: Elsen, Susanne (Hg.): *Aktiv für Kinderrechte: 20 Jahre UN-Kinderrechtskonvention*. Neu-Ulm: AG-SPAK-Bücher. (Münchener Hochschulschriften für angewandte Sozialwissenschaften, Bd. M 235Bd), S. 11-30.

Surall, Frank 2009. *Ethik des Kindes: Kinderrechte und ihre theologisch-ethische Rezeption*. Stuttgart: Kohlhammer. (Forum Systematik, Bd. Bd. 31Bd).

UNICEF 2014a. *25 Jahre Kinderrechte: Eine bessere Welt für Kinder*. Informationen.

UNICEF 2014b. *25 Years of the Convention on the Rights of the Child: Is the world a better place for children?* New York, NY: Division of Communication, UNICEF.

UNICEF 2015a. *Fortschritt für Kinder: UNICEF-Report zur Um-*

setzung der Millenniums-Entwicklungsziele für Kinder. Zusammenfassung zentraler Ergebnisse.

UNICEF 2015b. *Progress for Children Beyond averages: learning from the MDGS: Beyond averages – learning from the MDGS.* New York, NY: UNICEF. (Progress for children, Bd. number 11 (2015)Bd).

United Nations 2015. *The millennium development goals report 2015.*

Westrich, Sissi 2014. *Kinder haben Rechte: UN-Kinderrechtskonvention im Wortlaut.* Texte in amtlicher Übersetzung mit Kommentierung. Mainz.

Kapitel 7

Fairer Handel. Einsatz für Gerechtigkeit in der Weltwirtschaft (Markus Raschke).

Forum Fairer Handel e.V. 2015. *Handel mit Verantwortung. Entwicklungen im Fairen Handel im Geschäftsjahr 2014. Unternehmensverantwortung: Forderungen des Fairen Handels an die Politik,* Berlin: Eigenverlag, URL: https://www.forum-fairer-handel.de/fileadmin/user_upload/materialien/handel_mit_verantwortung_factsheet_jpk_2015.pdf

Metz, Johann Baptist 1992. *Glaube in Geschichte und Gesellschaft. Studien zu einer praktischen Fundamentaltheologie,* 5. Aufl., Mainz: Matthias Grünewald-Verlag.

Quaas, Ruben 2015. *Fair Trade. Eine global-lokale Geschichte am Beispiel des Kaffees,* Wien, Köln, Weimar: Böhlau-Verlag.

Raschke, Markus 2009. *Fairer Handel. Engagement für eine gerechte Weltwirtschaft,* Ostfildern: Matthias Grünewald-Verlag.

Raschke, Markus 2010. *Fairer Handel am Scheideweg? Standortbestimmung zwischen Nischenexistenz und Massenmarkt.* In:

Stimmen der Zeit, Heft 11/2010, S. 743-752, URL: http://www.stimmen-der-zeit.de/zeitschrift/ausgabe/details?k_beitrag=2591039

Raschke, Markus 2013. *Fairer Handel in einer renditeorientierten Wirtschaft. Einsichten in den Wandel von Ökonomie und Engagement.* In: Zeitschrift für Sozialökonomie 178-179 / 50. Jahrgang, Oktober 2013, S. 37-46, URL: http://zfsoe-online.de/archiv/zfsoe-online-archiv-folge-172-183.html

Schaber, Carole / van Dok, Geert (2008). *Die Zukunft des Fairen Handels,* Luzern: Caritas-Verlag.

Gerecht konsumieren? ‚Marburg FAIRbinden' macht es möglich (Tobias Faix).

Jahresreport Forum Fairer Handel e. V. (Aug. 2015)
www.marburg-fairbinden.de

Autorenverzeichnis

Die Herausgeber:

Prof. Dr. Tobias Faix lehrt an der CVJM Hochschule Kassel und der Universität Südafrika und leitet das Institut für Transformationsstudien (ITS), das sich mit den großen Fragen von gesellschaftlichen Veränderungsprozessen beschäftigt. Tobias Faix lebt mit seiner Frau und seinen beiden Kindern in Marburg und engagiert sich dort ehrenamtlich in der Steuerungsgruppe des Fairen Handels der Stadt Marburg und dem Christus-Treff, einer ökumenischen Gemeinde.

Dr. Thomas Kröck promovierte zum Dr. agr. an der Justus-Liebig-Universität Gießen und hat einen M.A. in Interkulturellen Studien. Gemeinsam mit seiner Familie lebte er 10 Jahre in Tansania, wo er kirchliche Mitarbeiter ausbildete und Dorfentwicklungsprojekte unterstützte. Von 1999 bis 2012 betreute er durch die EC-Indienhilfe Projekte in Indien und Nepal. Seit 2012 ist er als Studienleiter für Development Studies und Dozent zunächst am Marburger Bildungs- und Studienzentrum und seit 2015 an der CVJM-Hochschule in Kassel tätig.

Dietmar Roller hat Theologie und Sozialwissenschaften studiert. Er ist seit über 30 Jahren in der weltweiten Entwicklungs- und Menschenrechtsarbeit tätig. Er arbeitete lange Jahre gemeinsam mit seiner Frau in Tansania im Aufbau von Jugendprojekten und in der AIDS- und HIV-Aufklärung. Sie haben gemeinsam zwei erwachsene Kinder. Anschließend wechselte er in den Vorstand der Kindernothilfe e. V., wo er für die internationale Programm- und Projektarbeit verantwortlich war. Seit 2013 ist Dietmar Roller Vorstandsvorsitzender von IJM Deutschland, dem deutschen Zweig der internationalen Menschenrechtsorganisation International Justice Mission. Vor seinem Einstieg bei IJM arbeitete er als Berater für viele internationale Nichtregierungsorganisationen in Asien, Afrika und Lateinamerika.

Die Autoren:

Sr. Dr. Dr. h. c. mult. Lea Ackermann gründete SOLWODI (Solidarity with Women in Distress) 1985 in Mombasa, Kenia. Seit 30 Jahren kämpft sie gegen Gewalt an Frauen – gemeinsam mit den betroffenen Frauen, aber auch in der Politik und Öffentlichkeit.

Bianca Dümling verfügt durch ihren praktischen Einsatz bei der Stiftung Himmelsfels und bei Emmanuel Gospel Center in Boston, USA, über vielfältige Erfahrungen in der interkulturellen Arbeit. In ihrer Promotion an der Universität Heidelberg beschäftigte sie sich mit dem Thema „Migrationskirchen in Deutschland. Orte der Integration". Seit 2014 ist sie Leiterin der interkulturellen Zusammenarbeit des ökumenischen Stadtnetzwerks „Gemeinsam für Berlin" und stellvertretende Leiterin des „Berliner Instituts für Urbane Transformation".

Matthias Ehmann ist Pastor in der CityChurch Würzburg, einer Freien evangelischen Gemeinde ohne Gemeindehaus, aber mit Gottesdiensten im Kino und im Jazzclub. Er studierte in Ewersbach, Marburg und Südafrika Theologie. In seiner Masterarbeit beschäftigt er sich mit afrikanischer Mission in Deutschland.

Dr. Stefanie Enriquez-Geppert ist Psychologin und forscht und lehrt zum Thema kognitive Neurowissenschaften und klinische Psychologie. Als ehrenamtliches Vorstandsmitglied ist sie bei International Justice Mission Deutschland engagiert und in ihrer Freizeit auch in Projekten zu Bildungspatenschaften und Sportprogrammen für Flüchtlinge involviert.

Yassir Eric floh als junger Mann nach seiner Taufe aus dem Sudan über Kenia nach Deutschland. Er studierte evangelische Theologie an der Akademie für Weltmission und der kirchlichen Hochschule Ludwigsburg. Danach war er Gemeindeleiter von mehreren Migrationsgemeinden und leitet heute das Europäische Institut für Migration, Integration und Islamthemen in Korntal.

Uwe Heimowski ist verheiratet mit Christine, sie haben fünf Kinder. Er arbeitet als Pastor der EFG Gera und als Referent für Menschenrechte im Bundestag bei MdB Frank Heinrich. Diverse Publikationen, darunter: „Die Heilsarmee. Practical religion". www.heimowski.net

Frank Heinrich, MdB, ist seit 2009 Mitglied des Deutschen Bundestags und Obmann der CDU-Fraktion im Menschenrechtsausschuss. Als Heilsarmeeoffizier leitete der Sozialpädagoge und Theologe mit seiner Frau Regina zwölf Jahre das Korps Chemnitz. Sie haben vier Kinder. www.frankheinrich.de

Katja Hofmeister ist zuständig für entwicklungspolitische Jugendarbeit bei der Micha-Initiative Deutschland.

Dr. Beate Jakob ist Ärztin und Theologin. Nach einer klinischen Tätigkeit in der Inneren Medizin und der Mitarbeit in einem Missionskrankenhaus in Kenia ist sie heute Grundsatzreferentin beim Deutschen Institut für Ärztliche Mission (Difäm) in Tübingen. Sie bearbeitet Fragen im Grenzgebiet von Medizin und Theologie mit dem Ziel, das Engagement der Kirchen und Gemeinden in der Gesundheitsarbeit zu fördern – weltweit.

Judith Kühl studierte Evangelische Theologie und Germanistik in Tübingen. Sie war weltweit mehrfach als Berichterstattende und Projektkoordinatorin in Krisen- und Katastrophengebieten unterwegs. Sie lebt in Berlin und leitet die Presse- und Öffentlichkeitsarbeit von International Justice Mission Deutschland.

Dr. Klaus Meiß ist Geschäftsführer des Verlages der FRANCKE-Buchhandlung und Direktor des Marburger Bildungs- und Studienzentrums (mbs), wo er u.a. Kirchengeschichte unterrichtet. Er ist verheiratet mit Anne-Ruth, hat vier erwachsene Kinder und lebt in Marburg.

Birgit Neufert ist seit 2013 Referentin der Ökumenischen Bundesarbeitsgemeinschaft (BAG) in der Kirche e.V. Bevor sie zur BAG kam, hat sie selbst Kirchenasyle begleitet. Außerdem engagiert sie sich seit mehreren Jahren im Verein „Bleibe", der Freizeitaktivitäten, Hausaufgabenhilfe und Beratung für Unbegleitete minderjährige Flüchtlinge (UMF) anbietet und sich für private Vormundschaften für UMF einsetzt. Sie promoviert an der Georg-August-Universität Göttingen über migrantische Proteste an den Grenzen Europas.

Dr. Karl Pfahler promovierte als Agrarwissenschaftler an der Universität Weihenstephan. Nach fünfjähriger Tätigkeit als wissenschaftlicher Mitarbeiter war für drei Jahre in Äthiopien als landwirtschaftlicher Ausbilder und Berater tätig. Er engagiert sich seit vielen Jahren bei der Kindernothilfe e.V., bei der er umfangreiche Erfahrungen mit Entwicklungsprojekten und Selbsthilfegruppen gesammelt hat und das Fachreferat Afrika leitet.

Dr. Markus Raschke ist Theologe und Sozialwissenschaftler. Er veröffentlichte zahlreiche Publikationen und referiert über Fairen Handel und angrenzende sozialethische Themen. Derzeit ist er geschäftsführender Vorstand einer Fair-Handels-Genossenschaft.

Prof. Dr. Johannes Reimer ist Professor für Missiologie an der Universität von Südafrika in Pretoria (UNISA), Vorsitzender der Gesellschaft für Bildung und Forschung in Europa und Dozent für Missiologie an der Theologischen Hochschule Ewersbach des Bundes freier evangelischer Gemeinden in Deutschland.

Daniel Rentschler studierte evangelische Theologie und Anglistik an der Universität Heidelberg. Er ist Pastor einer Freien evangelischen Gemeinde und leitet den Bildungs- und Gemeindebereich von International Justice Mission Deutschland. Er lebt mit seiner Frau Rabea und ihren beiden Kindern bei Heidelberg.

Guy Rodriguez ist Pastor einer evangelischen Gemeinde im Slum Navi Mumbai in Indien.

Nathalie Schaller ist Juristin und Mitgründerin des Modelabels GLIMPSE.

Reinhard Schott ist Integrationsbeauftragter der Evangelischen Kirche der Pfalz und leitender Referent für den Bereich Migration beim Diakonischen Werk der Evangelischen Kirche der Pfalz. Er ist seit 1988 im Bereich Migration auf unterschiedlichen Ebenen mit unterschiedlichen Aufgabenbereichen tätig.

Steve Volke ist Direktor von Compassion Deutschland, einem christlichen Kinderhilfswerk, das sich weltweit gemeinsam mit Kirchen und christlichen Gemeinden vor Ort darum bemüht, Kinder aus Armut zu befreien.

Mareike Wendling ist Erziehungswissenschaftlerin und arbeitet sowohl in Projekten zum Thema Bildungsgerechtigkeit als auch als Psychotherapeutin (systemische Therapie, Verhaltenstherapie für Kinder und Jugendliche, spezielle Psychotraumatherapie i. A.). Sie engagiert sich als ehrenamtliches Vorstandsmitglied für International Justice Mission Deutschland und leitet die IJM Regionalgruppe Berlin.

Gerhard Wiebe studierte Theologie an der UNISA (MTh). Er arbeitete mehrere Jahre in Kambodscha in der Gemeinde- und Projektarbeit und war dort Dozent am Phnom Penh Bible College. Seit 2013 leitet er die EC-Indienhilfe und ist Referent für Sozial-Missionarische Arbeit im Deutschen Jugendverband „Entschieden für Christus" (EC). Er ist verheiratet und hat drei Kinder.

Mehr zum Thema

Thomas Kröck, Gisela Schneider (Hg.)
Partnerschaft. Gerechtigkeit. Transformation.
Christliche Perspektiven der Entwicklungszusammenarbeit
Transformationsstudien 7
ISBN 978-3-86827-503-2
400 Seiten, Paperback

Der Einsatz gegen die weltweite Armut beschäftigt internationale Organisationen, staatliche Entwicklungsdienste sowie christliche Werke und private Initiativen. Dabei stellen sich viele herausfordernde Fragen: Wie können und sollen Christen in einer global verbundenen Welt leben? Wie kann Gottes Gerechtigkeit sichtbar werden auf Erden? Und wie können Christen weltweit voneinander lernen?

Dies sind nur einige der spannenden Fragen, auf die eine große Bandbreite von Expertinnen und Experten in dem vorliegenden Buch eingeht. In den Beiträgen werden verschiedene Aspekte, Sichtweisen und Erfahrungen aus der interkulturellen und internationalen Arbeit dargestellt. Das Buch soll zum Nachdenken anregen und dazu ermutigen, das eigene Handeln zu überprüfen und noch bewusster und engagierter an Gottes Mission mitzuwirken.

Thomas Weißenborn
Christsein in der Konsumgesellschaft
Nachdenken über eine alltägliche Herausforderung
ISBN 978-3-86827-131-7
139 Seiten, Paperback

Identität, Individualität und Heimat sind in der Konsumgesellschaft zu einer schnell vergänglichen Ware geworden. In seinem Buch zeigt Weißenborn die dahinter stehenden Zusammenhänge auf und begibt sich auf die Suche nach Ansätzen für ein Christsein jenseits der Konsummentalität.

Thomas Weißenborn
anders leben
Eine Familie fairsucht's
978-3-86827-371-7
144 Seiten, gebunden

Anders leben – irgendwie nachhaltiger, umweltbewusster, fairer und sozialer – wer möchte das nicht? Aber das ist gar nicht so einfach, schließlich kann man nicht so mir nichts, dir nichts aus dem alltäglichen Trott ausbrechen. Oder doch? Eine Familie hat das Experiment gewagt und ihren eigenen Lebensstil überdacht und verändert.

Von den damit verbundenen Überlegungen, Erfahrungen, Versuchen, Erfolgen und Misserfolgen berichtet dieses Buch. Es geht um Autos und Einkaufen, um Kleidung und Erziehung, um Friedhöfe und Fußwege, um Jesu letztes Mahl und den barmherzigen Samariter. Anregend und humorvoll. Hintergründig und tiefgängig. Erläuternd und einladend. Und auch ein bisschen selbstironisch ...